CHINA TRANSPORT STATISTICAL YEARBOOK 2018

2018 中国交通运输统计年鉴

中华人民共和国交通运输部 编

Compiled by Ministry of Transport of the People's Republic of China

人民交通出版社股份有限公司

图书在版编目（CIP）数据

2018中国交通运输统计年鉴 / 中华人民共和国交通运输部编. — 北京：人民交通出版社股份有限公司，2019.9

ISBN 978-7-114-15946-6

Ⅰ. ①2… Ⅱ. ①中… Ⅲ. ①交通运输业—统计资料—中国—2018—年鉴 Ⅳ. ①F512.3-54

中国版本图书馆CIP数据核字（2019）第243904号

书　　名：**2018 中国交通运输统计年鉴**
著 作 者：中华人民共和国交通运输部
责任编辑：张征宇　陈　鹏
责任校对：孙国靖　宋佳时
责任印制：刘高彤
出版发行：人民交通出版社股份有限公司
地　　址：（100011）北京市朝阳区安定门外外馆斜街 3 号
网　　址：http://www.ccpress.com.cn
销售电话：（010）59757973
总 经 销：人民交通出版社股份有限公司发行部
经　　销：各地新华书店
印　　刷：北京印匠彩色印刷有限公司
开　　本：880 × 1230　1/16
印　　张：16.5
字　　数：484 千
版　　次：2020 年 4 月　第 1 版
印　　次：2020 年 4 月　第 1 次印刷
书　　号：ISBN 978-7-114-15946-6
定　　价：300.00 元
（有印刷、装订质量问题的图书由本公司负责调换
本书附同版本 CD-ROM 一张，光盘内容以书面文字为准）

《2018 中国交通运输统计年鉴》

编委会和编辑工作人员

编　委　会

编辑工作人员

编 者 说 明

一、为全面反映我国公路、水路交通运输业发展状况，方便各界了解中国交通运输建设与发展现状，交通运输部组织编辑了《2018 中国交通运输统计年鉴》，供有关研究部门和社会广大读者作为资料性书籍使用。

二、《2018 中国交通运输统计年鉴》收录了 2018 年交通运输主要指标数据，正文内容具体分为交通运输综合指标、公路运输、水路运输、城市客运、港口吞吐量、交通固定资产投资、交通运输科技、救助打捞 8 篇。各篇首设简要说明，概述本部分的主要内容、资料来源、统计范围、统计方法以及历史变动情况等；除首篇外其余各篇末均附主要统计指标解释；附录简要列示了 1978 年以来的交通运输主要指标。

三、本年鉴中公路运输、水路运输、城市客运、港口吞吐量、交通固定资产投资、交通运输科技、救助打捞数据来源于交通运输部综合规划司、运输服务司、科技司、救捞局、中国海上搜救中心、各省（区、市）交通运输厅（局、委）、交通运输部所属单位、主要港口和有关运输企业；铁路运输相关指标来源于国家铁路局；航空运输主要指标来源于中国民用航空局；邮政行业主要指标源于国家邮政局；个别指标数据引自国家统计局的统计资料。统计数据由交通运输部科学研究院信息中心负责整理和汇总。

四、本年鉴中所涉及的全国性统计资料，除国土面积外，均未包括香港和澳门特别行政区以及台湾省的数据。

五、本年鉴部分数据对因计算单位取舍不同或计算时四舍五入而产生的计算误差未做调整。

六、本年鉴的符号使用说明：

“–” 表示该项数据为零，或没有该项数据，或该项数据不详；

“/” 表示该项不宜比较；

“…” 表示该项数据不足最小单位数；

“#” 表示其中的主要项；

“*” 或 “①、②、…” 表示有注解。

中华人民共和国交通运输部

二〇一九年九月

目　录
CONTENTS

一、交通运输综合指标

二、公路运输

三、水路运输

四、城市客运

五、港口吞吐量

六、交通固定资产投资

七、交通运输科技

八、救助打捞

附录　交通运输历年主要指标

一、交通运输综合指标

简 要 说 明

本篇资料反映我国国民经济和交通运输的主要指标。

国民经济主要指标包括：国内生产总值、全社会固定资产投额、全国总人口等。

交通运输主要指标包括：公路水路基础设施、港口设施、公路水路运输装备、公路水路运输量、城市客运、港口生产、交通固定资产投资等各专项指标。

1-1　国民经济主要指标

指　　标	单　位	2015 年	2016 年	2017 年	2018 年
一、国内生产总值（按当年价格计算）	**亿元**	**685 993**	**740 061**	**820 754**	**900 309**
第一产业	亿元	57 775	60 139	62 100	64 734
第二产业	亿元	282 040	296 548	332 743	366 001
第三产业	亿元	346 178	383 374	425 912	469 575
二、全社会固定资产投资额	**亿元**	**562 000**	**606 466**	**641 238**	**645 675**
第一产业（不含农户）	亿元	15 562	18 838	20 892	22 413
第二产业（不含农户）	亿元	224 048	231 826	235 751	237 899
第三产业（不含农户）	亿元	311 980	345 837	375 040	375 324
三、货物进出口总额	**亿元**	**245 503**	**243 387**	**278 099**	**305 050**
其中：出口	亿元	141 167	138 419	153 309	164 177
进口	亿元	104 336	104 967	124 790	140 874
四、社会消费品零售总额	**亿元**	**300 931**	**332 316**	**366 262**	**380 987**
五、全国一般公共预算收入	**亿元**	**152 269**	**159 605**	**172 593**	**183 352**
其中：税收收入	亿元	124 922	130 361	144 370	156 401
六、广义货币供应量（M2）余额	**万亿元**	**139.2**	**155.0**	**169.0**	**182.7**
七、全国总人口	**万人**	**137 462**	**138 271**	**139 008**	**139 538**
其中：城镇	万人	77 116	79 298	81 347	83 137
乡村	万人	60 346	58 973	57 661	56 401
八、社会物流总费用	**万亿元**	**10.8**	**11.1**	**12.1**	**13.3**
其中：运输	万亿元	5.8	6.0	6.6	6.9
全国社会物流总额	**万亿元**	**219.2**	**229.7**	**252.8**	**283.1**

注：1. 社会物流总费用源自中国物流与采购联合会。
　　2. 其他数据源自国家统计局，其中 2018 年数据为初步数据。

1-2 交通运输主要指标

指 标 名 称	计算单位	2018 年	2017 年	2018 年比 2017 年增减	2018 年为 2017 年 %
一、交通设施及运输线路拥有量					
1. 铁路营业里程	万公里	13.10	12.70	0.40	103.1
2. 公路线路里程	万公里	484.65	477.35	7.31	101.5
其中： 高速公路里程	万公里	14.26	13.64	0.61	104.5
高速公路车道里程	万公里	63.33	60.43	2.90	104.8
二级及以上公路里程	万公里	64.78	62.22	2.56	104.1
等级公路里程	万公里	446.59	433.86	12.73	102.9
3. 公路桥梁 数量	万座	85.15	83.25	1.90	102.3
长度	万米	5 568.59	5 225.62	342.97	106.6
4. 公路隧道 数量	万处	1.77	1.62	0.15	109.3
长度	万米	1 723.61	1 528.51	195.10	112.8
5. 全国公共汽电车运营线路总长度	万公里	119.95	106.94	13.01	112.2
其中：无轨电车运营线路总长度	公里	1 137	1 015	122	112.0
6. 全国公交专用车道长度	公里	12 850	10 915	1 936	117.7
7. 全国轨道交通运营里程	公里	5 295	4 583	712	115.5
8. 内河航道通航里程	万公里	12.71	12.70	0.01	100.1
# 等级航道	万公里	6.64	6.62	0.03	100.4
9. 港口生产用码头泊位	个	23 919	27 578	- 3 659	86.7
其中：沿海	个	5 734	5 830	-96	98.4
内河	个	18 185	21 748	- 3 563	83.6
其中：万吨级及以上码头泊位	个	2 444	2 366	78	103.3
10. 颁证民用航空机场	个	235	229	6	102.6
其中：定期航班通航机场	个	233	228	5	102.2
11. 邮路总长度	万公里	985.13	938.47	46.66	105.0
其中：航空邮路	万公里	654.49	599.61	54.88	109.2
铁路邮路	万公里	22.10	21.52	0.58	102.7
汽车邮路	万公里	307.25	315.62	-8.37	97.3
二、交通运输工具拥有量					
1. 铁路					
客车拥有量	万辆	7.20	7.30	-0.10	98.6
货车拥有量	万辆	83.00	79.90	3.10	103.9
机车拥有量	万台	2.10	2.10	…	100.0
2. 公路					
公路营运汽车	万辆	1 435.48	1 450.22	-14.74	99.0
载货汽车	万辆	1 355.82	1 368.62	-12.80	99.1
	万吨位	12 872.97	11 774.81	1 098.16	109.3
载客汽车	万辆	79.66	81.61	-1.95	97.6
	万客位	2 048.11	2 099.18	-51.07	97.6
3. 城市客运					
全国公共汽电车运营车辆数	万辆	67.34	65.12	2.22	103.4

1-2 （续表一）

指标名称	计算单位	2018年	2017年	2018年比2017年增减	2018年为2017年%
	万标台	76.79	73.93	2.86	103.9
其中：无轨电车运营车辆数	辆	2 585	2 505	80	103.2
全国轨道交通配属车辆数	辆	34 012	28 707	5 305	118.5
全国出租汽车运营车辆数	万辆	138.89	139.58	–0.69	99.5
全国客运轮渡营运船舶	艘	250	264	–14	94.7
4. 全国营业性民用运输轮驳船拥有量					
艘数	万艘	13.70	14.49	–0.79	94.5
净载重量	万吨	25 115.29	25 651.63	–536.35	97.9
载客量	万客位	96.33	96.75	–0.42	99.6
集装箱箱位	万 TEU	196.78	216.30	–19.53	91.0
总功率	万千瓦	6 679.99	6 618.20	61.79	100.9
（1）机动船					
艘数	万艘	12.58	13.17	–0.60	95.5
净载重量	万吨	24 244.71	24 675.08	–430.37	98.3
载客量	万客位	96.02	96.44	–0.41	99.6
集装箱箱位	万 TEU	196.49	215.99	–19.50	91.0
总功率	万千瓦	6 679.99	6 618.20	61.79	100.9
（2）驳船					
艘数	万艘	1.12	1.32	–0.20	85.1
净载重量	万吨	870.57	976.55	–105.98	89.1
载客量	万客位	0.30	0.31	–0.01	97.5
集装箱箱位	万 TEU	0.29	0.31	–0.02	92.2
三、客货运输量					
1. 铁路运输					
（1）客运量	亿人	33.75	30.84	2.91	109.4
其中：国家铁路	亿人	33.17	30.38	2.79	109.2
（2）旅客周转量	亿人公里	14 146.58	13 456.92	689.66	105.1
其中：国家铁路	亿人公里	14 063.99	13 396.96	667.03	105.0
（3）货运总量	亿吨	40.26	36.89	3.37	109.1
其中：国家铁路	亿吨	31.91	29.19	2.72	109.3
（4）货运总周转量	亿吨公里	28 820.55	26 962.20	1 858.35	106.9
其中：国家铁路	亿吨公里	25 800.96	24 091.70	1 709.26	107.1
2. 公路运输					
（1）全国营业性公路客运量	亿人	136.72	145.68	–8.96	93.8
（2）全国营业性公路旅客周转量	亿人公里	9 279.68	9 765.18	–485.50	95.0
（3）全国营业性公路货运量	亿吨	395.69	368.69	27.00	107.3
（4）全国营业性公路货物周转量	亿吨公里	71 249.21	66 771.52	4 477.70	106.7
3. 城市客运					
全国公共交通客运量	亿人次	1 262.24	1 273.40	–11.16	99.1

1-2 （续表二）

指 标 名 称	计算单位	2018 年	2017 年	2018 年比 2017 年增减	2018 年为 2017 年 %
其中：公共汽电车客运总量	亿人次	697.00	722.87	–25.87	96.4
轨道交通客运总量	亿人次	212.77	184.30	28.47	115.4
出租汽车客运总量	亿人次	351.67	365.40	–13.74	96.2
客运轮渡客运总量	亿人次	0.80	0.83	–0.03	96.9
4. 水路运输					
（1）全国营业性水路客运量	亿人	2.80	2.83	–0.03	98.9
（2）全国营业性水路旅客周转量	亿人公里	79.57	77.66	1.91	102.5
（3）全国营业性水路货运量	亿吨	70.27	66.78	3.48	105.2
（4）全国营业性水路货物周转量	亿吨公里	99 052.82	98 611.25	441.57	100.4
5. 港口生产					
（1）全国港口货物吞吐量	亿吨	143.51	140.07	3.43	102.5
# 规模以上港口货物吞吐量	亿吨	133.45	126.72	–	102.9
（2）全国港口外贸货物吞吐量	亿吨	41.89	40.93	0.96	102.4
（3）全国港口集装箱吞吐量	亿 TEU	2.51	2.38	0.13	105.3
（4）全国港口旅客吞吐量	亿人	1.77	1.85	–0.08	95.7
6. 民航运输					
（1）旅客运输量	亿人次	6.12	5.52	0.60	110.9
（2）旅客周转量	亿人公里	10 712.32	9 513.04	1 199.28	112.6
（3）货邮运输量	亿吨	0.07	0.07	…	104.6
（4）货邮周转量	亿吨公里	262.50	243.55	18.95	107.8
7. 邮政					
（1）邮政业务总量	亿元	12 345.20	9 763.71	2 581.49	126.4
（2）邮政函件业务	亿件	26.70	31.48	–4.78	84.8
（3）包裹业务	亿件	0.24	0.27	–0.03	90.6
（4）快递业务量	亿件	507.10	400.56	106.55	126.6
四、交通固定资产投资					
1. 铁路固定资产投资	亿元	8 028.00	8 010.00	18.00	100.2
2. 公路、水路固定资产投资	亿元	23 350.15	23 141.16	208.99	100.9
五、新增生产能力					
1. 铁路新增生产能力					
新线投产里程	公里	4 683	3 038	1645	154.1
其中：高速铁路	公里	4 100	2 182	1918	187.9
2. 公路、水路新增生产能力					
新建公路	公里	70 491	67 011	3 480	105.2
改建公路	公里	279 360	255 283	24 077	109.4
新增及改善内河航道	公里	1 981	590	1391	335.6
新、改（扩）建码头泊位	个	327	287	40	113.9

注：1. 铁路客货发送量、客货周转量为确报数，铁路其他数据为速报数；货运总量、货运总周转量中含行包运量。
2. 城市客运统计范围指城市（县城）。

二、公路运输

简 要 说 明

一、本篇资料反映我国公路基础设施、运输装备和公路运输发展的基本情况。主要包括：公路里程、营运车辆拥有量、公路客货运输量、交通量、道路运输统计资料。

二、公路里程为年末通车里程，不含在建和未正式投入使用的公路里程。按照《国家公路网规划（2013—2030 年）》，结合各省（区、市）路网调整情况，本资料中国道、省道、县道、乡道、村道里程的统计口径做了部分调整。

三、从 2010 年起，由交通运输部门管理的公共汽电车、出租汽车，不再纳入公路载客汽车统计，该部分数据纳入城市客运运力统计。

四、从 2013 年起，公路营运载货汽车包括货车、牵引车和挂车。

五、公路运输量范围为在道路运输管理部门注册登记从事公路运输的营业性运输工具产生的运输量，包括营业性客运车辆和营业性货运车辆。在公路上进行旅客运输的公共汽电车、出租汽车不纳入公路运输量的统计范围。

六、出入境汽车运输量统计的是由中、外双方承运者完成的，通过我国已开通汽车运输边境口岸公路的旅客、货物运输量。

2-1 全国公路里程（按行政等级分）

单位：公里

地区	总计	国道	国家高速公路	省道	县道	乡道	专用公路	村道
全国总计	**4 846 532**	**362 979**	**105 514**	**372 214**	**549 678**	**1 173 813**	**71 669**	**2 316 179**
北京	22 256	1 921	683	2 025	3 856	7 537	1 350	5 568
天津	16 257	1 487	547	2 436	1 296	3 669	985	6 384
河北	193 252	15 687	5 365	10 848	12 002	45 716	1 790	107 209
山西	143 326	11 343	3 456	6 794	19 887	48 561	445	56 296
内蒙古	202 641	22 264	5 607	17 489	39 395	40 108	937	82 448
辽宁	122 974	10 670	3 561	10 456	8 704	30 161	813	62 170
吉林	105 399	9 860	2 654	4 893	10 711	28 310	1 577	50 048
黑龙江	167 116	14 749	3 382	13 149	3 327	49 893	18 756	67 242
上海	13 106	716	477	1 076	3 101	6 778	–	1 435
江苏	158 729	8 323	3 449	8 540	25 343	51 956	57	64 510
浙江	120 662	7 660	3 262	4 678	29 022	19 664	601	59 037
安徽	208 826	11 006	3 632	16 526	13 546	34 438	576	132 734
福建	108 901	10 727	3 642	5 427	15 124	41 905	123	35 596
江西	161 941	11 871	4 177	12 657	21 806	41 663	16	73 928
山东	275 642	12 892	4 575	12 814	28 142	38 101	2 166	181 525
河南	268 589	13 956	4 242	23 414	27 352	59 082	–	144 786
湖北	275 039	14 130	4 851	19 495	27 421	83 884	611	129 498
湖南	240 060	13 690	4 906	24 220	36 014	56 852	1 025	108 258
广东	217 699	15 244	6 045	21 876	9 123	99 685	135	71 636
广西	125 449	14 962	4 076	10 237	18 096	28 203	294	53 657
海南	35 023	2 288	908	1 519	2 851	6 526	25	21 813
重庆	157 483	8 061	2 636	10 160	7 053	13 086	351	118 773
四川	331 592	22 462	5 031	23 405	22 695	50 036	4 799	208 195
贵州	196 908	11 910	3 458	20 877	34 648	45 898	–	83 575
云南	252 929	19 408	4 252	24 107	51 397	106 918	3 300	47 799
西藏	97 785	13 943	38	14 978	18 346	11 759	10 332	28 426
陕西	177 128	13 471	4 541	4 248	16 002	23 744	2 177	117 486
甘肃	143 228	12 997	3 548	17 077	7 956	10 301	2 654	92 243
青海	82 137	13 194	3 112	8 561	9 149	21 884	1 543	27 808
宁夏	35 405	3 772	1 350	2 876	794	9 182	1 661	17 121
新疆	189 050	18 315	4 055	15 354	25 520	58 313	12 571	58 977

2-2 全国公路里程（按技术等级分）

单位：公里

地 区	总 计	等级公路						等外公路
		合 计	高 速	一 级	二 级	三 级	四 级	
全国总计	**4 846 532**	**4 465 864**	**142 593**	**111 703**	**393 471**	**437 060**	**3 381 036**	**380 667**
北 京	22 256	22 256	1 115	1 457	4 029	3 970	11 685	–
天 津	16 257	16 257	1 262	1 209	2 986	1 190	9 610	–
河 北	193 252	188 475	7 280	6 341	20 987	20 455	133 413	4 777
山 西	143 326	141 012	5 605	2 731	15 736	19 422	97 518	2 314
内蒙古	202 641	195 636	6 633	7 791	17 684	30 877	132 651	7 005
辽 宁	122 974	115 699	4 331	4 153	18 305	31 312	57 598	7 275
吉 林	105 399	100 599	3 298	2 163	9 642	9 165	76 330	4 799
黑龙江	167 116	142 959	4 512	2 729	11 931	34 345	89 443	24 156
上 海	13 106	13 106	836	545	3 615	2 628	5 483	–
江 苏	158 729	156 297	4 711	15 081	23 439	16 261	96 805	2 432
浙 江	120 662	120 339	4 421	7 046	10 374	8 860	89 638	323
安 徽	208 826	207 942	4 836	4 863	11 595	19 939	166 708	885
福 建	108 901	92 464	5 155	1 351	10 887	8 502	66 568	16 438
江 西	161 941	135 442	5 931	2 601	11 613	14 338	100 959	26 499
山 东	275 642	274 948	6 057	11 159	26 177	29 443	202 112	693
河 南	268 589	242 775	6 600	3 692	27 192	21 470	183 822	25 814
湖 北	275 039	265 912	6 367	6 093	23 179	11 035	219 237	9 128
湖 南	240 060	223 667	6 725	2 068	14 478	5 798	194 599	16 393
广 东	217 699	209 131	9 003	11 329	18 975	19 185	150 640	8 568
广 西	125 449	115 702	5 563	1 554	13 156	8 676	86 753	9 748
海 南	35 023	34 731	924	460	1 845	1 615	29 886	292
重 庆	157 483	133 943	3 096	952	8 572	5 717	115 605	23 541
四 川	331 592	304 830	7 131	4 178	16 021	14 636	262 864	26 762
贵 州	196 908	156 559	6 453	1 464	8 433	6 918	133 291	40 348
云 南	252 929	220 554	5 184	1 443	12 222	9 715	191 991	32 374
西 藏	97 785	85 473	38	578	1 055	10 818	72 984	12 312
陕 西	177 128	161 028	5 475	1 641	9 734	15 891	128 288	16 100
甘 肃	143 228	128 071	4 242	627	9 156	13 707	100 338	15 157
青 海	82 137	70 157	3 328	609	8 525	5 001	52 694	11 980
宁 夏	35 405	35 355	1 678	1 895	3 870	6 205	21 706	51
新 疆	189 050	154 546	4 803	1 901	18 056	29 968	99 817	34 504

2-3　国道里程（按技术等级分）

单位：公里

地　区	总　计	等级公路						等外公路
		合　计	高　速	一　级	二　级	三　级	四　级	
全国总计	**362 979**	**361 084**	**105 837**	**50 121**	**143 295**	**44 024**	**17 806**	**1 896**
北　京	1 921	1 921	768	437	545	171	–	–
天　津	1 487	1 487	547	546	369	20	4	–
河　北	15 687	15 687	5 365	3 230	6 055	1 021	16	–
山　西	11 343	11 340	3 456	1 319	5 637	801	128	3
内蒙古	22 264	22 239	5 607	4 208	7 725	3 034	1 665	25
辽　宁	10 670	10 670	3 561	1 923	4 975	176	35	–
吉　林	9 860	9 860	2 654	1 365	5 019	694	128	–
黑龙江	14 749	14 719	3 386	1 827	6 618	2 628	259	31
上　海	716	716	477	98	142	–	–	–
江　苏	8 323	8 323	3 454	4 241	625	4	–	–
浙　江	7 660	7 660	3 262	2 422	1 675	111	190	–
安　徽	11 006	11 006	3 632	2 789	3 893	494	197	–
福　建	10 727	10 727	3 648	565	5 254	864	397	–
江　西	11 871	11 855	4 177	1 477	5 407	546	248	16
山　东	12 892	12 892	4 575	5 324	2 895	99	–	–
河　南	13 956	13 922	4 242	2 513	6 104	898	164	34
湖　北	14 130	14 124	4 851	2 143	6 590	195	345	6
湖　南	13 690	13 690	4 906	964	6 282	876	664	–
广　东	15 244	15 244	6 092	3 865	4 326	631	331	–
广　西	14 962	14 935	4 076	1 174	7 616	1 272	797	27
海　南	2 288	2 288	908	139	1 159	82	–	–
重　庆	8 061	8 050	2 636	380	3 887	832	315	10
四　川	22 462	22 256	5 033	1 952	8 889	4 191	2 191	205
贵　州	11 910	11 884	3 458	874	5 028	1 616	908	26
云　南	19 408	19 306	4 261	1 000	7 266	3 507	3 273	101
西　藏	13 943	13 506	38	525	988	9 085	2 869	437
陕　西	13 471	13 450	4 541	893	4 939	2 586	492	20
甘　肃	12 997	12 921	3 611	249	6 146	2 061	854	76
青　海	13 194	12 661	3 146	256	6 788	1 351	1 121	532
宁　夏	3 772	3 772	1 350	413	1 815	170	24	–
新　疆	18 315	17 970	4 124	1 010	8 641	4 005	190	345

2-4 省道里程（按技术等级分）

单位：公里

地 区	总 计	等级公路						等外公路
		合 计	高 速	一 级	二 级	三 级	四 级	
全国总计	**372 214**	**364 489**	**36 494**	**32 854**	**116 925**	**73 187**	**105 029**	**7 725**
北 京	2 025	2 025	347	498	1 029	150	–	–
天 津	2 436	2 436	715	513	1 087	121	–	–
河 北	10 848	10 848	1 916	2 251	5 568	1 114	–	–
山 西	6 794	6 794	2 149	549	3 377	556	162	–
内蒙古	17 489	17 459	1 026	2 469	4 651	6 640	2 673	29
辽 宁	10 456	10 435	770	1 320	7 307	961	77	21
吉 林	4 893	4 880	644	464	2 057	1 246	468	14
黑龙江	13 149	13 035	1 072	434	3 813	5 661	2 053	115
上 海	1 076	1 076	359	237	459	22	–	–
江 苏	8 540	8 540	1 246	5 243	1 927	125	–	–
浙 江	4 678	4 678	1 159	1 251	1 568	475	226	–
安 徽	16 526	16 497	1 204	1 737	5 030	5 567	2 958	29
福 建	5 427	5 416	1 482	315	1 946	950	723	11
江 西	12 657	12 529	1 739	686	4 788	3 271	2 045	128
山 东	12 814	12 814	1 483	3 942	6 724	644	21	–
河 南	23 414	23 067	2 358	1 179	10 680	4 680	4 171	347
湖 北	19 495	19 469	1 426	1 653	11 608	2 128	2 654	26
湖 南	24 220	24 125	1 819	527	5 979	2 246	13 553	95
广 东	21 876	21 834	2 911	3 192	7 024	5 263	3 444	42
广 西	10 237	10 148	1 487	185	3 905	1 659	2 911	89
海 南	1 519	1 519	17	306	545	363	290	–
重 庆	10 160	10 071	460	174	3 242	2 284	3 912	89
四 川	23 405	22 756	2 038	1 028	4 193	4 218	11 279	649
贵 州	20 877	20 327	2 995	470	2 950	3 276	10 635	551
云 南	24 107	23 666	923	255	3 923	2 675	15 891	440
西 藏	14 978	12 464	–	47	65	1 541	10 810	2 515
陕 西	4 248	4 248	934	345	1 379	1 468	122	–
甘 肃	17 077	16 618	631	252	2 164	5 224	8 347	459
青 海	8 561	7 827	182	351	1 288	2 209	3 796	733
宁 夏	2 876	2 871	329	309	585	1 534	114	4
新 疆	15 354	14 016	674	672	6 063	4 913	1 694	1 339

2-5　县道里程（按技术等级分）

单位：公里

地　区	总　计	等级公路						等外公路
		合　计	高　速	一　级	二　级	三　级	四　级	
全国总计	**549 678**	**534 861**	**98**	**15 283**	**77 322**	**148 862**	**293 297**	**14 816**
北　京	3 856	3 856	–	356	1 223	2 150	126	–
天　津	1 296	1 296	–	91	429	521	255	–
河　北	12 002	11 924	–	153	4 711	5 970	1 089	79
山　西	19 887	19 823	–	339	4 476	10 091	4 917	64
内蒙古	39 395	38 592	–	722	3 447	13 577	20 847	803
辽　宁	8 704	8 704	–	799	5 036	2 854	16	–
吉　林	10 711	10 568	–	134	1 772	4 731	3 931	143
黑龙江	3 327	3 296	–	72	339	2 066	818	30
上　海	3 101	3 101	–	210	1 833	1 053	5	–
江　苏	25 343	25 290	12	4 000	11 962	7 758	1 558	53
浙　江	29 022	29 014	–	3 210	5 527	5 072	15 205	8
安　徽	13 546	13 546	–	131	1 570	9 092	2 754	–
福　建	15 124	14 240	26	382	2 397	4 466	6 969	884
江　西	21 806	20 301	–	220	706	8 436	10 939	1 505
山　东	28 142	28 142	–	1 173	9 334	12 080	5 556	–
河　南	27 352	26 629	–	–	6 583	8 513	11 532	723
湖　北	27 421	27 186	–	652	2 907	4 903	18 724	235
湖　南	36 014	35 661	–	358	1 845	2 258	31 200	353
广　东	9 123	9 108	–	991	2 272	3 789	2 055	15
广　西	18 096	17 760	–	157	1 408	4 612	11 583	336
海　南	2 851	2 831	–	10	56	955	1 809	20
重　庆	7 053	7 018	–	76	566	1 296	5 079	35
四　川	22 695	21 873	60	511	1 571	3 653	16 078	822
贵　州	34 648	31 984	–	69	271	1 698	29 946	2 663
云　南	51 397	49 811	–	153	891	2 932	45 835	1 586
西　藏	18 346	17 163	–	–	–	97	17 066	1 183
陕　西	16 002	16 002	–	64	1 866	6 992	7 081	–
甘　肃	7 956	7 591	–	74	349	3 530	3 638	365
青　海	9 149	8 309	–	–	160	1 028	7 121	840
宁　夏	794	794	–	97	101	550	46	–
新　疆	25 520	23 449	–	80	1 713	12 138	9 519	2 070

2-6　乡道里程（按技术等级分）

单位：公里

地　区	总　计	等 级 公 路						等外公路
		合　计	高　速	一　级	二　级	三　级	四　级	
全国总计	**1 173 813**	**1 107 200**	**–**	**6 700**	**28 892**	**113 117**	**958 491**	**66 612**
北　京	7 537	7 537	–	129	486	987	5 934	–
天　津	3 669	3 669	–	–	249	219	3 202	–
河　北	45 716	44 578	–	382	2 955	9 726	31 514	1 138
山　西	48 561	48 033	–	329	1 365	5 113	41 226	528
内蒙古	40 108	39 422	–	315	1 079	4 038	33 990	686
辽　宁	30 161	30 157	–	44	758	22 983	6 372	4
吉　林	28 310	27 591	–	88	397	1 951	25 155	720
黑龙江	49 893	46 572	–	82	525	14 127	31 837	3 321
上　海	6 778	6 778	–	–	1 149	1 450	4 179	–
江　苏	51 956	51 677	–	764	4 184	5 063	41 666	279
浙　江	19 664	19 580	–	79	627	1 616	17 259	84
安　徽	34 438	34 387	–	23	445	3 206	30 712	51
福　建	41 905	37 223	–	88	1 063	1 821	34 251	4 682
江　西	41 663	34 324	–	110	273	1 296	32 645	7 339
山　东	38 101	38 101	–	279	2 974	7 910	26 938	–
河　南	59 082	55 911	–	–	2 472	5 473	47 966	3 171
湖　北	83 884	81 713	–	486	952	2 929	77 346	2 171
湖　南	56 852	55 583	–	164	240	275	54 904	1 269
广　东	99 685	98 459	–	2 509	3 891	7 514	84 546	1 226
广　西	28 203	27 131	–	18	174	850	26 089	1 072
海　南	6 526	6 394	–	3	76	118	6 198	132
重　庆	13 086	12 418	–	11	90	419	11 898	668
四　川	50 036	45 744	–	305	707	1 526	43 206	4 292
贵　州	45 898	39 416	–	38	70	207	39 100	6 482
云　南	106 918	94 850	–	25	102	458	94 265	12 068
西　藏	11 759	10 979	–	6	–	27	10 947	780
陕　西	23 744	23 474	–	40	289	2 640	20 506	270
甘　肃	10 301	9 373	–	6	148	1 651	7 568	928
青　海	21 884	18 724	–	–	13	167	18 544	3 160
宁　夏	9 182	9 164	–	366	528	2 998	5 271	19
新　疆	58 313	48 239	–	12	611	4 359	43 257	10 074

2-7 专用公路里程（按技术等级分）

单位：公里

地区	总计	等级公路						等外公路
		合计	高速	一级	二级	三级	四级	
全国总计	**71 669**	**51 363**	**157**	**1 330**	**4 555**	**9 339**	**35 982**	**20 306**
北京	1 350	1 350	–	26	654	245	425	–
天津	985	985	–	58	589	153	185	–
河北	1 790	1 766	–	83	304	303	1 076	24
山西	445	445	–	7	47	229	162	–
内蒙古	937	936	–	26	158	195	556	1
辽宁	813	796	–	11	69	347	369	17
吉林	1 577	1 494	–	16	5	44	1 428	83
黑龙江	18 756	9 970	45	188	276	2 601	6 859	8 786
上海	–	–	–	–	–	–	–	–
江苏	57	57	–	4	–	2	51	–
浙江	601	569	–	7	37	111	414	32
安徽	576	576	–	–	46	141	390	–
福建	123	117	–	–	11	5	100	6
江西	16	16	16	–	–	–	–	–
山东	2 166	2 166	–	36	98	322	1 710	–
河南	–	–	–	–	–	–	–	–
湖北	611	592	90	–	38	22	442	19
湖南	1 025	798	–	7	4	3	783	227
广东	135	125	–	5	–	35	85	10
广西	294	182	–	11	16	27	128	112
海南	25	25	–	–	–	–	25	–
重庆	351	316	–	3	21	36	256	35
四川	4 799	2 410	–	17	82	148	2 163	2 389
贵州	–	–	–	–	–	–	–	–
云南	3 300	2 190	–	–	31	105	2 054	1 110
西藏	10 332	7 205	–	–	1	54	7 150	3 126
陕西	2 177	2 118	–	86	430	321	1 281	58
甘肃	2 654	2 159	–	19	113	509	1 518	494
青海	1 543	1 323	–	2	204	138	978	220
宁夏	1 661	1 655	–	589	398	93	575	6
新疆	12 571	9 022	5	127	921	3 152	4 816	3 549

2-8　村道里程（按技术等级分）

单位：公里

地　区	总　计	等　级　公　路						等外公路
		合　计	高　速	一　级	二　级	三　级	四　级	
全国总计	**2 316 179**	**2 046 867**	**8**	**5 415**	**22 482**	**48 531**	**1 970 431**	**269 311**
北　京	5 568	5 568	–	11	92	266	5 199	–
天　津	6 384	6 384	–	–	263	156	5 965	–
河　北	107 209	103 672	–	242	1 393	2 321	99 717	3 536
山　西	56 296	54 577	–	187	834	2 632	50 923	1 719
内蒙古	82 448	76 988	–	51	624	3 392	72 920	5 461
辽　宁	62 170	54 936	–	56	161	3 991	50 728	7 234
吉　林	50 048	46 208	–	96	392	500	45 220	3 840
黑龙江	67 242	55 368	8	125	359	7 261	47 616	11 873
上　海	1 435	1 435	–	–	32	103	1 299	–
江　苏	64 510	62 410	–	830	4 742	3 308	53 529	2 100
浙　江	59 037	58 838	–	78	941	1 476	56 344	199
安　徽	132 734	131 929	–	183	611	1 438	129 697	804
福　建	35 596	24 741	–	1	216	396	24 128	10 856
江　西	73 928	56 417	–	106	438	789	55 083	17 510
山　东	181 525	180 832	–	404	4 153	8 388	167 887	693
河　南	144 786	123 247	–	–	1 353	1 905	119 989	21 539
湖　北	129 498	122 827	–	1 160	1 083	857	119 727	6 671
湖　南	108 258	93 810	–	48	127	140	93 495	14 448
广　东	71 636	64 360	–	768	1 462	1 952	60 179	7 276
广　西	53 657	45 545	–	8	38	255	45 244	8 112
海　南	21 813	21 673	–	3	9	96	21 565	140
重　庆	118 773	96 069	–	308	766	851	94 144	22 704
四　川	208 195	189 791	–	366	578	898	187 948	18 404
贵　州	83 575	52 949	–	13	114	120	52 702	30 626
云　南	47 799	30 731	–	11	10	38	30 673	17 068
西　藏	28 426	24 156	–	–	–	14	24 142	4 270
陕　西	117 486	101 735	–	214	832	1 885	98 805	15 751
甘　肃	92 243	79 409	–	26	237	733	78 413	12 835
青　海	27 808	21 313	–	–	72	107	21 134	6 494
宁　夏	17 121	17 099	–	120	444	859	15 676	22
新　疆	58 977	41 849	–	–	108	1 401	40 340	17 127

2–9 全国公路里程（按路面类型分）

单位：公里

地 区	总 计	有铺装路面（高级）			简易铺装路面（次高级）	未铺装路面（中级、低级、无路面）
		合 计	沥青混凝土	水泥混凝土		
全国总计	**4 846 532**	**3 618 557**	**1 001 137**	**2 617 420**	**375 834**	**852 141**
北 京	22 256	22 256	17 452	4 804	–	–
天 津	16 257	16 257	12 224	4 033	–	–
河 北	193 252	168 899	64 098	104 802	8 529	15 824
山 西	143 326	112 694	40 325	72 369	15 734	14 899
内蒙古	202 641	142 432	75 247	67 186	11 842	48 367
辽 宁	122 974	73 048	54 287	18 761	22 256	27 669
吉 林	105 399	88 417	22 720	65 697	35	16 946
黑龙江	167 116	122 827	15 157	107 670	680	43 609
上 海	13 106	13 106	6 929	6 177	–	–
江 苏	158 729	153 736	54 076	99 660	1 745	3 247
浙 江	120 662	117 158	39 857	77 301	2 603	900
安 徽	208 826	192 873	29 959	162 914	8 409	7 544
福 建	108 901	90 490	7 843	82 647	1 458	16 953
江 西	161 941	126 964	19 745	107 220	2 348	32 629
山 东	275 642	209 136	90 039	119 096	54 629	11 877
河 南	268 589	222 607	50 222	172 385	14 997	30 985
湖 北	275 039	234 648	27 204	207 444	13 378	27 013
湖 南	240 060	217 055	21 990	195 065	1 425	21 579
广 东	217 699	169 114	17 931	151 183	5 433	43 151
广 西	125 449	89 296	12 143	77 152	13 717	22 437
海 南	35 023	34 595	3 898	30 697	130	297
重 庆	157 483	99 901	20 051	79 850	8 963	48 619
四 川	331 592	270 909	50 235	220 674	14 010	46 673
贵 州	196 908	110 799	21 305	89 494	31 959	54 149
云 南	252 929	149 507	62 520	86 987	7 248	96 173
西 藏	97 785	27 080	21 222	5 858	594	70 112
陕 西	177 128	124 608	32 654	91 954	17 913	34 607
甘 肃	143 228	78 492	19 508	58 984	32 703	32 033
青 海	82 137	52 707	14 799	37 908	2 308	27 123
宁 夏	35 405	28 532	17 949	10 583	2 651	4 222
新 疆	189 050	58 411	57 546	865	78 135	52 504

2-10 国道里程（按路面类型分）

单位：公里

地 区	总 计	有铺装路面（高级）			简易铺装路面（次高级）	未铺装路面（中级、低级、无路面）
		合 计	沥青混凝土	水泥混凝土		
全国总计	**362 979**	**339 707**	**297 325**	**42 382**	**15 319**	**7 954**
北 京	1 921	1 921	1 921	–	–	–
天 津	1 487	1 487	1 477	10	–	–
河 北	15 687	15 505	15 234	271	182	–
山 西	11 343	11 063	10 518	544	274	6
内蒙古	22 264	19 933	19 447	486	1 113	1 218
辽 宁	10 670	10 511	10 495	16	159	–
吉 林	9 860	9 775	8 788	988	–	85
黑龙江	14 749	14 173	7 074	7 099	88	488
上 海	716	716	716	…	–	–
江 苏	8 323	8 323	8 286	37	–	–
浙 江	7 660	7 660	7 335	325	–	–
安 徽	11 006	10 980	10 118	862	26	–
福 建	10 727	10 691	5 007	5 684	34	2
江 西	11 871	11 773	9 954	1 819	80	18
山 东	12 892	12 886	12 707	178	7	–
河 南	13 956	13 716	12 602	1 114	200	40
湖 北	14 130	13 390	11 276	2 114	712	28
湖 南	13 690	13 636	10 078	3 558	33	21
广 东	15 244	15 147	8 620	6 527	97	–
广 西	14 962	12 964	8 119	4 845	1 949	49
海 南	2 288	2 288	1 784	504	–	–
重 庆	8 061	7 871	7 081	790	176	14
四 川	22 462	20 763	18 891	1 872	1 030	669
贵 州	11 910	9 846	9 787	59	1 993	70
云 南	19 408	17 983	17 152	831	941	484
西 藏	13 943	11 510	11 339	171	143	2 290
陕 西	13 471	13 248	12 455	793	190	33
甘 肃	12 997	10 479	10 280	199	2 000	518
青 海	13 194	11 128	10 575	553	624	1 442
宁 夏	3 772	3 687	3 657	29	85	–
新 疆	18 315	14 653	14 551	102	3 182	479

2–11 省道里程（按路面类型分）

单位：公里

地区	总计	有铺装路面（高级）			简易铺装路面（次高级）	未铺装路面（中级、低级、无路面）
		合计	沥青混凝土	水泥混凝土		
全国总计	**372 214**	**303 450**	**207 255**	**96 195**	**40 587**	**28 176**
北京	2 025	2 025	2 022	3	–	–
天津	2 436	2 436	2 427	9	–	–
河北	10 848	10 736	10 421	315	112	–
山西	6 794	6 590	6 241	349	204	–
内蒙古	17 489	14 935	12 941	1 994	1 401	1 152
辽宁	10 456	10 027	9 968	59	369	60
吉林	4 893	4 739	3 598	1 140	–	155
黑龙江	13 149	11 813	3 248	8 565	136	1 200
上海	1 076	1 076	1 045	31	–	–
江苏	8 540	8 540	8 440	100	–	–
浙江	4 678	4 678	4 079	599	–	–
安徽	16 526	15 786	10 627	5 160	692	48
福建	5 427	5 239	1 986	3 253	186	2
江西	12 657	12 032	6 875	5 157	515	111
山东	12 814	12 803	12 553	249	11	–
河南	23 414	21 387	15 556	5 832	1 578	449
湖北	19 495	17 028	9 990	7 038	2 203	263
湖南	24 220	22 299	7 420	14 878	1 074	847
广东	21 876	21 167	5 586	15 581	405	304
广西	10 237	7 584	3 124	4 459	2 498	155
海南	1 519	1 485	1 079	407	34	–
重庆	10 160	9 315	5 776	3 539	597	248
四川	23 405	19 727	11 746	7 981	1 646	2 033
贵州	20 877	9 088	7 404	1 683	10 441	1 348
云南	24 107	19 049	15 872	3 177	1 946	3 112
西藏	14 978	4 288	4 062	226	234	10 456
陕西	4 248	4 240	3 886	355	7	–
甘肃	17 077	7 295	4 855	2 439	8 064	1 719
青海	8 561	4 871	3 331	1 540	994	2 696
宁夏	2 876	2 467	2 418	49	405	4
新疆	15 354	8 707	8 681	26	4 834	1 813

2-12 县道里程（按路面类型分）

单位：公里

地 区	总 计	有铺装路面（高级）			简易铺装路面（次高级）	未铺装路面（中级、低级、无路面）
		合 计	沥青混凝土	水泥混凝土		
全国总计	**549 678**	**426 932**	**192 404**	**234 528**	**69 361**	**53 384**
北 京	3 856	3 856	3 802	54	–	–
天 津	1 296	1 296	1 254	42	–	–
河 北	12 002	10 823	7 560	3 262	871	309
山 西	19 887	15 203	10 981	4 222	4 228	455
内蒙古	39 395	28 530	17 992	10 538	4 451	6 414
辽 宁	8 704	7 704	7 571	133	963	37
吉 林	10 711	10 064	4 918	5 146	–	647
黑龙江	3 327	2 921	480	2 440	21	384
上 海	3 101	3 101	2 812	289	–	–
江 苏	25 343	25 253	19 922	5 332	32	58
浙 江	29 022	27 705	16 281	11 424	1 313	3
安 徽	13 546	13 189	5 395	7 794	336	21
福 建	15 124	13 745	602	13 144	365	1 013
江 西	21 806	19 398	1 916	17 482	561	1 847
山 东	28 142	25 008	19 981	5 027	3 005	129
河 南	27 352	25 472	9 964	15 507	1 007	873
湖 北	27 421	22 649	2 777	19 872	3 421	1 351
湖 南	36 014	35 089	3 183	31 906	172	753
广 东	9 123	8 675	981	7 694	319	129
广 西	18 096	10 357	586	9 771	7 074	665
海 南	2 851	2 756	752	2 004	71	24
重 庆	7 053	6 295	2 141	4 154	561	197
四 川	22 695	18 404	6 406	11 998	2 375	1 916
贵 州	34 648	17 842	2 624	15 218	12 874	3 932
云 南	51 397	37 100	20 136	16 963	3 001	11 296
西 藏	18 346	3 992	2 882	1 110	104	14 250
陕 西	16 002	11 685	7 201	4 484	4 100	218
甘 肃	7 956	2 749	1 501	1 249	4 119	1 087
青 海	9 149	6 533	355	6 178	292	2 324
宁 夏	794	590	580	10	172	31
新 疆	25 520	8 949	8 867	82	13 553	3 018

2-13 乡道里程（按路面类型分）

单位：公里

地区	总计	有铺装路面（高级）			简易铺装路面（次高级）	未铺装路面（中级、低级、无路面）
		合计	沥青混凝土	水泥混凝土		
全国总计	**1 173 813**	**894 311**	**147 363**	**746 948**	**96 376**	**183 126**
北京	7 537	7 537	5 542	1 995	–	–
天津	3 669	3 669	2 839	831	–	–
河北	45 716	39 131	13 620	25 511	3 180	3 405
山西	48 561	36 148	7 187	28 961	6 328	6 086
内蒙古	40 108	27 832	10 687	17 145	2 822	9 453
辽宁	30 161	19 140	14 960	4 180	9 921	1 100
吉林	28 310	25 449	3 252	22 197	–	2 861
黑龙江	49 893	41 710	2 090	39 620	292	7 891
上海	6 778	6 778	2 007	4 771	–	–
江苏	51 956	51 190	9 325	41 865	392	374
浙江	19 664	18 717	4 795	13 921	871	77
安徽	34 438	31 593	2 068	29 525	2 376	468
福建	41 905	36 572	188	36 384	559	4 774
江西	41 663	31 956	504	31 452	596	9 112
山东	38 101	31 074	14 075	16 999	6 165	862
河南	59 082	52 516	7 002	45 514	2 879	3 687
湖北	83 884	69 334	1 262	68 072	4 784	9 767
湖南	56 852	53 255	736	52 518	108	3 490
广东	99 685	80 198	2 234	77 963	2 315	17 172
广西	28 203	23 398	199	23 200	1 513	3 292
海南	6 526	6 366	178	6 188	11	149
重庆	13 086	10 844	1 177	9 668	1 240	1 002
四川	50 036	38 821	8 858	29 964	3 582	7 633
贵州	45 898	32 494	848	31 645	4 311	9 093
云南	106 918	58 106	8 390	49 716	931	47 881
西藏	11 759	1 840	1 088	752	43	9 876
陕西	23 744	17 043	3 754	13 289	4 817	1 884
甘肃	10 301	3 997	877	3 120	4 563	1 740
青海	21 884	17 956	179	17 777	199	3 729
宁夏	9 182	7 296	5 181	2 115	1 040	847
新疆	58 313	12 349	12 260	89	30 541	15 423

2-14　专用公路里程（按路面类型分）

单位：公里

地　区	总　计	有铺装路面（高级）			简易铺装路面（次高级）	未铺装路面（中级、低级、无路面）
		合　计	沥青混凝土	水泥混凝土		
全国总计	**71 669**	**28 877**	**12 894**	**15 983**	**7 450**	**35 342**
北　京	1 350	1 350	1 219	131	–	–
天　津	985	985	822	163	–	–
河　北	1 790	1 540	936	604	157	93
山　西	445	311	173	138	100	35
内蒙古	937	419	304	116	60	458
辽　宁	813	195	178	17	307	310
吉　林	1 577	442	112	330	–	1 134
黑龙江	18 756	8 972	1 253	7 719	21	9 763
上　海	–	–	–	–	–	–
江　苏	57	57	11	46	–	–
浙　江	601	490	171	319	59	52
安　徽	576	541	68	472	30	6
福　建	123	93	–	93	9	21
江　西	16	16	16	–	–	–
山　东	2 166	1 251	1 009	241	877	39
河　南	–	–	–	–	–	–
湖　北	611	402	109	294	98	111
湖　南	1 025	719	10	709	–	306
广　东	135	105	–	105	–	30
广　西	294	167	36	132	17	109
海　南	25	25	4	21	–	–
重　庆	351	246	72	175	25	80
四　川	4 799	1 588	468	1 120	217	2 995
贵　州	–	–	–	–	–	–
云　南	3 300	759	319	440	212	2 329
西　藏	10 332	1 106	505	601	27	9 198
陕　西	2 177	1 508	631	878	263	405
甘　肃	2 654	571	150	421	722	1 360
青　海	1 543	619	158	461	70	854
宁　夏	1 661	1 146	968	178	79	435
新　疆	12 571	3 253	3 194	59	4 100	5 219

2-15 村道里程（按路面类型分）

单位：公里

地区	总计	有铺装路面（高级）			简易铺装路面（次高级）	未铺装路面（中级、低级、无路面）
		合计	沥青混凝土	水泥混凝土		
全国总计	**2 316 179**	**1 625 280**	**143 896**	**1 481 384**	**146 740**	**544 158**
北京	5 568	5 568	2 947	2 622	–	–
天津	6 384	6 384	3 405	2 978	–	–
河北	107 209	91 164	16 326	74 838	4 027	12 017
山西	56 296	43 380	5 226	38 154	4 600	8 316
内蒙古	82 448	50 783	13 877	36 906	1 994	29 671
辽宁	62 170	25 472	11 115	14 356	10 537	26 161
吉林	50 048	37 947	2 051	35 896	35	12 065
黑龙江	67 242	43 238	1 012	42 226	121	23 882
上海	1 435	1 435	349	1 086	–	–
江苏	64 510	60 372	8 092	52 281	1 322	2 816
浙江	59 037	57 908	7 195	50 713	360	769
安徽	132 734	120 784	1 683	119 101	4 950	7 000
福建	35 596	24 150	60	24 090	306	11 141
江西	73 928	51 790	479	51 310	596	21 542
山东	181 525	126 114	29 713	96 400	44 565	10 847
河南	144 786	109 516	5 098	104 417	9 335	25 935
湖北	129 498	111 844	1 790	110 055	2 160	15 494
湖南	108 258	92 058	563	91 495	38	16 162
广东	71 636	43 822	510	43 312	2 297	25 517
广西	53 657	34 825	80	34 745	665	18 167
海南	21 813	21 675	102	21 573	14	124
重庆	118 773	65 330	3 805	61 525	6 365	47 078
四川	208 195	171 607	3 868	167 739	5 160	31 428
贵州	83 575	41 530	641	40 889	2 339	39 707
云南	47 799	16 511	652	15 859	217	31 071
西藏	28 426	4 343	1 346	2 997	43	24 040
陕西	117 486	76 884	4 727	72 156	8 535	32 067
甘肃	92 243	53 400	1 844	51 556	13 235	25 608
青海	27 808	11 600	201	11 399	129	16 078
宁夏	17 121	13 347	5 145	8 202	870	2 905
新疆	58 977	10 500	9 994	506	21 926	26 551

2-16 全国公路养护里程

单位：公里

地 区	总 计	国 道	省 道	县 道	乡 道	专用公路	村 道
全国总计	**4 757 764**	**360 811**	**370 611**	**548 197**	**1 160 707**	**69 476**	**2 247 961**
北 京	22 249	1 921	2 025	3 850	7 536	1 350	5 567
天 津	16 257	1 487	2 436	1 296	3 669	985	6 384
河 北	192 866	15 549	10 835	12 002	45 716	1 736	107 028
山 西	143 205	11 222	6 794	19 887	48 561	445	56 296
内蒙古	196 925	22 159	17 468	38 899	39 208	775	78 417
辽 宁	122 153	10 670	10 450	8 698	30 025	795	61 515
吉 林	105 399	9 860	4 893	10 711	28 310	1 577	50 048
黑龙江	167 116	14 749	13 149	3 327	49 893	18 756	67 242
上 海	13 106	716	1 076	3 101	6 778	–	1 435
江 苏	156 197	8 323	8 540	25 291	51 668	57	62 318
浙 江	120 662	7 660	4 678	29 022	19 664	601	59 037
安 徽	207 063	10 315	15 842	13 437	34 435	378	132 657
福 建	108 901	10 727	5 427	15 124	41 905	123	35 596
江 西	155 050	10 921	12 023	21 536	40 583	16	69 971
山 东	275 642	12 892	12 814	28 142	38 101	2 166	181 525
河 南	267 139	13 956	23 414	27 329	58 932	–	143 509
湖 北	275 025	14 124	19 486	27 421	83 884	611	129 498
湖 南	240 060	13 690	24 220	36 014	56 852	1 025	108 258
广 东	215 407	15 152	21 690	9 061	99 437	135	69 931
广 西	125 449	14 962	10 237	18 096	28 203	294	53 657
海 南	35 023	2 288	1 519	2 851	6 526	25	21 813
重 庆	146 267	8 061	10 160	7 053	13 030	351	107 612
四 川	319 493	22 462	23 405	22 695	49 216	4 559	197 156
贵 州	195 224	11 910	20 877	34 648	45 442	–	82 348
云 南	252 643	19 408	24 107	51 397	106 728	3 300	47 703
西 藏	97 785	13 943	14 978	18 346	11 759	10 332	28 426
陕 西	175 179	13 407	4 198	15 995	23 663	2 151	115 766
甘 肃	131 151	12 997	17 077	7 956	10 192	2 648	80 281
青 海	80 140	13 194	8 561	9 148	21 195	1 511	26 531
宁 夏	35 405	3 772	2 876	794	9 182	1 661	17 121
新 疆	163 581	18 315	15 354	25 070	50 412	11 114	43 316

2-17 全国公路绿化里程

单位：公里

地区	总计	国道	省道	县道	乡道	专用公路	村道
全国总计	**2 755 219**	**271 170**	**276 871**	**382 952**	**705 384**	**37 770**	**1 081 073**
北京	21 977	1 911	2 025	3 782	7 414	1 343	5 502
天津	14 635	1 110	2 123	1 289	3 384	943	5 786
河北	91 310	13 787	8 889	7 686	19 985	841	40 121
山西	61 217	8 338	4 844	13 680	20 546	258	13 551
内蒙古	28 810	6 735	4 612	8 779	5 725	96	2 863
辽宁	70 559	9 576	9 410	8 538	21 305	611	21 119
吉林	90 795	9 654	4 698	9 904	25 193	1 240	40 106
黑龙江	125 728	12 403	10 566	2 886	40 320	13 186	46 367
上海	11 551	560	814	2 828	6 062	–	1 287
江苏	149 991	8 076	8 402	24 777	49 417	57	59 261
浙江	77 448	7 105	4 328	23 809	13 450	437	28 319
安徽	167 282	10 338	14 631	12 438	32 160	424	97 292
福建	94 487	9 656	4 999	13 555	37 184	109	28 984
江西	99 169	11 503	11 887	19 199	25 359	15	31 206
山东	225 009	11 593	11 690	24 414	31 943	1 921	143 449
河南	197 738	13 319	21 255	22 214	44 811	–	96 140
湖北	119 268	11 721	15 893	15 781	30 520	457	44 896
湖南	186 388	11 945	20 484	29 995	44 994	647	78 323
广东	108 204	14 668	19 580	8 101	50 405	135	15 315
广西	59 226	12 328	7 790	13 073	13 882	88	12 064
海南	32 392	2 108	1 403	2 608	6 248	25	20 001
重庆	84 765	6 610	9 186	5 425	8 586	234	54 724
四川	140 293	17 635	17 841	16 634	28 261	1 989	57 932
贵州	69 364	8 707	15 755	11 576	12 290	–	21 036
云南	152 287	13 860	15 525	38 602	59 358	1 239	23 703
西藏	26 938	2 986	1 117	5 629	3 281	3 986	9 938
陕西	45 220	9 279	3 203	8 365	7 592	829	15 952
甘肃	30 486	6 598	8 107	3 606	3 443	475	8 257
青海	46 616	8 393	5 031	6 160	12 803	737	13 493
宁夏	21 426	3 146	2 129	666	7 203	1 303	6 977
新疆	104 637	5 521	8 652	16 951	32 258	4 146	37 110

2-18 全国高速公路里程

单位：公里

地 区	高速公路				车道里程
	合 计	四车道	六车道	八车道及以上	
全国总计	**142 593**	**116 997**	**19 757**	**5 840**	**633 310**
北 京	1 115	507	539	68	5 810
天 津	1 262	358	769	135	7 126
河 北	7 280	4 818	1 956	506	35 056
山 西	5 605	4 649	943	13	24 357
内蒙古	6 633	6 135	273	224	27 975
辽 宁	4 331	3 345	337	650	20 599
吉 林	3 298	3 139	62	98	13 708
黑龙江	4 512	4 512	–	–	18 047
上 海	836	245	389	201	4 924
江 苏	4 711	2 604	1 750	357	23 773
浙 江	4 421	2 992	884	544	21 631
安 徽	4 836	4 429	346	61	20 294
福 建	5 155	4 012	801	342	23 593
江 西	5 931	5 593	236	103	24 608
山 东	6 057	5 082	940	35	26 249
河 南	6 600	5 011	562	1 027	31 631
湖 北	6 367	5 967	345	55	26 377
湖 南	6 725	6 299	425	–	27 749
广 东	9 003	4 473	4 000	529	46 181
广 西	5 563	5 127	115	321	23 768
海 南	924	892	33	–	3 762
重 庆	3 096	2 637	459	–	13 303
四 川	7 131	6 331	783	17	30 160
贵 州	6 453	6 116	338	–	26 488
云 南	5 184	3 930	1 165	89	23 420
西 藏	38	38	–	–	151
陕 西	5 475	4 110	1 031	335	25 298
甘 肃	4 242	4 133	85	24	17 234
青 海	3 328	3 256	72	–	13 456
宁 夏	1 678	1 559	15	105	7 162
新 疆	4 803	4 699	104	–	19 421

2-19 全国公路密度及通达率

地区	公路密度		公路通达率(%)			
	以国土面积计算（公里/百平方公里）	以人口计算（公里/万人）	乡（镇）	通硬化路面所占比重	行政村	通硬化路面所占比重
全国总计	**50.48**	**34.73**	**99.99**	**99.60**	**99.99**	**99.44**
北 京	135.62	11.03	100.00	100.00	100.00	100.00
天 津	136.61	10.44	100.00	100.00	100.00	100.00
河 北	102.96	25.70	100.00	100.00	100.00	100.00
山 西	91.70	38.93	100.00	100.00	99.99	99.90
内蒙古	17.13	80.14	99.87	99.87	99.93	99.56
辽 宁	84.29	29.30	100.00	100.00	100.00	100.00
吉 林	56.24	38.79	100.00	100.00	100.00	100.00
黑龙江	36.81	44.11	100.00	100.00	99.99	99.97
上 海	206.69	5.42	100.00	100.00	100.00	100.00
江 苏	154.71	19.44	99.87	99.87	99.97	99.97
浙 江	118.53	24.34	100.00	100.00	99.96	99.96
安 徽	149.06	29.58	100.00	100.00	100.00	100.00
福 建	89.70	27.84	100.00	100.00	100.00	100.00
江 西	97.03	35.14	100.00	100.00	100.00	100.00
山 东	175.90	28.75	100.00	100.00	100.00	99.94
河 南	160.83	28.02	100.00	100.00	100.00	100.00
湖 北	147.95	46.60	100.00	100.00	100.00	100.00
湖 南	113.34	35.19	100.00	100.00	99.95	99.95
广 东	122.37	19.49	100.00	100.00	100.00	100.00
广 西	53.00	22.40	100.00	100.00	100.00	99.97

2-19 （续表一）

地 区	公路密度		公路通达率（%）			
	以国土面积计算（公里 / 百平方公里）	以人口计算（公里 / 万人）	乡（镇）	通硬化路面所占比重	行政村	通硬化路面所占比重
海 南	103.31	37.83	100.00	100.00	99.96	99.88
重 庆	191.12	51.20	100.00	100.00	100.00	100.00
四 川	68.00	36.29	100.00	99.93	100.00	99.96
贵 州	111.82	55.00	100.00	100.00	100.00	100.00
云 南	64.20	52.69	100.00	100.00	100.00	99.98
西 藏	7.96	290.03	99.85	82.77	99.81	46.27
陕 西	86.15	46.94	100.00	100.00	100.00	100.00
甘 肃	31.52	51.83	100.00	100.00	100.00	99.96
青 海	11.39	140.48	100.00	98.63	100.00	100.00
宁 夏	53.32	52.46	100.00	100.00	100.00	100.00
新 疆	11.39	77.32	100.00	99.92	99.86	99.45

2-20 公路桥梁（按使用年限分）

地 区	总 计		总计中：永久式桥梁		总计中：危桥	
	数量（座）	长度（米）	数量（座）	长度（米）	数量（座）	长度（米）
全国总计	**851 521**	**55 685 945**	**836 886**	**55 347 112**	**56 731**	**1 684 111**
北 京	6 677	673 475	6 677	673 475	34	1 544
天 津	2 955	501 179	2 931	500 547	4	922
河 北	43 533	3 319 092	43 293	3 312 636	1 543	53 132
山 西	15 153	1 355 022	15 066	1 352 175	609	20 069
内蒙古	20 384	952 219	19 584	934 930	2 228	53 310
辽 宁	47 704	1 969 679	47 677	1 968 953	510	19 277
吉 林	16 820	721 441	16 644	716 686	969	27 419
黑龙江	23 017	966 430	21 048	934 514	5 887	124 570
上 海	11 291	756 862	11 287	756 757	14	3 421
江 苏	71 043	3 693 976	70 900	3 690 655	2 787	87 013
浙 江	50 430	3 292 134	50 418	3 291 895	360	20 649
安 徽	38 130	2 474 825	37 898	2 469 416	1 887	48 073
福 建	28 171	2 195 333	28 134	2 194 126	535	20 131
江 西	27 903	1 678 584	26 377	1 648 968	2 650	101 394
山 东	49 496	2 315 538	49 495	2 315 457	3 870	147 981
河 南	51 041	2 628 366	50 342	2 615 178	11 130	281 636
湖 北	41 338	2 820 900	41 336	2 820 804	8 165	199 698
湖 南	47 293	2 451 366	46 102	2 428 237	1 318	32 000
广 东	48 883	4 110 563	48 787	4 107 749	846	49 162
广 西	19 167	1 246 370	19 099	1 244 183	837	32 540
海 南	6 528	268 453	6 452	266 580	429	12 911
重 庆	12 512	890 055	12 346	885 516	480	18 216
四 川	42 631	3 045 994	41 513	3 011 977	1 247	49 599
贵 州	23 422	3 176 078	23 353	3 173 990	1 881	56 440
云 南	28 737	2 842 270	28 299	2 821 466	1 573	66 835
西 藏	10 949	431 367	8 518	376 173	1 018	34 898
陕 西	26 696	2 810 134	25 558	2 780 924	996	35 774
甘 肃	12 408	772 456	12 001	757 765	1 103	41 393
青 海	7 895	467 609	7 643	461 622	307	6 956
宁 夏	4 815	292 846	4 815	292 846	138	3 591
新 疆	14 499	565 330	13 293	540 914	1 376	33 558

2-21 公路桥

地 区	总 计		特 大 桥		大
	数量（座）	长度（米）	数量（座）	长度（米）	数量（座）
全国总计	**851 521**	**55 685 945**	**5 053**	**9 026 916**	**98 869**
北 京	6 677	673 475	101	204 562	1 051
天 津	2 955	501 179	112	204 184	538
河 北	43 533	3 319 092	309	597 407	6 244
山 西	15 153	1 355 022	101	153 778	3 116
内蒙古	20 384	952 219	32	64 562	1 821
辽 宁	47 704	1 969 679	98	180 617	3 220
吉 林	16 820	721 441	27	41 452	1 155
黑龙江	23 017	966 430	35	65 804	1 529
上 海	11 291	756 862	84	230 319	678
江 苏	71 043	3 693 976	279	570 447	4 290
浙 江	50 430	3 292 134	354	827 671	4 419
安 徽	38 130	2 474 825	312	629 602	3 078
福 建	28 171	2 195 333	205	360 786	4 220
江 西	27 903	1 678 584	75	166 242	3 401
山 东	49 496	2 315 538	101	253 481	3 095
河 南	51 041	2 628 366	118	198 709	4 648
湖 北	41 338	2 820 900	337	665 944	4 695
湖 南	47 293	2 451 366	161	322 605	4 463
广 东	48 883	4 110 563	628	1 063 190	6 036
广 西	19 167	1 246 370	50	56 893	2 751
海 南	6 528	268 453	8	13 652	428
重 庆	12 512	890 055	98	91 326	2 149
四 川	42 631	3 045 994	275	411 379	6 923
贵 州	23 422	3 176 078	356	376 652	7 534
云 南	28 737	2 842 270	229	299 576	7 247
西 藏	10 949	431 367	41	59 440	686
陕 西	26 696	2 810 134	375	673 492	5 614
甘 肃	12 408	772 456	58	84 412	1 694
青 海	7 895	467 609	40	63 287	792
宁 夏	4 815	292 846	22	45 118	519
新 疆	14 499	565 330	32	50 328	835

梁（按跨径分）

桥	中桥		小桥	
长度（米）	数量（座）	长度（米）	数量（座）	长度（米）
26 370 401	**196 950**	**10 778 412**	**550 649**	**9 510 216**
288 023	1 997	117 321	3 528	63 569
218 736	934	50 946	1 371	27 313
1 665 373	10 202	614 106	26 778	442 206
824 879	3 549	218 723	8 387	157 641
395 729	3 895	243 628	14 636	248 299
763 604	8 211	481 831	36 175	543 627
278 859	3 588	205 347	12 050	195 783
334 108	5 236	311 072	16 217	255 447
246 901	3 190	138 135	7 339	141 507
1 263 656	20 036	945 437	46 438	914 435
1 272 543	12 198	613 760	33 459	578 160
939 131	7 838	424 637	26 902	481 455
1 208 681	5 888	323 770	17 858	302 096
835 369	7 741	420 034	16 686	256 939
740 247	12 474	692 628	33 826	629 183
1 129 049	14 205	729 325	32 070	571 282
1 278 349	7 146	390 554	29 160	486 053
1 141 108	7 703	418 326	34 966	569 328
1 969 522	9 597	540 207	32 622	537 644
652 872	5 576	330 957	10 790	205 648
99 141	1 471	79 202	4 621	76 458
503 620	2 650	149 748	7 615	145 362
1 670 002	9 656	508 562	25 777	456 051
2 295 391	5 500	313 112	10 032	190 923
1 783 614	8 728	527 228	12 533	231 852
155 779	2 198	97 660	8 024	118 488
1 539 712	6 170	363 070	14 537	233 861
377 340	3 328	183 709	7 328	126 994
208 579	1 868	107 894	5 195	87 850
116 245	1 447	81 794	2 827	49 690
174 237	2 730	155 690	10 902	185 075

2-22 公路

地区	公路					
	总计		特长隧道		长隧道	
	数量（处）	长度（米）	数量（处）	长度（米）	数量（处）	长度（米）
全国总计	**17 738**	**17 236 077**	**1 058**	**4 706 552**	**4 315**	**7 421 768**
北　京	135	102 552	9	35 044	19	37 841
天　津	5	7 997	–	–	4	7 572
河　北	727	696 275	43	183 340	182	312 469
山　西	994	1 106 781	94	503 012	182	313 682
内蒙古	42	62 551	8	28 699	13	23 321
辽　宁	266	233 877	4	13 624	78	115 849
吉　林	193	235 759	7	23 711	88	157 054
黑龙江	4	4 435	–	–	2	3 350
上　海	2	10 757	1	8 955	1	1 802
江　苏	34	38 471	2	7 460	11	20 477
浙　江	1 851	1 292 849	39	168 440	359	601 747
安　徽	339	263 550	14	46 877	64	116 775
福　建	1 628	2 041 918	160	691 175	498	862 006
江　西	308	297 105	14	61 650	83	139 461
山　东	84	88 644	5	26 461	18	30 514
河　南	510	260 644	4	13 662	61	102 378
湖　北	1 022	1 005 685	76	342 360	222	372 168
湖　南	835	722 380	34	136 658	180	307 108
广　东	711	754 120	52	215 686	184	316 636
广　西	798	585 336	22	77 321	158	265 428
海　南	28	17 233	–	–	7	8 002
重　庆	709	731 550	58	266 131	160	294 519
四　川	1 281	1 547 389	123	584 777	358	618 730
贵　州	1 815	1 830 595	80	297 655	580	981 770
云　南	1 095	948 788	46	174 462	251	445 322
西　藏	91	59 477	4	19 607	13	22 470
陕　西	1 507	1 298 896	81	408 542	300	508 574
甘　肃	498	639 042	47	235 705	155	269 770
青　海	162	276 596	29	116 569	66	130 929
宁　夏	26	40 799	2	18 970	5	10 243
新　疆	38	34 026	–	–	13	23 803

隧道、渡口

隧道				公路渡口	
中隧道		短隧道		总计（处）	机动渡口（处）
数量（处）	长度（米）	数量（处）	长度（米）		
4 126	**2 946 132**	**8 239**	**2 161 625**	**1 432**	**663**
18	12 025	89	17 642	–	–
–	–	1	425	–	–
163	116 650	339	83 816	–	–
239	170 339	479	119 748	–	–
10	7 286	11	3 245	22	22
119	81 008	65	23 397	102	8
60	46 266	38	8 729	49	25
2	1 085	–	–	247	37
–	–	–	–	–	–
11	7 360	10	3 174	39	21
361	251 728	1 092	270 934	21	18
81	56 601	180	43 298	55	23
436	320 027	534	168 711	8	3
87	61 489	124	34 504	112	47
32	22 481	29	9 188	14	11
93	64 517	352	80 087	–	–
249	176 623	475	114 534	142	112
239	171 200	382	107 414	133	74
180	128 322	295	93 476	74	54
174	119 273	444	123 313	123	67
6	4 147	15	5 084	6	4
128	92 633	363	78 266	11	6
284	203 783	516	140 100	176	101
488	354 848	667	196 323	29	2
258	184 556	540	144 448	10	2
12	7 954	62	9 446	–	–
238	164 073	888	217 708	41	14
114	86 295	182	47 273	6	2
22	16 589	45	12 509	–	–
14	10 485	5	1 101	9	9
8	6 489	17	3 734	3	1

2-23 全国公路营

地区	汽车数量合计（辆）	载客汽车		载客汽车 大型		载货 合计		货 普通货车		普通货车 大型	
		辆	客位	辆	客位	辆	吨位	辆	吨位	辆	吨位
全国总计	**14 354 795**	**796 595**	**20 481 139**	**302 749**	**13 339 880**	**13 558 200**	**128 729 734**	**8 167 630**	**47 912 051**	**3 327 735**	**40 747 716**
北京	243 888	75 262	826 620	8 903	425 241	168 626	964 320	146 127	648 711	53 198	511 395
天津	188 310	8 723	365 502	7 491	337 904	179 587	1 405 537	108 347	350 052	21 263	218 980
河北	1 382 163	23 018	684 570	9 930	419 000	1 359 145	15 379 548	568 869	3 066 359	199 766	2 508 582
山西	609 761	15 619	384 838	5 670	232 604	594 142	7 194 212	239 283	1 478 329	90 483	1 277 027
内蒙古	309 537	11 378	401 276	7 456	315 624	298 159	2 524 678	172 134	822 066	52 872	642 248
辽宁	775 709	29 310	853 607	13 685	622 484	746 399	6 148 274	479 696	2 179 121	144 354	1 694 663
吉林	351 903	13 678	460 027	7 405	323 708	338 225	2 312 771	234 558	1 143 083	73 802	880 713
黑龙江	501 081	16 304	527 759	8 993	386 950	484 777	3 988 419	338 220	2 106 636	140 823	1 779 335
上海	259 163	43 259	655 219	9 367	445 093	215 904	2 890 152	67 823	661 883	60 776	643 923
江苏	906 305	52 729	1 675 427	30 681	1 451 003	853 576	8 356 812	542 487	3 570 627	302 301	3 172 954
浙江	381 546	22 196	781 103	13 255	601 692	359 350	3 636 566	209 958	1 378 263	104 175	1 228 920
安徽	719 683	25 862	784 811	11 288	515 381	693 821	7 040 325	369 831	2 636 022	157 983	2 328 926
福建	271 427	14 775	435 576	6 491	283 054	256 652	2 621 408	153 242	875 588	58 385	739 142
江西	378 976	16 671	499 831	6 508	287 231	362 305	4 059 930	198 308	1 609 854	101 610	1 437 470
山东	1 159 575	20 980	754 506	14 405	605 050	1 138 595	14 292 158	427 762	3 506 385	286 328	3 260 812
河南	1 060 175	38 782	1 196 021	16 669	724 282	1 021 393	10 083 032	565 147	3 210 535	200 560	2 621 260
湖北	380 570	32 967	768 720	8 216	349 978	347 603	3 172 760	239 842	1 563 194	112 816	1 366 704
湖南	345 341	38 531	964 596	9 993	434 767	306 810	2 450 640	228 308	1 207 261	82 188	1 005 313
广东	672 250	38 199	1 636 614	31 939	1 490 944	634 051	6 103 724	407 004	2 515 695	162 982	2 138 651
广西	389 905	25 590	805 531	13 072	564 530	364 315	3 133 522	271 206	1 730 054	121 659	1 530 621
海南	60 081	5 284	168 070	2 794	113 030	54 797	280 457	46 950	154 432	9 446	101 654
重庆	297 374	17 615	453 029	5 951	252 558	279 759	2 484 970	202 201	1 468 349	94 351	1 327 016
四川	620 730	48 410	1 144 546	13 184	529 498	572 320	4 437 401	448 909	2 540 515	173 184	2 141 171
贵州	196 238	27 844	617 706	5 220	219 524	168 394	1 107 610	144 388	796 589	59 172	653 394
云南	530 672	47 876	767 878	7 426	296 411	482 796	2 695 646	432 469	2 025 168	133 009	1 649 756
西藏	64 283	4 939	89 209	315	11 453	59 344	483 047	53 641	403 859	38 770	367 691
陕西	438 025	18 447	538 185	8 129	340 904	419 578	2 992 291	312 829	1 403 025	92 229	1 116 469
甘肃	306 305	19 939	443 837	6 725	270 873	286 366	1 416 002	251 327	902 909	60 028	694 133
青海	82 139	3 614	107 815	1 825	77 014	78 525	535 462	62 488	333 180	20 710	282 225
宁夏	100 602	4 737	152 749	2 539	113 700	95 865	1 158 840	38 843	331 199	24 991	312 402
新疆	371 078	34 057	535 961	7 224	298 395	337 021	3 379 220	205 433	1 293 108	93 521	1 114 166

运车辆拥有量

汽车							其他机动车		轮胎式拖拉机	
车				牵引车	挂车					
专用货车		集装箱车								
辆	吨位	辆	TEU	辆	辆	吨	辆	吨位	辆	吨位
526 259	**5 475 851**	**10 746**	**19 446**	**2 376 686**	**2 487 625**	**75 341 832**	**150 915**	**261 644**	**8 825**	**9 718**
15 798	114 474	–	–	114	6 587	201 135	–	–	–	–
6 576	52 849	–	–	31 557	33 107	1 002 636	–	–	–	–
30 155	218 879	87	123	369 381	390 740	12 094 310	14 222	14 513	242	276
6 123	65 354	–	–	174 103	174 633	5 650 529	250	269	–	–
8 990	83 098	19	32	56 702	60 333	1 619 514	109	1 018	–	–
32 468	340 935	213	421	116 947	117 288	3 628 218	2 489	10 684	–	–
8 522	63 401	79	147	49 133	46 012	1 106 287	–	–	–	–
26 575	285 148	365	260	55 108	64 874	1 596 635	69	70	72	73
15 604	112 120	11	14	61 251	71 226	2 116 149	–	–	–	–
42 351	424 123	22	33	131 689	137 049	4 362 062	1 718	15 951	–	–
13 834	106 021	–	–	66 313	69 245	2 152 282	–	–	–	–
83 031	1 162 926	1 395	2 196	128 190	112 769	3 241 377	–	–	–	–
8 768	78 978	123	134	41 585	53 057	1 666 842	495	517	–	–
14 263	156 832	–	–	65 817	83 917	2 293 244	18 018	28 734	24	17
28 511	312 386	653	1 043	337 896	344 426	10 473 387	–	–	–	–
21 287	230 276	27	53	217 545	217 414	6 642 221	38 575	32 336	1 759	2 469
9 183	81 989	1	1	49 111	49 467	1 527 577	855	8 987	–	–
11 279	92 137	5	6	30 853	36 370	1 151 242	7 722	8 570	15	16
23 807	277 605	5 455	10 868	97 366	105 874	3 310 424	20	330	–	–
6 973	52 188	1	1	42 928	43 208	1 351 280	44 307	89 355	23	23
1 680	16 995	–	–	2 572	3 595	109 030	–	–	–	–
32 790	381 989	45	63	23 300	21 468	634 632	36	224	40	26
26 868	302 762	2 183	3 963	46 658	49 885	1 594 124	–	–	3 814	3 567
11 028	72 515	24	16	2 376	10 602	238 506	–	–	–	–
15 423	135 631	–	–	16 558	18 346	534 847	5	51	2 184	1 908
885	7 406	–	–	2 430	2 388	71 782	–	–	–	–
9 351	107 580	38	73	47 283	50 115	1 481 686	18 879	19 957	652	1 343
2 367	23 757	–	–	16 472	16 200	489 336	–	–	–	–
2 131	20 290	–	–	6 956	6 950	181 992	–	–	–	–
1 299	15 635	–	–	29 425	26 298	812 006	–	–	–	–
8 339	79 572	–	–	59 067	64 182	2 006 540	3 146	30 078	–	–

2-24 公路客、货运输量

地 区	客运量（万人）	旅客周转量（万人公里）	货运量（万吨）	货物周转量（万吨公里）
全国总计	**1 367 170**	**92 796 786**	**3 956 871**	**712 492 119**
北 京	44 577	998 670	20 278	1 674 068
天 津	12 259	763 991	34 711	4 041 043
河 北	35 133	2 276 120	226 334	85 501 489
山 西	15 719	1 596 433	126 214	19 077 478
内蒙古	7 823	1 224 299	160 018	29 856 260
辽 宁	56 355	2 914 584	189 737	31 522 946
吉 林	23 372	1 537 688	46 520	11 892 270
黑龙江	20 739	1 541 311	42 943	8 106 627
上 海	3 151	1 058 150	39 595	2 992 852
江 苏	97 025	7 166 416	139 251	25 443 508
浙 江	72 013	4 027 998	166 533	19 640 996
安 徽	50 770	3 768 861	283 817	54 516 155
福 建	34 081	2 120 353	96 576	12 895 222
江 西	49 302	2 609 677	157 646	37 599 405
山 东	50 044	4 935 669	312 807	68 596 754
河 南	93 707	7 111 879	235 183	58 939 218
湖 北	80 990	4 534 386	163 145	29 555 342
湖 南	91 007	4 799 324	204 389	31 148 474
广 东	105 249	11 207 070	304 743	38 903 239
广 西	36 134	3 510 955	153 389	26 830 499
海 南	9 637	743 811	12 052	845 547
重 庆	52 150	2 604 300	107 064	11 527 546
四 川	81 462	4 661 427	173 324	18 149 501
贵 州	84 053	4 690 756	95 354	11 465 112
云 南	34 642	2 696 330	135 321	14 892 305
西 藏	1 047	279 658	2 363	1 168 409
陕 西	60 269	2 869 830	130 823	23 013 743
甘 肃	36 634	2 333 051	64 271	11 189 739
青 海	5 092	507 669	15 685	2 757 436
宁 夏	5 342	474 610	31 757	3 981 942
新 疆	17 394	1 231 513	85 029	14 766 994

2-25 公路交通拥挤度情况

地区	交通拥挤度				
	国道	国家高速公路	普通国道	省道	高速公路
全国总计	**0.51**	**0.43**	**0.60**	**0.52**	**0.42**
北京	0.83	0.92	0.64	0.89	0.92
天津	0.82	0.51	0.95	0.94	0.62
河北	0.71	0.63	0.81	0.65	0.61
山西	0.71	0.36	0.83	0.70	0.31
内蒙古	0.25	0.18	0.32	0.27	0.18
辽宁	0.45	0.39	0.47	0.38	0.34
吉林	0.36	0.21	0.41	0.31	0.20
黑龙江	0.30	0.17	0.40	0.27	0.14
上海	1.13	1.10	1.28	1.22	1.08
江苏	0.66	0.64	0.67	0.54	0.60
浙江	0.83	0.76	0.93	0.70	0.70
安徽	0.57	0.39	0.73	0.75	0.41
福建	0.32	0.26	0.46	0.22	0.23
江西	0.35	0.26	0.47	0.32	0.25
山东	0.76	0.69	0.84	0.70	0.63
河南	0.54	0.42	0.89	0.43	0.38
湖北	0.53	0.53	0.53	0.44	0.53
湖南	0.51	0.47	0.76	0.22	0.40
广东	0.84	0.67	1.09	0.85	0.66
广西	0.60	0.49	0.68	0.59	0.47
海南	0.51	0.55	0.45	0.86	0.55
重庆	0.53	0.48	0.55	0.47	0.48
四川	0.56	0.71	0.48	0.52	0.71
贵州	0.41	0.43	0.40	0.51	0.42
云南	0.38	0.24	0.46	0.28	0.24
西藏	0.32	–	0.32	0.43	–
陕西	0.45	0.36	0.67	0.44	0.35
甘肃	0.35	0.23	0.50	0.37	0.23
青海	0.26	0.28	0.25	0.17	0.28
宁夏	0.40	0.29	0.61	0.28	0.27
新疆	0.27	0.20	0.36	0.30	0.20

2-26 道路运输

地 区	道路运输经营许可证在册数（张）	道路货物运输经营业户数			
		合 计	普通货运	货物专用运输	
					集装箱运输
全国总计	**6 186 287**	**5 698 716**	**5 584 617**	**99 883**	**30 970**
北 京	47 943	43 436	42 116	3 283	727
天 津	28 583	23 124	22 859	3 670	2 363
河 北	577 398	472 458	460 319	13 419	1 046
山 西	237 495	229 444	228 457	479	5
内蒙古	197 324	186 264	185 329	606	39
辽 宁	303 957	292 149	287 491	4 633	1 485
吉 林	237 546	232 970	232 060	616	134
黑龙江	281 695	269 658	262 079	6 935	299
上 海	30 808	25 067	22 162	5 656	3 509
江 苏	372 818	363 907	359 569	15 684	3 984
浙 江	137 290	129 518	125 778	4 188	2 212
安 徽	220 782	210 454	209 231	900	102
福 建	101 657	92 615	92 102	3 630	2 756
江 西	125 011	119 644	115 133	294	–
山 东	208 745	198 218	193 872	6 915	3 259
河 南	434 672	396 797	352 565	1 854	44
湖 北	194 154	184 501	180 994	3 633	466
湖 南	218 529	205 269	203 130	2 729	412
广 东	274 446	258 552	257 203	10 889	6 900
广 西	311 328	256 487	255 282	2 429	355
海 南	47 529	46 829	46 547	267	126
重 庆	103 053	101 667	101 035	1 078	325
四 川	268 044	241 468	237 828	3 648	287
贵 州	135 077	131 934	131 700	191	28
云 南	425 090	387 116	382 782	791	38
西 藏	70 252	34 417	34 372	10	–
陕 西	274 465	266 269	265 660	184	33
甘 肃	122 095	112 457	111 952	556	–
青 海	49 305	48 253	48 118	58	–
宁 夏	76 530	72 594	72 273	44	24
新 疆	72 666	65 180	64 619	614	12

资料来源：交通运输部运输服务司。

经营业户数

（户）		道路旅客运输经营业户数（户）			
大型物件运输	危险货物运输	合　计	班车客运	旅游客运	包车客运
16 583	**12 103**	**33 580**	**30 207**	**2 165**	**3 220**
273	205	89	13	76	–
150	185	202	48	–	181
2 352	784	3 300	3 216	30	98
153	304	343	262	83	–
165	323	1 045	972	–	88
512	1 089	1 329	1 043	–	298
72	391	2 077	1 919	30	172
281	424	3 376	3 273	108	12
472	286	138	34	–	138
7 279	925	554	260	291	425
240	698	491	345	9	295
169	286	1 531	1 403	118	34
118	285	431	226	226	66
114	347	493	434	55	33
936	890	498	337	18	214
454	338	462	391	84	54
99	321	3 562	3 458	138	124
423	272	5 741	5 659	132	67
114	938	708	413	51	387
320	218	431	338	38	119
3	37	105	81	15	13
351	164	196	171	1	43
334	417	854	781	113	72
32	242	483	352	179	123
601	197	3 725	3 629	72	31
–	35	52	36	16	–
113	524	310	237	91	35
1	272	282	200	80	2
6	71	289	249	39	1
337	221	91	76	12	59
109	414	392	351	60	36

2–27　道路运输相

地　区	业户合计					
		站场			机动车维修	汽车综合性能检测
			客运站	货运站（场）		
全国总计	**532 447**	**23 711**	**21 420**	**2 398**	**429 587**	**3 719**
北　京	5 191	17	8	9	3 760	11
天　津	5 277	27	19	8	5 118	25
河　北	22 283	252	185	70	18 415	289
山　西	8 772	129	124	5	7 043	137
内蒙古	19 883	600	521	79	17 802	98
辽　宁	17 607	462	357	105	14 927	149
吉　林	7 456	167	116	53	5 762	145
黑龙江	8 694	995	873	122	5 809	175
上　海	5 610	95	28	67	5 076	20
江　苏	32 874	1 460	771	754	23 681	154
浙　江	35 681	495	388	111	24 801	110
安　徽	14 202	2 925	2 881	47	9 475	125
福　建	8 705	1 972	1 967	5	5 005	68
江　西	13 513	962	904	59	10 776	153
山　东	24 793	873	529	345	22 391	231
河　南	37 473	1 971	1 883	88	27 306	118
湖　北	16 463	897	870	30	13 173	123
湖　南	15 278	964	911	53	11 660	247
广　东	56 878	671	605	86	51 349	134
广　西	19 517	663	620	45	17 270	154
海　南	4 944	48	48	–	2 518	40
重　庆	11 465	330	330	–	10 338	–
四　川	38 064	3 437	3 423	16	31 961	209
贵　州	10 086	490	481	9	8 728	239
云　南	39 399	628	603	25	31 183	116
西　藏	3 319	92	80	12	2 939	14
陕　西	16 994	1 055	1 019	37	13 650	112
甘　肃	11 163	224	179	45	9 359	81
青　海	2 781	112	105	7	2 474	34
宁　夏	6 383	46	45	1	6 011	44
新　疆	11 699	652	547	105	9 827	164

资料来源：交通运输部运输服务司。

关业务经营业户数

单位：户

机动车驾驶员培训	汽车租赁	其他	客运代理	物流服务	货运代办	信息配载
19 062	**6 946**	**58 712**	**666**	**14 996**	**27 573**	**13 265**
54	627	783	8	–	775	–
107	–	–	–	–	–	–
1 103	–	2 779	15	571	1 330	1 019
413	210	840	–	556	88	188
681	–	1 212	3	461	188	436
558	279	1 237	–	115	478	639
468	–	1 081	25	365	140	551
418	1	1 298	148	46	404	610
202	217	–	–	–	–	–
1 144	511	8 549	–	619	5 865	1 760
838	1 770	9 145	19	1 353	7 571	870
602	73	1 422	136	885	153	287
653	191	902	17	34	836	9
701	38	1 365	6	783	287	247
881	4	895	43	284	75	425
1 950	1	6 127	23	2 173	1 644	2 206
738	214	1 593	4	392	1 016	432
1 041	5	2 341	59	499	1 093	984
1 251	534	2 967	24	1 035	1 663	194
729	1	700	28	317	324	31
152	73	2 113	9	533	210	–
441	356	–	–	–	–	–
757	238	1 960	62	1 393	280	219
501	17	196	–	30	121	45
636	1 358	5 596	10	870	1 878	1 344
62	17	233	6	88	101	38
470	31	1 920	–	1 434	327	177
650	128	851	21	112	291	431
129	–	32	–	8	17	6
73	52	175	–	12	46	117
659	–	400	–	28	372	–

2-28 道路客

地 区	客运线路条数（条）					
	合 计	高速公路客运线路	跨省线路	跨地（市）线路	跨县线路	县内线路
全国总计	**166 230**	**28 607**	**15 581**	**35 242**	**31 689**	**83 718**
北 京	1 175	672	745	–	17	413
天 津	475	162	348	24	–	103
河 北	6 989	706	1 451	861	1 773	2 904
山 西	3 653	733	490	781	721	1 661
内蒙古	4 852	628	769	809	1 336	1 938
辽 宁	6 475	599	358	1 421	1 578	3 118
吉 林	5 639	233	289	727	1 142	3 481
黑龙江	6 492	649	190	934	1 200	4 168
上 海	2 970	2 602	2 970	–	–	–
江 苏	8 596	3 042	2 761	3 263	1 005	1 567
浙 江	6 427	2 259	1 892	1 736	854	1 945
安 徽	8 845	1 315	2 187	1 667	1 154	3 837
福 建	4 254	1 563	587	931	882	1 854
江 西	5 749	649	924	746	895	3 184
山 东	6 298	1 912	1 244	2 539	1 316	1 199
河 南	8 737	1 239	2 014	2 104	1 499	3 120
湖 北	11 111	1 825	1 183	1 782	1 382	6 764
湖 南	12 454	1 316	1 220	1 823	2 367	7 044
广 东	11 318	5 484	3 722	4 711	1 207	1 678
广 西	9 314	1 702	1 763	2 030	2 062	3 459
海 南	714	358	133	233	132	216
重 庆	5 632	1 153	839	–	740	4 053
四 川	10 884	2 526	832	1 455	2 185	6 412
贵 州	8 424	1 995	688	902	1 596	5 238
云 南	6 598	822	345	1 083	1 140	4 030
西 藏	434	–	10	56	206	162
陕 西	4 932	752	489	846	1 034	2 563
甘 肃	5 212	458	325	707	952	3 228
青 海	730	46	55	128	81	466
宁 夏	1 713	223	319	354	205	835
新 疆	4 715	284	20	589	1 028	3 078

运线路班次

客运线路平均日发班次（班次／日）					
合计	高速公路客运线路	跨省线路	跨地（市）线路	跨县线路	县内线路
1 337 460	**103 827**	**47 069**	**158 768**	**261 177**	**870 445**
1 280	1 098	1 280	–	–	–
1 590	184	417	94	–	1 079
61 090	3 271	4 487	4 150	16 678	35 776
13 569	1 449	545	1 677	2 939	8 408
12 666	899	915	1 182	3 390	7 180
43 995	1 243	397	4 184	11 200	28 214
28 814	620	414	2 076	5 591	20 734
22 820	1 492	312	1 543	5 964	15 002
2 681	2 417	2 681	–	–	–
85 813	8 642	5 885	26 609	15 804	37 515
71 346	5 750	2 629	6 239	13 834	48 646
60 888	2 054	3 919	5 467	10 901	40 602
33 074	5 023	547	2 842	8 484	21 201
39 010	1 217	936	1 623	7 451	29 000
42 191	4 070	2 260	9 042	11 963	18 926
106 926	3 087	3 437	10 084	17 436	75 969
72 718	4 086	1 713	5 700	9 811	55 494
103 998	2 867	1 204	3 625	20 594	78 577
69 105	15 937	3 929	28 773	12 490	23 912
65 549	6 048	2 841	7 916	16 981	37 812
10 299	3 755	134	3 377	1 108	5 680
43 384	4 619	1 365	–	4 214	37 805
114 263	9 298	1 397	9 927	19 202	83 738
55 362	4 841	1 041	3 923	12 103	38 295
58 333	3 116	483	4 197	7 352	46 301
614	–	10	175	227	202
42 816	3 000	762	4 714	8 504	28 836
22 315	1 135	549	2 134	4 576	15 057
5 015	1 053	114	2 036	559	2 308
6 276	766	462	1 619	1 107	3 089
39 661	789	7	3 844	10 720	25 089

2-29 道路运输从业人员数

单位：人

地 区	从业人员数合计	道路货物运输	道路旅客运输	站（场）经营	机动车维修经营	汽车综合性能检测站	机动车驾驶员培训	汽车租赁	其他相关业务经营
全国总计	**27 612 735**	**20 308 437**	**2 759 204**	**365 444**	**2 656 271**	**70 228**	**1 178 600**	**67 772**	**206 779**
北 京	514 804	406 137	18 686	932	69 696	282	10 362	8 700	9
天 津	500 536	406 787	22 263	788	55 219	375	15 104	–	–
河 北	1 749 532	1 494 263	60 354	12 884	93 612	5 783	68 094	–	14 542
山 西	860 844	719 228	30 511	7 776	67 277	3 063	28 162	1 785	3 042
内蒙古	512 590	339 109	72 922	7 047	61 076	1 386	28 451	–	2 599
辽 宁	1 607 521	1 304 500	143 881	11 464	112 528	3 324	27 014	2 430	2 380
吉 林	535 650	413 262	56 063	6 482	38 091	1 550	18 454	–	1 748
黑龙江	653 921	537 788	35 760	11 923	43 450	2 004	19 754	5	3 237
上 海	516 502	411 540	17 760	1 239	39 557	556	29 013	16 837	–
江 苏	1 843 479	1 332 924	284 497	19 562	122 039	3 467	73 680	2 136	5 174
浙 江	794 896	422 877	43 700	20 626	209 878	3 149	70 465	12 222	11 979
安 徽	1 172 909	902 300	123 017	18 847	79 979	2 241	41 553	378	4 594
福 建	489 026	292 645	62 433	6 946	60 975	1 979	59 190	1 131	3 727
江 西	683 743	517 197	47 903	10 321	64 541	2 145	33 858	172	7 606
山 东	2 270 750	1 893 410	110 581	35 441	149 185	5 981	72 077	36	4 039
河 南	2 577 787	2 020 203	169 336	41 515	212 058	4 902	67 500	5	62 268
湖 北	1 099 718	818 116	153 572	13 453	64 591	1 667	42 605	1 600	4 114
湖 南	776 345	477 554	107 244	25 098	82 867	2 710	56 910	502	23 460
广 东	1 427 946	761 423	219 369	25 853	303 270	2 198	101 237	7 805	6 791
广 西	1 022 816	703 394	193 428	9 078	66 843	5 000	44 806	54	213
海 南	126 678	69 250	14 992	1 836	17 452	735	8 750	891	12 772
重 庆	561 123	389 347	78 811	7 047	55 728	42	26 487	3 661	–
四 川	1 195 706	758 912	167 203	19 041	181 193	3 399	56 731	2 162	7 065
贵 州	632 060	367 158	151 066	11 809	57 810	3 066	40 635	31	485
云 南	1 035 874	761 289	92 529	9 643	116 849	1 893	37 587	4 170	11 914
西 藏	128 060	70 082	37 633	2 540	15 430	221	1 564	109	481
陕 西	820 002	596 149	86 873	10 343	79 356	2 196	39 427	106	5 552
甘 肃	577 672	439 981	53 979	7 149	45 784	1 257	22 698	587	6 237
青 海	205 577	163 593	17 151	1 348	17 808	774	4 806	–	97
宁 夏	201 911	160 546	9 672	1 322	23 436	948	5 436	257	294
新 疆	516 757	357 473	76 015	6 091	48 693	1 935	26 190	–	360

2-30 机动车维修业及汽车综合性能检测站

单位：户

地区	机动车维修业户数				
	合计	一类汽车维修	二类汽车维修	三类汽车维修	摩托车维修
总计	**429 587**	**17 171**	**71 078**	**294 731**	**41 926**
北京	3 760	805	1 521	1 425	9
天津	5 118	266	1 266	3 536	22
河北	18 415	447	3 498	13 358	702
山西	7 043	302	1 658	5 066	17
内蒙古	17 802	360	1 632	15 359	447
辽宁	14 927	967	2 982	10 626	348
吉林	5 762	160	997	4 382	104
黑龙江	5 809	260	1 110	4 228	211
上海	5 076	164	2 067	2 709	136
江苏	23 681	1 740	4 768	15 803	989
浙江	24 801	1 018	4 726	17 053	1 689
安徽	9 475	407	2 324	5 448	1 220
福建	5 005	418	1 375	2 976	236
江西	10 776	441	2 050	7 136	1 149
山东	22 391	552	4 637	16 684	463
河南	27 306	972	4 319	20 854	1 159
湖北	13 173	979	2 753	8 570	726
湖南	11 660	1 124	2 955	6 165	681
广东	51 349	2 692	5 438	30 637	12 180
广西	17 270	260	2 084	9 426	4 225
海南	2 518	50	276	1 422	729
重庆	10 338	360	1 548	7 028	1 399
四川	31 961	952	4 994	22 271	3 480
贵州	8 728	352	1 253	6 460	524
云南	31 183	285	2 278	22 271	6 318
西藏	2 939	82	254	2 217	351
陕西	13 650	460	2 532	9 282	1 357
甘肃	9 359	188	1 163	7 572	366
青海	2 474	40	330	1 948	156
宁夏	6 011	31	474	5 231	255
新疆	9 827	37	1 816	7 588	278

2-30 （续表一）

地 区	机动车维修业年完成主要工作量（辆次、台次）					
	合计	整车修理	总成修理	二级维护	专项修理	维修救援
总 计	**341 560 933**	**4 721 726**	**9 763 431**	**34 812 634**	**241 801 257**	**5 157 300**
北 京	10 773 601	5 018	10 148	518 586	10 127 522	112 327
天 津	6 500 200	101 400	209 300	2 057 300	4 132 200	–
河 北	7 137 799	63 629	233 765	878 776	5 313 623	150 477
山 西	3 122 129	8 180	52 537	207 555	2 853 817	35 901
内蒙古	3 268 331	42 358	155 874	233 238	2 382 039	47 449
辽 宁	21 458 578	112 333	427 819	416 386	20 063 043	150 485
吉 林	4 660 970	17 107	49 389	327 554	3 975 249	24 168
黑龙江	5 345 617	37 327	133 919	302 690	4 813 591	18 429
上 海	7 958 127	3 706	2 149	113 773	650 649	–
江 苏	40 679 820	229 940	1 251 934	1 723 682	20 868 203	343 265
浙 江	33 792 116	262 620	540 243	1 749 169	26 246 389	482 528
安 徽	4 221 567	12 501	611 305	885 693	2 686 664	64 882
福 建	5 860 719	115 794	263 607	1 559 695	3 777 671	115 066
江 西	4 800 253	126 200	261 966	1 485 394	2 784 661	58 577
山 东	18 028 691	316 930	609 986	2 291 248	13 632 117	366 039
河 南	15 358 674	269 173	505 384	2 597 527	11 518 799	389 289
湖 北	8 707 348	293 171	408 012	2 646 111	5 170 060	150 265
湖 南	4 725 191	81 722	273 945	1 082 911	2 960 989	107 058
广 东	48 512 759	1 681 789	1 804 580	7 057 820	26 546 230	1 230 874
广 西	8 122 031	155 697	140 757	1 210 683	5 058 754	41 195
海 南	1 287 122	18 221	79 392	155 647	1 021 662	36 714
重 庆	6 814 861	46 932	131 101	552 616	5 980 673	110 693
四 川	28 636 448	322 352	942 281	2 306 886	21 814 880	770 206
贵 州	6 845 372	93 410	176 570	340 981	6 193 000	70 750
云 南	21 796 213	64 608	145 577	851 178	20 409 780	171 393
西 藏	144 760	1 592	2 340	49 192	95 608	2 310
陕 西	4 152 598	29 881	71 711	394 391	3 598 923	27 537
甘 肃	1 957 628	48 159	131 895	446 026	1 303 051	33 928
青 海	737 927	18 044	45 518	115 310	510 680	15 752
宁 夏	2 762 567	7 103	46 632	42 504	2 654 418	12 542
新 疆	3 390 916	134 829	43 795	212 112	2 656 312	17 201

2-30 （续表二）

地区	汽车综合性能检测站数量合计（个）	汽车综合性能检测站年完成检测量（辆次）						
		合计	维修竣工检测	等级评定检测	维修质量监督检测	其他检测		
							排放检测	质量仲裁检测
总计	**3 719**	**25 893 010**	**7 642 653**	**10 578 138**	**471 077**	**6 265 663**	**4 716 421**	**15 398**
北京	11	171 369	3 400	167 935	34	–	–	–
天津	25	106 901	–	106 901	–	–	–	–
河北	289	1 419 474	517 036	738 058	35 694	151 017	140 660	530
山西	137	318 165	–	314 915	–	3 250	2 650	–
内蒙古	98	447 410	179 054	206 158	1 672	56 134	40 276	15
辽宁	149	809 040	35 853	639 549	2 545	146 582	137 794	2 545
吉林	145	434 977	156 003	214 479	5 909	42 169	35 803	3
黑龙江	175	499 930	174 279	237 297	3 769	38 013	31 470	639
上海	20	237 902	164 901	211 333	–	173	–	4
江苏	154	3 645 517	10 438	818 459	18 434	2 313 019	1 557 789	1 040
浙江	110	1 241 083	67 735	394 982	14 418	749 786	534 198	1 359
安徽	125	1 061 987	468 732	434 299	1 205	40 189	23 553	–
福建	68	745 441	443 212	276 128	396	35 327	35 327	–
江西	153	527 329	208 954	265 153	10 563	21 787	19 580	137
山东	231	1 684 707	480 492	829 832	84 253	321 927	108 191	–
河南	118	3 095 493	1 685 648	701 127	31 918	317 299	313 374	503
湖北	123	454 566	98 330	321 111	13 836	49 347	25 929	5
湖南	247	1 485 032	683 120	332 499	59 331	286 305	203 542	1 548
广东	134	1 371 298	215 230	752 687	23 874	311 837	303 530	4 345
广西	154	535 711	141 272	299 961	22 822	46 897	32 920	413
海南	40	389 217	116 025	64 216	26 257	31 876	30 872	801
重庆	–	–	–	–	–	–	–	–
四川	209	1 511 663	634 424	549 472	13 260	527 636	458 883	37
贵州	239	466 837	117 980	117 908	50 825	196 904	174 189	22
云南	116	1 042 780	473 275	544 436	10 251	15 351	12 026	–
西藏	14	69 089	19 940	26 554	350	20 770	2 224	812
陕西	112	433 486	172 494	238 889	18 892	80 561	78 801	14
甘肃	81	367 788	34 396	298 016	16 001	10 268	10 268	–
青海	34	271 824	109 587	91 508	862	78 719	71 929	19
宁夏	44	430 494	9 157	94 132	1 516	316 451	299 558	–
新疆	164	616 500	221 686	290 144	2 190	56 069	31 085	607

2-31 2018年、2017年

地 区	货物运输					
	年运输量合计		出 境		年出入境辆次	年C种许可证使用量
	吨	吨公里	吨	吨公里	辆次	张
2018年总计	**55 912 432**	**3 408 203 289**	**11 318 064**	**1 212 795 611**	**2 383 121**	**584 153**
内蒙古	36 668 646	1 389 343 710	2 665 633	35 098 093	1 018 911	36 549
辽 宁	237 600	2 970 000	237 600	2 970 000	15 840	–
吉 林	222 167	16 000 371	138 850	8 715 442	18 450	2 906
黑龙江	1 909 105	92 839 090	582 066	23 957 971	128 666	61 568
广 西	2 983 112	32 778 320	1 745 570	17 016 700	341 894	106 957
云 南	9 097 830	776 718 897	3 979 823	383 982 743	613 657	270 155
西 藏	–	–	–	–	–	–
新 疆	4 793 972	1 097 552 901	1 968 522	741 054 662	245 703	106 018

地 区	货物运输					
	年运输量合计		出 境		年出入境辆次	年C种许可证使用量
	吨	吨公里	吨	吨公里	辆次	张
2017年总计	**53 531 149**	**3 304 732 246**	**10 681 934**	**1 125 672 290**	**2 174 443**	**498 987**
内蒙古	35 430 651	1 343 671 539	2 135 087	31 373 357	886 383	38 464
辽 宁	320 000	4 000 000	320 000	4 000 000	23 760	–
吉 林	1 504 953	49 121 518	387 406	23 885 190	115 873	4 590
黑龙江	1 533 275	67 737 898	602 651	25 054 325	97 975	47 998
广 西	3 152 152	33 349 772	1 984 467	18 989 248	288 816	50 770
云 南	7 336 322	642 495 911	3 282 387	326 029 800	528 178	249 852
西 藏	–	–	–	–	–	–
新 疆	4 253 796	1 164 355 608	1 969 936	696 340 370	233 458	107 313

资料来源：交通运输部运输服务司。

出入境汽车运输对比表

旅客运输						
年运输量合计		出境		年出入境辆次	年A种许可证使用量	年B种许可证使用量
人次	人公里	人次	人公里	辆次	张	张
7 696 796	**397 290 310**	**3 801 944**	**207 332 675**	**841 481**	**341**	**86 186**
3 213 794	63 103 950	1 649 068	32 003 446	81 770	52	20 251
23 636	263 572	11 888	240 076	1 326	–	–
425 184	50 345 205	213 113	25 234 335	14 044	36	732
1 162 850	42 822 044	554 562	20 828 294	38 158	94	1 697
76 220	32 791 394	50 931	21 915 846	6 632	–	665
2 618 592	172 114 416	1 236 920	89 536 643	687 754	36	61 353
–	–	–	–	–	–	–
176 520	35 849 729	85 462	17 574 035	11 797	123	1 488

旅客运输						
年运输量合计		出境		年出入境辆次	年A种许可证使用量	年B种许可证使用量
人次	人公里	人次	人公里	辆次	张	张
7 932 731	**468 554 400**	**3 986 945**	**226 110 130**	**845 395**	**519**	**123 561**
3 555 564	62 514 223	1 881 405	31 148 155	99 320	179	8 018
26 775	632 925	13 575	606 525	1 860	–	–
368 808	42 428 229	186 266	21 440 784	13 402	36	732
933 765	46 902 264	459 391	23 323 661	33 443	141	3 058
89 856	38 638 760	60 689	26 096 610	8 264	–	648
2 525 957	186 497 030	1 165 805	81 468 887	670 129	34	110 502
–	–	–	–	–	–	–
432 006	90 940 969	219 814	42 025 508	18 977	129	603

2–32 出入境汽车运输——分国家及

行政区名称	货物运输					
	年运输量合计		出境		年出入境辆次	年C种许可证使用量
	吨	吨公里	吨	吨公里	辆次	张
中俄小计	**2 629 383**	**112 867 361**	**1 005 522**	**30 827 937**	**191 962**	**92 293**
黑龙江	1 909 105	92 839 090	582 066	23 957 971	128 666	61 568
吉　林	54 920	6 590 353	6 910	829 200	5 812	2 906
内蒙古	665 358	13 437 918	416 546	6 040 766	57 484	27 819
中朝小计	**404 847**	**12 380 018**	**369 540**	**10 856 242**	**28 478**	**–**
吉　林	167 247	9 410 018	131 940	7 886 242	12 638	–
辽　宁	237 600	2 970 000	237 600	2 970 000	15 840	–
中蒙小计	**38 432 519**	**1 592 839 852**	**2 272 699**	**30 619 793**	**1 019 512**	**18 679**
内蒙古	36 003 288	1 375 905 792	2 249 087	29 057 327	961 427	8 730
新　疆	2 429 231	216 934 060	23 612	1 562 466	58 085	9 949
中越小计	**6 549 200**	**39 385 106**	**3 385 041**	**20 351 840**	**553 729**	**252 269**
广　西	2 983 112	32 778 320	1 745 570	17 016 700	341 894	106 957
云　南	3 566 088	6 606 786	1 639 471	3 335 140	211 835	145 312
中　哈	**1 328 469**	**238 751 143**	**1 048 772**	**170 224 515**	**105 818**	**51 484**
中　吉	**835 318**	**514 528 200**	**696 002**	**442 446 550**	**67 056**	**32 887**
中　塔	**156 114**	**103 987 757**	**155 365**	**103 495 440**	**11 703**	**10 141**
中　巴	**44 840**	**23 351 741**	**44 771**	**23 325 691**	**3 041**	**1 557**
中　老	**2 476 539**	**405 714 869**	**1 250 991**	**200 913 765**	**171 291**	**84 740**
中　缅	**3 055 203**	**364 397 242**	**1 089 361**	**179 733 838**	**230 531**	**40 103**
中　尼	**–**	**–**	**–**	**–**	**–**	**–**
内地与港澳	**166 285 920**	**21 660 429 090**	**95 333 737**	**18 152 164 377**	**28 010 923**	**–**
广　西	–	–	–	–	–	–
广　东	166 285 920	21 660 429 090	95 333 737	18 152 164 377	28 010 923	–

香港、澳门特别行政区运输完成情况

旅客运输						
年运输量合计		出境		年出入境辆次	年A种许可证使用量	年B种许可证使用量
人次	人公里	人次	人公里	辆次	张	张
2 348 240	**101 545 626**	**1 182 163**	**50 786 439**	**86 244**	**144**	**12 001**
1 162 850	42 822 044	554 562	20 828 294	38 158	94	1 697
398 109	47 773 080	199 544	23 945 280	12 570	36	732
787 141	10 733 922	427 917	5 796 285	35 510	14	9 572
50 571	**2 619 117**	**25 317**	**1 312 551**	**2 794**	**–**	**–**
27 075	2 572 125	13 569	1 289 055	1 474	–	–
23 496	46 992	11 748	23 496	1 320	–	–
2 474 664	**55 389 041**	**1 245 178**	**27 718 172**	**48 673**	**42**	**11 372**
2 426 653	52 370 028	1 221 151	26 207 161	46 260	38	10 679
48 011	3 019 013	24 027	1 511 011	2 413	4	693
77 087	**32 876 630**	**51 549**	**21 965 475**	**6 709**	**–**	**690**
76 220	32 791 394	50 931	21 915 846	6 632	–	665
867	85 236	618	49 629	77	–	25
118 734	**27 293 103**	**56 945**	**13 508 385**	**7 840**	**93**	**501**
2 342	**1 665 020**	**1 101**	**788 970**	**500**	**8**	**–**
–	**–**	**–**	**–**	**–**	**–**	**–**
7 433	**3 872 593**	**3 389**	**1 765 669**	**1 044**	**18**	**294**
360 786	**66 237 364**	**189 190**	**35 575 474**	**119 975**	**36**	**60 077**
2 256 939	**105 791 816**	**1 047 112**	**53 911 540**	**567 702**	**–**	**1 251**
–	**–**	**–**	**–**	**–**	**–**	**–**
16 156 072	**3 728 145 580**	**7 279 418**	**1 499 547 885**	**821 291**	**–**	**–**
50 307	24 761 050	24 907	12 256 010	2 864	–	–
16 105 765	3 703 384 530	7 254 511	1 487 291 875	818 427	–	–

2-33 出入境汽车运输

行政区名称	货物运输					
	年运输量合计				年出入境辆次	年 C 种许可证使用量
			出境			
	吨	吨公里	吨	吨公里	辆次	张
中俄小计	**733 221**	**43 656 279**	**184 164**	**8 385 048**	**48 452**	**23 826**
黑龙江	652 129	39 056 790	180 478	8 336 650	41 285	20 215
吉　林	305	36 600	–	–	124	62
内蒙古	80 787	4 562 889	3 686	48 398	7 043	3 549
中朝小计	**401 281**	**12 098 218**	**366 560**	**10 590 615**	**35 106**	**–**
吉　林	163 681	9 128 218	128 960	7 620 615	19 266	–
辽　宁	237 600	2 970 000	237 600	2 970 000	15 840	–
中蒙小计	**22 354 633**	**571 384 706**	**1 055 055**	**10 362 010**	**716 945**	**5 039**
内蒙古	20 692 328	443 384 590	1 051 114	10 055 871	682 941	5 039
新　疆	1 662 305	128 000 116	3 941	306 139	34 004	–
中越小计	**3 387 741**	**23 534 356**	**3 217 741**	**18 724 356**	**313 106**	**136 891**
广　西	1 748 270	20 406 700	1 578 270	15 596 700	205 984	42 234
云　南	1 639 471	3 127 656	1 639 471	3 127 656	107 122	94 657
中　哈	**260 417**	**84 090 834**	**98 199**	**36 028 784**	**21 336**	**9 557**
中　吉	**177 978**	**98 934 150**	**70 021**	**44 857 450**	**10 006**	**5 087**
中　塔	**14 682**	**9 381 803**	**14 482**	**9 256 700**	**999**	**457**
中　巴	**39 834**	**20 753 514**	**39 834**	**20 753 514**	**2 610**	**1 282**
中　老	**2 010 195**	**344 695 427**	**998 175**	**166 900 517**	**135 543**	**68 075**
中　缅	**1 888 820**	**208 333 643**	**863 747**	**150 747 346**	**154 296**	**35 773**
中　尼	**–**	**–**	**–**	**–**	**–**	**–**
内地与港澳	**1 549 209**	**161 896 470**	**586 348**	**133 294 887**	**418 340**	**–**
广　西	–	–	–	–	–	–
广　东	1 549 209	161 896 470	586 348	133 294 887	418 340	–

——中方及内地完成运输情况

旅客运输						
年运输量合计		出境		年出入境辆次	年A种许可证使用量	年B种许可证使用量
人次	人公里	人次	人公里	辆次	张	张
1 330 552	**57 196 026**	**710 753**	**30 588 860**	**49 779**	**117**	**8 790**
511 749	19 818 921	253 043	9 993 394	18 144	51	675
248 754	29 850 480	135 428	16 251 360	6 856	36	463
569 909	7 310 045	322 142	4 127 526	24 773	30	7 652
46 331	**2 216 317**	**23 173**	**1 108 871**	**2 510**	**–**	**–**
22 835	2 169 325	11 425	1 085 375	1 190	–	–
23 496	46 992	11 748	23 496	1 320	–	–
1 151 863	**15 428 888**	**582 120**	**7 929 264**	**17 870**	**17**	**121**
1 149 252	15 267 186	580 880	7 852 384	17 385	14	112
2 611	161 702	1 240	76 880	485	3	9
44 486	**18 934 750**	**33 615**	**14 285 974**	**1 059**	**–**	**26**
43 893	18 888 696	33 134	14 255 936	1 004	–	1
593	46 054	481	30 038	55	–	25
35 352	**11 883 887**	**18 940**	**6 736 993**	**2 026**	**41**	**4**
2 342	**1 665 020**	**1 101**	**788 970**	**500**	**5**	**–**
–	**–**	**–**	**–**	**–**	**–**	**–**
1 341	**698 661**	**1 341**	**698 661**	**125**	**9**	**–**
291 580	**52 168 940**	**154 041**	**28 783 530**	**99 182**	**18**	**49 748**
1 211 781	**60 231 479**	**736 035**	**42 150 389**	**335 539**	**–**	**286**
–	**–**	**–**	**–**	**–**	**–**	**–**
1 581 436	**287 103 275**	**1 158 285**	**161 545 238**	**100 452**	**–**	**–**
50 307	24 761 050	24 907	12 256 010	2 864	–	–
1 531 129	262 342 225	1 133 378	149 289 228	97 588	–	–

主要统计指标解释

公路里程 指报告期末公路的实际长度。计算单位：公里。公路里程包括城间、城乡间、乡（村）间能行驶汽车的公共道路，公路通过城镇街道的里程，公路桥梁长度、隧道长度、渡口宽度。不包括城市街道里程，农（林）业生产用道路里程，工（矿）企业等内部道路里程和断头路里程。公路里程按已竣工验收或交付使用的实际里程计算。

公路里程一般按以下方式分组：

按公路行政等级，分为国道、省道、县道、乡道、专用公路和村道里程。

按是否达到公路工程技术标准，分为等级公路里程和等外公路里程。等级公路里程按技术等级，分为高速公路、一级公路、二级公路、三级公路、四级公路里程。

按公路路面类型，分为有铺装路面、简易铺装路面和未铺装路面。有铺装路面含沥青混凝土、水泥混凝土路面。

公路养护里程 指报告期内对公路工程设施进行经常性或季节性养护和修理的公路里程数。凡进行养护的公路，不论工程量大小、养护方式如何，均纳入统计，包括拨给补助费由群众养护的公路里程。计算单位：公里。

公路密度 指报告期末一定区域内单位国土面积或人口所拥有的公路里程数。一般地，按国土面积计算，计算单位：公里／百平方公里；按人口计算，计算单位：公里／万人。

公路通达率 指报告期末一定区域内已通公路的行政区占本区域全部行政区的比重。计算单位：%。行政区一般指乡镇或建制村。

公路桥梁数量 指报告期末公路桥梁的实际数量。计算单位：座。按桥梁的跨径分为特大桥、大桥、中桥、小桥数量。

公路隧道数量 指报告期末公路隧道的实际数量。计算单位：处。按隧道长度分为特长隧道、长隧道、中隧道和短隧道数量。

公路营运车辆拥有量 指报告期末在各地交通运输管理部门登记注册的从事公路运输的车辆实有数量。计算单位：辆。

客运量 指报告期内运输车辆实际运送的旅客人数。计算单位：人。

旅客周转量 指报告期内运输车辆实际运送的每位旅客与其相应运送距离的乘积之和。计算单位：人公里。

货运量 指报告期内运输车辆实际运送的货物重量。计算单位：吨。

货物周转量 指报告期内运输车辆实际运送的每批货物重量与其相应运送距离的乘积之和。计算单位：吨公里。

道路运输行业经营业户数 指报告期末持有道路运输行政管理机构核发的有效道路运输经营许可证，从事道路运输经营活动的业户数量。计算单位：户。一般按道路运输经营许可证核定的经营范围，分为道路货物运输、道路旅客运输、道路运输相关业务经营业户数。

交通拥挤度 是指机动车当量数与适应交通量的比值。

公路交通情况调查机动车车型折算系数参考值

车型	汽车							摩托车	拖拉机
一级分类	小型车		中型车		大型车	特大型车		摩托车	拖拉机
二级分类	中小客车	小型货车	大客车	中型货车	大型货车	特大型车	集装箱车		
参考折算系数	1	1	1.5	1.5	3	4	4	1	4

注：交通量折算采用小客车为标准车型。

三、水路运输

简要说明

一、本篇资料反映我国水路基础设施、运输装备和水路运输发展的基本情况。主要包括：内河航道通航里程、运输船舶拥有量、水路客货运输量、海上交通事故和搜救活动等。

二、水路运输按船舶航行区域分为内河、沿海和远洋运输。

三、本资料内河航道通航里程为年末通航里程，不含在建和未正式投入使用的航道里程，根据各省航道管理部门资料整理，由各省（区、市）交通运输厅（局、委）提供。

四、运输船舶拥有量根据各省航运管理部门登记的船舶资料整理，由各省（区、市）交通运输厅（局、委）提供。

五、水路运输量通过抽样调查和全面调查相结合的方法，按运输工具经营权和到达量进行统计，范围原则上为所有在交通运输主管部门审批备案，从事营业性旅客和货物运输生产的船舶。

六、船舶拥有量和水路运输量中不分地区，是指国内运输企业的驻外机构船舶拥有量及其承运的第三国货物运输量。

七、海上险情及搜救活动统计范围是：由中国海上搜救中心、各省（区、市）海上搜救中心组织、协调或参与的搜救活动。“险情等级”的划分主要根据遇险人数划定：死亡或失踪 3 人以下的为一般险情，3 人到 9 人为较大险情，10 人到 29 人为重大险情，30 人及以上为特大险情，具体内容参见《国家海上搜救应急预案》——海上突发事件险情分级。

3-1 全国内河航道通航里程（按技术等级分）

单位：公里

地区	总计	等级航道								等外航道
		合计	一级	二级	三级	四级	五级	六级	七级	
全国总计	**127 126**	**66 442**	**1 828**	**3 947**	**7 686**	**10 732**	**7 613**	**17 522**	**17 114**	**60 684**
北京	–	–	–	–	–	–	–	–	–	–
天津	88	88	–	–	–	47	–	42	–	–
河北	–	–	–	–	–	–	–	–	–	–
山西	467	139	–	–	–	–	118	21	–	328
内蒙古	2 403	2 380	–	–	–	555	201	1 070	555	23
辽宁	413	413	–	–	56	–	140	217	–	–
吉林	1 456	1 381	–	–	64	227	654	312	124	75
黑龙江	5 098	4 723	–	967	864	1 185	490	–	1 217	375
上海	2 091	1 003	125	–	148	116	88	405	121	1 088
江苏	24 380	8 752	370	506	1 492	802	1 004	2 107	2 471	15 628
浙江	9 761	5 023	14	12	302	1 251	477	1 565	1 401	4 738
安徽	5 641	5 064	343	–	433	635	511	2 431	712	577
福建	3 245	1 269	108	20	52	264	205	46	574	1 977
江西	5 638	2 349	78	175	284	87	167	399	1 160	3 289
山东	1 117	1 029	–	9	272	72	57	381	238	88
河南	1 403	1 286	–	–	–	408	200	431	247	117
湖北	8 470	6 008	229	688	980	320	827	1 757	1 206	2 462
湖南	11 496	4 131	–	385	645	274	85	1 546	1 196	7 365
广东	12 112	4 414	551	69	641	236	620	961	1 336	7 698
广西	5 707	3 487	–	582	621	717	321	406	839	2 221
海南	343	76	9	–	–	7	1	22	37	267
重庆	4 352	1 863	–	533	531	140	183	126	350	2 490
四川	10 818	3 965	–	–	288	1 110	389	589	1 588	6 853
贵州	3 740	2 519	–	–	–	813	272	936	499	1 221
云南	4 024	3 289	–	–	14	1 329	271	809	866	735
西藏	–	–	–	–	–	–	–	–	–	–
陕西	1 146	558	–	–	–	137	9	164	248	588
甘肃	911	456	–	–	–	–	325	13	118	455
青海	674	663	–	–	–	–	–	663	–	12
宁夏	130	115	–	–	–	–	–	105	11	15
新疆	–	–	–	–	–	–	–	–	–	–

3-2　全国内河航道通航里程（按水系分）

单位：公里

地　区	总　计	长江水系		珠江水系	黄河水系	黑龙江水　系	京杭运河	闽江水系	淮河水系	其他水系
			长江干流							
全国总计	**127 126**	**64 848**	**2 813**	**16 477**	**3 533**	**8 211**	**1 438**	**1 973**	**17 504**	**14 505**
北　京	–	–	–	–	–	–	–	–	–	–
天　津	88	–	–	–	–	–	15	–	–	88
河　北	–	–	–	–	–	–	–	–	–	–
山　西	467	–	–	–	467	–	–	–	–	–
内蒙古	2 403	–	–	–	939	1 401	–	–	–	63
辽　宁	413	–	–	–	–	256	–	–	–	157
吉　林	1 456	–	–	–	–	1 456	–	–	–	–
黑龙江	5 098	–	–	–	–	5 098	–	–	–	–
上　海	2 091	2 091	125	–	–	–	–	–	–	–
江　苏	24 380	10 901	370	–	–	–	795	–	13 447	–
浙　江	9 761	3 178	–	–	–	–	175	–	–	6 539
安　徽	5 641	3 112	343	–	–	–	–	–	2 469	61
福　建	3 245	–	–	–	–	–	–	1 973	–	1 272
江　西	5 638	5 638	78	–	–	–	–	–	–	–
山　东	1 117	–	–	–	198	–	453	–	870	49
河　南	1 403	186	–	–	499	–	–	–	718	–
湖　北	8 470	8 470	918	–	–	–	–	–	–	–
湖　南	11 496	11 390	80	32	–	–	–	–	–	74
广　东	12 112	–	–	8 403	–	–	–	–	–	3 709
广　西	5 707	105	–	5 603	–	–	–	–	–	–
海　南	343	–	–	343	–	–	–	–	–	–
重　庆	4 352	4 352	675	–	–	–	–	–	–	–
四　川	10 818	10 814	224	–	4	–	–	–	–	–
贵　州	3 740	2 306	–	1 421	–	–	–	–	–	14
云　南	4 024	1 300	–	676	–	–	–	–	–	2 049
西　藏	–	–	–	–	–	–	–	–	–	–
陕　西	1 146	818	–	–	328	–	–	–	–	–
甘　肃	911	187	–	–	705	–	–	–	–	20
青　海	674	–	–	–	276	–	–	–	–	398
宁　夏	130	–	–	–	118	–	–	–	–	12
新　疆	–	–	–	–	–	–	–	–	–	–

注：京杭运河航道里程中含长江等其他水系里程 1362 公里。

3-3 全国内河航道通航里程（按水域类型分）

单位：公里

地区	总计	天然河流及渠化河段航道	限制性航道	宽浅河流航道	山区急流河段航道	湖区航道	库区航道
全国总计	**127 126**	**65 798**	**36 122**	**6 061**	**4 235**	**3 796**	**11 115**
北京	–	–	–	–	–	–	–
天津	88	88	–	–	–	–	–
河北	–	–	–	–	–	–	–
山西	467	453	–	–	14	–	–
内蒙古	2 403	839	–	1 149	14	364	37
辽宁	413	413	–	–	–	–	–
吉林	1 456	572	–	165	102	–	617
黑龙江	5 098	36	–	4 734	85	176	67
上海	2 091	178	1 902	–	–	11	–
江苏	24 380	733	23 359	14	–	274	–
浙江	9 761	1 710	7 030	–	–	10	1 011
安徽	5 641	4 438	315	–	9	570	309
福建	3 245	2 747	53	–	305	–	140
江西	5 638	4 613	61	–	111	426	427
山东	1 117	331	522	–	–	264	–
河南	1 403	908	–	–	–	–	494
湖北	8 470	4 723	1 617	–	532	538	1 060
湖南	11 496	9 181	607	–	302	413	993
广东	12 112	11 133	625	–	–	–	354
广西	5 707	5 695	–	–	4	–	9
海南	343	268	–	–	–	–	75
重庆	4 352	3 294	–	–	278	6	775
四川	10 818	8 655	32	–	522	51	1 558
贵州	3 740	3 202	–	–	16	–	522
云南	4 024	137	–	–	1 533	281	2 073
西藏	–	–	–	–	–	–	–
陕西	1 146	1 116	–	–	–	–	30
甘肃	911	207	–	–	370	–	334
青海	674	12	–	–	36	398	229
宁夏	130	115	–	–	2	12	–
新疆	–	–	–	–	–	–	–

3-4 各水系内河航道通航里程（按技术等级分）

单位：公里

技术等级	总计	长江水系		珠江水系	黄河水系	黑龙江水系	京杭运河	淮河水系	闽江水系	其他水系
			长江干流							
全国总计	**127 126**	**64 848**	**2 813**	**16 477**	**3 533**	**8 211**	**1 438**	**17 504**	**1 973**	**14 505**
等级航道	66 442	30 975	2 813	8 362	2 505	7 761	1 274	8 867	897	7 006
一级航道	1 828	1 145	1 145	474	–	–	–	–	50	158
二级航道	3 947	1 779	1 284	652	–	967	450	514	14	21
三级航道	7 686	3 835	384	1 263	73	967	415	1 331	–	217
四级航道	10 732	3 955	–	1 438	–	1 908	115	1 381	242	1 765
五级航道	7 613	2 827	–	866	628	1 344	61	943	135	865
六级航道	17 522	8 457	–	1 509	1 624	782	163	2 934	13	2 185
七级航道	17 114	8 978	–	2 161	180	1 793	70	1 763	444	1 795
等外航道	60 684	33 872	–	8 115	1 028	450	164	8 637	1 076	7 499

注：京杭运河航道里程中含长江等其他水系里程 1362 公里。

3-5 各水域类型内河航道通航里程（按技术等级分）

单位：公里

地区	总计	天然河流及渠化河段航道	限制性航道	宽浅河流航道	山区急流河段航道	湖区航道	库区航道
全国总计	**127 126**	**65 798**	**36 122**	**6 061**	**4 235**	**3 796**	**11 115**
等级航道	66 442	35 472	13 630	5 739	1 806	2 584	7 211
一级航道	1 828	1 828	–	–	–	–	–
二级航道	3 947	2 144	514	882	85	–	321
三级航道	7 686	4 636	1 860	928	72	45	145
四级航道	10 732	5 845	1 343	1 449	316	471	1 309
五级航道	7 613	3 453	1 659	743	228	375	1 155
六级航道	17 522	8 791	4 237	252	589	957	2 695
七级航道	17 114	8 775	4 018	1 486	515	736	1 585
等外航道	60 684	30 326	22 491	322	2 429	1 212	3 904

3-6 全国内河航道枢纽及通航建筑物（按行政区域分）

地区	枢纽数量（处）		通航建筑物数量（座）			
		具有通航功能			正常使用	
			船闸	升船机	船闸	升船机
全国总计	**4 228**	**2 387**	**863**	**46**	**605**	**22**
北 京	–	–	–	–	–	–
天 津	6	6	5	–	1	–
河 北	9	9	3	–	2	–
山 西	1	–	–	–	–	–
内蒙古	2	–	–	–	–	–
辽 宁	4	2	1	–	1	–
吉 林	5	–	–	–	–	–
黑龙江	2	–	–	–	–	–
上 海	92	86	52	–	47	–
江 苏	706	596	117	–	116	–
浙 江	327	299	38	17	35	10
安 徽	99	52	45	1	34	1
福 建	148	29	20	1	12	1
江 西	83	22	19	2	11	1
山 东	42	19	15	–	11	–
河 南	35	3	3	–	–	–
湖 北	167	55	38	4	35	–
湖 南	496	153	135	13	50	4
广 东	1 212	880	198	–	147	–
广 西	135	42	40	3	20	3
海 南	2	–	–	–	–	–
重 庆	167	47	48	1	36	1
四 川	366	80	85	–	47	–
贵 州	93	6	1	2	–	–
云 南	12	2	1	1	1	1
西 藏	–	–	–	–	–	–
陕 西	3	1	–	1	–	–
甘 肃	15	–	–	–	–	–
青 海	2	–	–	–	–	–
宁 夏	1	–	–	–	–	–
新 疆	–	–	–	–	–	–

3-7 全国水路

地区	轮驳船总计					一、机		
	艘数（艘）	净载重量（吨）	载客量（客位）	集装箱位（TEU）	功率（千瓦）	艘数（艘）	净载重量（吨）	载客量（客位）
全国总计	**136 975**	**251 152 855**	**963 289**	**1 967 766**	**66 799 892**	**125 754**	**242 447 129**	**960 245**
北京	–	–	–	–	–	–	–	–
天津	293	4 715 611	2 982	5 841	1 084 148	283	4 683 149	2 982
河北	1 641	1 739 268	21 194	1 348	441 340	1 641	1 739 268	21 194
山西	263	7 241	4 317	–	16 820	263	7 241	4 317
内蒙古	–	–	–	–	–	–	–	–
辽宁	471	10 137 117	33 092	17 040	1 515 576	461	10 102 920	33 092
吉林	367	20 601	11 376	–	30 493	350	10 151	11 376
黑龙江	1 438	361 031	22 953	–	166 184	1 148	177 766	22 953
上海	1 461	21 443 039	38 075	967 997	11 360 212	1 414	21 320 700	38 075
江苏	32 703	40 200 084	50 825	68 396	9 497 665	28 631	36 970 536	50 825
浙江	14 287	30 289 581	87 364	58 992	7 366 396	14 284	30 276 211	87 364
安徽	25 065	47 042 690	14 782	112 576	10 584 294	24 308	46 649 669	14 782
福建	1 800	10 876 853	33 223	252 821	3 076 573	1 798	10 875 673	33 223
江西	2 708	2 525 968	13 665	3 830	755 427	2 706	2 524 238	13 665
山东	10 484	16 590 859	66 419	6 728	3 259 139	6 265	12 573 410	66 419
河南	5 469	10 430 446	14 090	–	2 236 862	5 153	10 128 681	14 090
湖北	3 278	6 930 336	33 345	2 730	1 763 237	3 172	6 720 831	33 345
湖南	5 131	4 308 171	71 085	10 465	1 432 873	4 895	4 285 244	69 161
广东	7 793	21 857 906	81 238	208 143	6 247 512	7 781	21 832 651	81 238
广西	7 833	9 461 461	102 204	96 507	2 147 345	7 833	9 461 461	102 204
海南	486	3 180 501	40 753	42 001	963 159	486	3 180 501	40 753
重庆	2 806	7 183 807	41 720	107 993	1 819 403	2 774	7 133 347	41 720
四川	5 316	1 336 368	47 565	4 358	553 963	4 431	1 281 496	47 565
贵州	2 059	152 757	54 654	–	166 093	2 057	152 449	54 654
云南	1 246	168 960	31 080	–	133 788	1 241	168 589	31 070
西藏	–	–	–	–	–	–	–	–
陕西	1 333	32 840	20 920	–	49 393	1 135	31 588	19 810
甘肃	476	1 603	9 153	–	52 706	476	1 603	9 153
青海	117	1 772	2 977	–	19 702	117	1 772	2 977
宁夏	648	–	12 238	–	35 377	648	–	12 238
新疆	–	–	–	–	–	–	–	–
不分地区	3	155 984	–	–	24 212	3	155 984	–

运输工具拥有量

动　船		1.客　船			2.客货船				
集装箱位（TEU）	功率（千瓦）	艘数（艘）	载客量（客位）	功率（千瓦）	艘数（艘）	净载重量（吨）	载客量（客位）	集装箱位（TEU）	功率（千瓦）
1 964 884	**66 799 892**	**18 984**	**822 625**	**2 116 583**	**404**	**344 109**	**137 620**	**2 708**	**902 808**
–	–	–	–	–	–	–	–	–	–
5 841	1 084 148	52	2 982	8 387	–	–	–	–	–
1 348	441 340	1 520	20 818	53 967	1	3 700	376	228	12 960
–	16 820	253	4 317	13 391	–	–	–	–	–
–	–	–	–	–	–	–	–	–	–
17 040	1 515 576	55	9 822	30 856	38	32 686	23 270	144	155 980
–	30 493	312	11 376	25 786	–	–	–	–	–
–	166 184	605	21 392	56 211	60	2 715	1 561	–	6 475
966 583	11 360 212	118	35 916	77 156	5	8 029	2 159	229	15 010
67 736	9 497 665	346	33 594	52 804	75	32 132	17 231	–	38 221
58 992	7 366 396	1 290	85 923	311 530	7	1	1 441	–	2 126
112 576	10 584 294	374	14 782	33 581	–	–	–	–	–
252 671	3 076 573	423	30 569	126 228	9	8 472	2 654	256	88 358
3 830	755 427	305	13 665	23 762	–	–	–	–	–
6 728	3 259 139	1 049	34 219	137 884	38	125 294	32 200	1 690	335 517
–	2 236 862	468	14 090	45 639	–	–	–	–	–
2 730	1 763 237	282	33 345	98 261	–	–	–	–	–
10 465	1 432 873	2 053	69 161	101 622	–	–	–	–	–
207 485	6 247 512	478	56 445	239 299	35	57 700	24 793	–	97 191
96 507	2 147 345	1 899	99 829	110 753	5	4 526	2 375	161	27 922
42 001	963 159	325	14 825	93 268	28	67 382	25 928	–	115 015
107 993	1 819 403	507	40 482	122 632	3	161	1 238	–	4 240
4 358	553 963	1 615	47 565	62 845	–	–	–	–	–
–	166 093	1 636	54 654	99 778	–	–	–	–	–
–	133 788	1 000	29 966	62 278	57	879	1 104	–	3 097
–	–	–	–	–	–	–	–	–	–
–	49 393	839	18 520	30 624	43	432	1 290	–	696
–	52 706	419	9 153	43 976	–	–	–	–	–
–	19 702	117	2 977	19 702	–	–	–	–	–
–	35 377	644	12 238	34 363	–	–	–	–	–
–	–	–	–	–	–	–	–	–	–
–	24 212	–	–	–	–	–	–	–	–

3–7

地 区	3. 货 船				集装箱船			
	艘数（艘）	净载重量（吨）	集装箱位（TEU）	功率（千瓦）	艘数（艘）	净载重量（吨）	集装箱位（TEU）	功率（千瓦）
全国总计	**104 246**	**241 939 215**	**1 962 176**	**62 315 098**	**1 741**	**16 565 867**	**1 417 687**	**9 893 247**
北 京	–	–	–	–	–	–	–	–
天 津	193	4 682 483	5 841	892 740	3	75 725	5 561	48 752
河 北	115	1 735 568	1 120	358 031	–	–	–	–
山 西	10	7 241	–	3 429	–	–	–	–
内蒙古	–	–	–	–	–	–	–	–
辽 宁	361	10 070 231	16 896	1 310 232	12	244 090	16 244	107 801
吉 林	33	10 151	–	3 347	–	–	–	–
黑龙江	339	170 179	–	66 288	–	–	–	–
上 海	1 247	21 249 732	966 354	11 171 246	270	9 608 470	936 844	7 024 042
江 苏	27 350	36 923 638	67 736	9 052 705	101	527 574	33 260	190 339
浙 江	12 934	30 265 656	58 992	6 900 386	188	954 921	56 191	399 881
安 徽	23 827	46 645 319	112 576	10 520 950	68	458 151	32 361	160 238
福 建	1 363	10 867 201	252 415	2 840 343	119	2 057 939	144 559	827 618
江 西	2 397	2 524 237	3 830	723 647	1	4 350	230	1 056
山 东	4 700	12 442 196	5 038	2 445 963	4	32 743	2 243	16 508
河 南	4 669	10 127 364	–	2 185 981	–	–	–	–
湖 北	2 825	6 719 313	2 730	1 617 969	11	45 057	2 730	12 193
湖 南	2 840	4 285 244	10 465	1 330 407	26	99 928	6 931	26 007
广 东	7 209	21 758 471	207 485	5 796 404	777	1 399 581	106 678	610 009
广 西	5 929	9 456 935	96 346	2 008 670	49	165 826	9 804	50 096
海 南	132	3 107 041	42 001	751 934	17	490 225	39 027	328 161
重 庆	2 238	7 133 186	107 993	1 675 145	75	342 618	22 404	76 998
四 川	2 626	1 281 496	4 358	474 829	20	58 669	2 620	13 548
贵 州	421	142 929	–	66 315	–	–	–	–
云 南	180	153 991	–	67 517	–	–	–	–
西 藏	–	–	–	–	–	–	–	–
陕 西	248	22 430	–	17 678	–	–	–	–
甘 肃	57	999	–	8 730	–	–	–	–
青 海	–	–	–	–	–	–	–	–
宁 夏	–	–	–	–	–	–	–	–
新 疆	–	–	–	–	–	–	–	–
不分地区	3	155 984	–	24 212	–	–	–	–

（续表一）

油 船			4. 拖 船		二、驳 船			
艘数（艘）	净载重量（吨）	功率（千瓦）	艘数（艘）	功率（千瓦）	艘数（艘）	净载重量（吨）	载客量（客位）	集装箱位（TEU）
3 103	**25 220 421**	**4 805 261**	**2 120**	**1 465 403**	**11 221**	**8 705 726**	**3 044**	**2 882**
–	–	–	–	–	–	–	–	–
39	84 573	37 175	38	183 021	10	32 462	–	–
5	3 817	1 056	5	16 382	–	–	–	–
–	–	–	–	–	–	–	–	–
–	–	–	–	–	–	–	–	–
113	9 210 339	981 166	7	18 508	10	34 197	–	–
–	–	–	5	1 360	17	10 450	–	–
7	7 522	2 722	144	37 210	290	183 265	–	–
273	7 434 431	1 377 527	44	96 800	47	122 339	–	1 414
851	3 022 120	719 814	860	353 935	4 072	3 229 548	–	660
631	2 291 293	672 599	53	152 354	3	13 370	–	–
200	210 686	73 676	107	29 763	757	393 021	–	–
147	304 230	106 968	3	21 644	2	1 180	–	150
54	204 792	61 393	4	8 018	2	1 730	–	–
73	381 992	113 245	478	339 775	4 219	4 017 449	–	–
–	–	–	16	5 242	316	301 765	–	–
162	410 762	119 392	65	47 007	106	209 505	–	–
39	58 556	20 530	2	844	236	22 927	1 924	–
332	1 023 710	330 028	59	114 618	12	25 255	–	658
51	56 190	20 905	–	–	–	–	–	–
16	235 423	47 099	1	2 942	–	–	–	–
78	239 023	97 586	26	17 386	32	50 460	–	–
32	40 962	22 380	190	16 289	885	54 872	–	–
–	–	–	–	–	2	308	–	–
–	–	–	4	896	5	371	10	–
–	–	–	–	–	–	–	–	–
–	–	–	5	395	198	1 252	1 110	–
–	–	–	–	–	–	–	–	–
–	–	–	–	–	–	–	–	–
–	–	–	4	1 014	–	–	–	–
–	–	–	–	–	–	–	–	–
–	–	–	–	–	–	–	–	–

3-8 远洋运输

地区	轮驳船总计					一、机		
	艘数（艘）	净载重量（吨）	载客量（客位）	集装箱位（TEU）	功率（千瓦）	艘数（艘）	净载重量（吨）	载客量（客位）
全国总计	**2 251**	**53 147 301**	**20 640**	**1 063 427**	**14 419 842**	**2 245**	**53 133 812**	**20 640**
北京	–	–	–	–	–	–	–	–
天津	27	1 619 762	–	761	259 675	27	1 619 762	–
河北	7	388 100	376	228	64 413	7	388 100	376
山西	–	–	–	–	–	–	–	–
内蒙古	–	–	–	–	–	–	–	–
辽宁	60	8 928 072	800	307	916 790	60	8 928 072	800
吉林	–	–	–	–	–	–	–	–
黑龙江	–	–	–	–	–	–	–	–
上海	271	18 685 753	316	867 576	8 198 420	271	18 685 753	316
江苏	114	4 558 524	–	11 059	883 602	114	4 558 524	–
浙江	11	474 136	–	680	87 681	11	474 136	–
安徽	–	–	–	–	–	–	–	–
福建	70	1 839 281	4 361	19 839	517 536	70	1 839 281	4 361
江西	–	–	–	–	–	–	–	–
山东	65	5 562 436	5 453	2 537	724 709	65	5 562 436	5 453
河南	–	–	–	–	–	–	–	–
湖北	–	–	–	–	–	–	–	–
湖南	2	145 000	–	–	17 732	2	145 000	–
广东	1 479	8 912 408	8 935	147 999	2 412 839	1 473	8 898 919	8 935
广西	114	256 534	399	11 045	70 311	114	256 534	399
海南	28	1 621 311	–	1 396	241 922	28	1 621 311	–
重庆	–	–	–	–	–	–	–	–
四川	–	–	–	–	–	–	–	–
贵州	–	–	–	–	–	–	–	–
云南	–	–	–	–	–	–	–	–
西藏	–	–	–	–	–	–	–	–
陕西	–	–	–	–	–	–	–	–
甘肃	–	–	–	–	–	–	–	–
青海	–	–	–	–	–	–	–	–
宁夏	–	–	–	–	–	–	–	–
新疆	–	–	–	–	–	–	–	–
不分地区	3	155 984	–	–	24 212	3	155 984	–

工具拥有量

动 船		1. 客 船			2. 客货船				
集装箱位（TEU）	功率（千瓦）	艘数（艘）	载客量（客位）	功率（千瓦）	艘数（艘）	净载重量（吨）	载客量（客位）	集装箱位（TEU）	功率（千瓦）
1 063 297	**14 419 842**	**52**	**10 970**	**125 211**	**16**	**73 158**	**9 670**	**2 708**	**271 158**
–	–	–	–	–	–	–	–	–	–
761	259 675	–	–	–	–	–	–	–	–
228	64 413	–	–	–	1	3 700	376	228	12 960
–	–	–	–	–	–	–	–	–	–
–	–	–	–	–	–	–	–	–	–
307	916 790	–	–	–	1	5 695	800	144	19 845
–	–	–	–	–	–	–	–	–	–
–	–	–	–	–	–	–	–	–	–
867 576	8 198 420	–	–	–	1	4 371	316	229	12 360
11 059	883 602	–	–	–	–	–	–	–	–
680	87 681	–	–	–	–	–	–	–	–
–	–	–	–	–	–	–	–	–	–
19 839	517 536	8	2 131	26 647	3	7 927	2 230	256	84 606
–	–	–	–	–	–	–	–	–	–
2 537	724 709	–	–	–	7	48 918	5 453	1 690	131 385
–	–	–	–	–	–	–	–	–	–
–	–	–	–	–	–	–	–	–	–
–	17 732	–	–	–	–	–	–	–	–
147 869	2 412 839	44	8 839	98 564	2	1	96	–	80
11 045	70 311	–	–	–	1	2 546	399	161	9 922
1 396	241 922	–	–	–	–	–	–	–	–
–	–	–	–	–	–	–	–	–	–
–	–	–	–	–	–	–	–	–	–
–	–	–	–	–	–	–	–	–	–
–	–	–	–	–	–	–	–	–	–
–	–	–	–	–	–	–	–	–	–
–	–	–	–	–	–	–	–	–	–
–	–	–	–	–	–	–	–	–	–
–	–	–	–	–	–	–	–	–	–
–	–	–	–	–	–	–	–	–	–
–	–	–	–	–	–	–	–	–	–
–	24 212	–	–	–	–	–	–	–	–

3-8

地 区	3. 货 船				集 装 箱 船			
	艘数（艘）	净载重量（吨）	集装箱位（TEU）	功率（千瓦）	艘数（艘）	净载重量（吨）	集装箱位（TEU）	功率（千瓦）
全国总计	**2 166**	**53 058 863**	**1 060 589**	**14 016 014**	**773**	**9 749 719**	**933 458**	**7 110 955**
北 京	–	–	–	–	–	–	–	–
天 津	27	1 619 762	761	259 675	2	12 202	761	7 712
河 北	6	384 400	–	51 453	–	–	–	–
山 西	–	–	–	–	–	–	–	–
内蒙古	–	–	–	–	–	–	–	–
辽 宁	59	8 922 377	163	896 945	1	1 080	163	970
吉 林	–	–	–	–	–	–	–	–
黑龙江	–	–	–	–	–	–	–	–
上 海	270	18 681 382	867 347	8 186 060	128	8 436 880	838 897	6 458 237
江 苏	114	4 558 524	11 059	883 602	10	108 132	7 692	68 597
浙 江	11	474 136	680	87 681	1	8 710	680	6 300
安 徽	–	–	–	–	–	–	–	–
福 建	59	1 831 354	19 583	406 283	12	201 305	17 804	146 745
江 西	–	–	–	–	–	–	–	–
山 东	58	5 513 518	847	593 324	1	12 696	847	7 988
河 南	–	–	–	–	–	–	–	–
湖 北	–	–	–	–	–	–	–	–
湖 南	2	145 000	–	17 732	–	–	–	–
广 东	1 416	8 897 127	147 869	2 306 736	597	920 679	63 112	387 574
广 西	113	253 988	10 884	60 389	19	31 676	2 106	12 432
海 南	28	1 621 311	1 396	241 922	2	16 359	1 396	14 400
重 庆	–	–	–	–	–	–	–	–
四 川	–	–	–	–	–	–	–	–
贵 州	–	–	–	–	–	–	–	–
云 南	–	–	–	–	–	–	–	–
西 藏	–	–	–	–	–	–	–	–
陕 西	–	–	–	–	–	–	–	–
甘 肃	–	–	–	–	–	–	–	–
青 海	–	–	–	–	–	–	–	–
宁 夏	–	–	–	–	–	–	–	–
新 疆	–	–	–	–	–	–	–	–
不分地区	3	155 984	–	24 212	–	–	–	–

（续表一）

油船			4. 拖船		二、驳船			
艘数（艘）	净载重量（吨）	功率（千瓦）	艘数（艘）	功率（千瓦）	艘数（艘）	净载重量（吨）	载客量（客位）	集装箱位（TEU）
201	**18 493 288**	**2 442 096**	**11**	**7 459**	**6**	**13 489**	**–**	**130**
–	–	–	–	–	–	–	–	–
–	–	–	–	–	–	–	–	–
–	–	–	–	–	–	–	–	–
–	–	–	–	–	–	–	–	–
–	–	–	–	–	–	–	–	–
44	8 893 187	876 004	–	–	–	–	–	–
–	–	–	–	–	–	–	–	–
–	–	–	–	–	–	–	–	–
82	7 338 000	1 140 198	–	–	–	–	–	–
36	1 743 913	307 772	–	–	–	–	–	–
–	–	–	–	–	–	–	–	–
–	–	–	–	–	–	–	–	–
–	–	–	–	–	–	–	–	–
–	–	–	–	–	–	–	–	–
3	133 715	27 652	–	–	–	–	–	–
–	–	–	–	–	–	–	–	–
–	–	–	–	–	–	–	–	–
–	–	–	–	–	–	–	–	–
36	384 473	90 470	11	7 459	6	13 489	–	130
–	–	–	–	–	–	–	–	–
–	–	–	–	–	–	–	–	–
–	–	–	–	–	–	–	–	–
–	–	–	–	–	–	–	–	–
–	–	–	–	–	–	–	–	–
–	–	–	–	–	–	–	–	–
–	–	–	–	–	–	–	–	–
–	–	–	–	–	–	–	–	–
–	–	–	–	–	–	–	–	–
–	–	–	–	–	–	–	–	–
–	–	–	–	–	–	–	–	–
–	–	–	–	–	–	–	–	–
–	–	–	–	–	–	–	–	–

3-9 沿海运输

地 区	轮驳船总计					一、机		
	艘数（艘）	净载重量（吨）	载客量（客位）	集装箱位（TEU）	功率（千瓦）	艘数（艘）	净载重量（吨）	载客量（客位）
全国总计	**10 379**	**68 850 579**	**226 793**	**566 212**	**20 401 853**	**10 312**	**68 398 452**	**226 793**
北 京	–	–	–	–	–	–	–	–
天 津	247	3 095 591	1 112	5 080	819 330	237	3 063 129	1 112
河 北	114	1 351 168	–	1 120	322 960	114	1 351 168	–
山 西	–	–	–	–	–	–	–	–
内蒙古	–	–	–	–	–	–	–	–
辽 宁	411	1 209 045	32 292	16 733	598 786	401	1 174 848	32 292
吉 林	–	–	–	–	–	–	–	–
黑龙江	27	155 330	–	–	50 369	27	155 330	–
上 海	577	2 304 809	–	91 148	2 891 244	568	2 226 508	–
江 苏	1 354	8 655 418	100	33 732	2 084 647	1 336	8 518 821	100
浙 江	3 256	25 061 771	42 785	50 171	5 631 837	3 253	25 048 401	42 785
安 徽	559	3 260 900	–	45 065	823 021	556	3 258 300	–
福 建	1 152	8 800 557	21 985	232 982	2 369 705	1 151	8 799 429	21 985
江 西	39	174 427	–	–	59 022	37	172 697	–
山 东	790	2 463 646	45 089	4 191	1 113 136	786	2 410 546	45 089
河 南	–	–	–	–	–	–	–	–
湖 北	185	1 512 773	–	1 049	314 747	183	1 425 031	–
湖 南	15	86 568	–	4 529	23 092	15	86 568	–
广 东	819	7 493 943	36 183	28 674	2 035 589	814	7 483 043	36 183
广 西	433	1 642 090	8 328	11 133	540 853	433	1 642 090	8 328
海 南	399	1 559 136	38 919	40 605	718 074	399	1 559 136	38 919
重 庆	2	23 407	–	–	5 441	2	23 407	–
四 川	–	–	–	–	–	–	–	–
贵 州	–	–	–	–	–	–	–	–
云 南	–	–	–	–	–	–	–	–
西 藏	–	–	–	–	–	–	–	–
陕 西	–	–	–	–	–	–	–	–
甘 肃	–	–	–	–	–	–	–	–
青 海	–	–	–	–	–	–	–	–
宁 夏	–	–	–	–	–	–	–	–
新 疆	–	–	–	–	–	–	–	–

工具拥有量

动　船		1. 客　船			2. 客货船				
集装箱位（TEU）	功率（千瓦）	艘数（艘）	载客量（客位）	功率（千瓦）	艘数（艘）	净载重量（吨）	载客量（客位）	集装箱位（TEU）	功率（千瓦）
565 534	**20 401 853**	**1 281**	**124 110**	**635 024**	**144**	**230 974**	**102 683**	**–**	**575 941**
–	–	–	–	–	–	–	–	–	–
5 080	819 330	33	1 112	3 244	–	–	–	–	–
1 120	322 960	–	–	–	–	–	–	–	–
–	–	–	–	–	–	–	–	–	–
–	–	–	–	–	–	–	–	–	–
16 733	598 786	55	9 822	30 856	37	26 991	22 470	–	136 135
–	–	–	–	–	–	–	–	–	–
–	50 369	–	–	–	–	–	–	–	–
91 148	2 891 244	–	–	–	–	–	–	–	–
33 732	2 084 647	2	100	820	–	–	–	–	–
50 171	5 631 837	169	42 344	225 284	5	1	441	–	1 796
45 065	823 021	–	–	–	–	–	–	–	–
232 832	2 369 705	244	21 561	77 405	6	545	424	–	3 752
–	59 022	–	–	–	–	–	–	–	–
4 191	1 113 136	365	18 342	83 308	31	76 376	26 747	–	204 132
–	–	–	–	–	–	–	–	–	–
1 049	314 747	–	–	–	–	–	–	–	–
4 529	23 092	–	–	–	–	–	–	–	–
28 146	2 035 589	113	11 486	83 039	33	57 699	24 697	–	97 111
11 133	540 853	34	6 352	40 963	4	1 980	1 976	–	18 000
40 605	718 074	266	12 991	90 105	28	67 382	25 928	–	115 015
–	5 441	–	–	–	–	–	–	–	–
–	–	–	–	–	–	–	–	–	–
–	–	–	–	–	–	–	–	–	–
–	–	–	–	–	–	–	–	–	–
–	–	–	–	–	–	–	–	–	–
–	–	–	–	–	–	–	–	–	–
–	–	–	–	–	–	–	–	–	–
–	–	–	–	–	–	–	–	–	–
–	–	–	–	–	–	–	–	–	–
–	–	–	–	–	–	–	–	–	–

3–9

地 区	3. 货 船				集 装 箱 船			
	艘数（艘）	净载重量（吨）	集装箱位（TEU）	功率（千瓦）	艘数（艘）	净载重量（吨）	集装箱位（TEU）	功率（千瓦）
全国总计	**8 626**	**68 145 184**	**565 534**	**18 264 281**	**412**	**5 675 320**	**411 625**	**2 455 173**
北 京	–	–	–	–	–	–	–	–
天 津	166	3 062 721	5 080	633 065	1	63 523	4 800	41 040
河 北	109	1 351 168	1 120	306 578	–	–	–	–
山 西	–	–	–	–	–	–	–	–
内蒙古	–	–	–	–	–	–	–	–
辽 宁	302	1 147 854	16 733	413 287	11	243 010	16 081	106 831
吉 林	–	–	–	–	–	–	–	–
黑龙江	26	155 330	–	47 369	–	–	–	–
上 海	544	2 226 508	91 148	2 813 498	64	1 071 844	91 148	524 731
江 苏	1 299	8 518 775	33 732	1 962 728	60	352 506	22 578	102 224
浙 江	3 032	25 038 055	50 171	5 253 361	50	788 705	49 553	356 303
安 徽	555	3 258 300	45 065	822 286	44	387 435	28 310	141 056
福 建	898	8 798 884	232 832	2 266 904	107	1 856 634	126 755	680 873
江 西	36	172 697	–	53 062	–	–	–	–
山 东	328	2 331 549	4 191	618 460	3	20 047	1 396	8 520
河 南	–	–	–	–	–	–	–	–
湖 北	181	1 425 031	1 049	299 451	3	14 599	1 049	5 238
湖 南	15	86 568	4 529	23 092	9	49 557	3 629	13 397
广 东	634	7 422 497	28 146	1 753 797	35	253 475	22 652	132 496
广 西	395	1 640 110	11 133	481 890	10	100 119	6 043	28 703
海 南	104	1 485 730	40 605	510 012	15	473 866	37 631	313 761
重 庆	2	23 407	–	5 441	–	–	–	–
四 川	–	–	–	–	–	–	–	–
贵 州	–	–	–	–	–	–	–	–
云 南	–	–	–	–	–	–	–	–
西 藏	–	–	–	–	–	–	–	–
陕 西	–	–	–	–	–	–	–	–
甘 肃	–	–	–	–	–	–	–	–
青 海	–	–	–	–	–	–	–	–
宁 夏	–	–	–	–	–	–	–	–
新 疆	–	–	–	–	–	–	–	–

（续表一）

油船			4. 拖船		二、驳船			
艘数（艘）	净载重量（吨）	功率（千瓦）	艘数（艘）	功率（千瓦）	艘数（艘）	净载重量（吨）	载客量（客位）	集装箱位（TEU）
1 407	**5 046 472**	**1 731 579**	**261**	**926 607**	**67**	**452 127**	**–**	**678**
–	–	–	–	–	–	–	–	–
39	84 573	37 175	38	183 021	10	32 462	–	–
5	3 817	1 056	5	16 382	–	–	–	–
–	–	–	–	–	–	–	–	–
–	–	–	–	–	–	–	–	–
69	317 152	105 162	7	18 508	10	34 197	–	–
–	–	–	–	–	–	–	–	–
7	7 522	2 722	1	3 000	–	–	–	–
98	59 000	209 208	24	77 746	9	78 301	–	–
80	683 053	194 378	35	121 099	18	136 597	–	–
614	2 284 018	668 515	47	151 396	3	13 370	–	–
18	72 137	18 606	1	735	3	2 600	–	–
127	297 967	101 162	3	21 644	1	1 128	–	150
18	121 446	36 774	1	5 960	2	1 730	–	–
70	248 277	85 593	62	207 236	4	53 100	–	–
–	–	–	–	–	–	–	–	–
39	64 340	16 553	2	15 296	2	87 742	–	–
3	21 266	6 527	–	–	–	–	–	–
159	498 848	183 981	34	101 642	5	10 900	–	528
45	47 633	17 068	–	–	–	–	–	–
16	235 423	47 099	1	2 942	–	–	–	–
–	–	–	–	–	–	–	–	–
–	–	–	–	–	–	–	–	–
–	–	–	–	–	–	–	–	–
–	–	–	–	–	–	–	–	–
–	–	–	–	–	–	–	–	–
–	–	–	–	–	–	–	–	–
–	–	–	–	–	–	–	–	–
–	–	–	–	–	–	–	–	–
–	–	–	–	–	–	–	–	–
–	–	–	–	–	–	–	–	–

3-10 内河运输

地区	轮驳船总计					一、机		
	艘数（艘）	净载重量（吨）	载客量（客位）	集装箱位（TEU）	功率（千瓦）	艘数（艘）	净载重量（吨）	载客量（客位）
全国总计	**124 345**	**129 154 975**	**715 856**	**338 127**	**31 978 197**	**113 197**	**120 914 865**	**712 812**
北京	–	–	–	–	–	–	–	–
天津	19	258	1 870	–	5 143	19	258	1 870
河北	1 520	–	20 818	–	53 967	1 520	–	20 818
山西	263	7 241	4 317	–	16 820	263	7 241	4 317
内蒙古	–	–	–	–	–	–	–	–
辽宁	–	–	–	–	–	–	–	–
吉林	367	20 601	11 376	–	30 493	350	10 151	11 376
黑龙江	1 411	205 701	22 953	–	115 815	1 121	22 436	22 953
上海	613	452 477	37 759	9 273	270 548	575	408 439	37 759
江苏	31 235	26 986 142	50 725	23 605	6 529 416	27 181	23 893 191	50 725
浙江	11 020	4 753 674	44 579	8 141	1 646 878	11 020	4 753 674	44 579
安徽	24 506	43 781 790	14 782	67 511	9 761 273	23 752	43 391 369	14 782
福建	578	237 015	6 877	–	189 332	577	236 963	6 877
江西	2 669	2 351 541	13 665	3 830	696 405	2 669	2 351 541	13 665
山东	9 629	8 564 777	15 877	–	1 421 294	5 414	4 600 428	15 877
河南	5 469	10 430 446	14 090	–	2 236 862	5 153	10 128 681	14 090
湖北	3 093	5 417 563	33 345	1 681	1 448 490	2 989	5 295 800	33 345
湖南	5 114	4 076 603	71 085	5 936	1 392 049	4 878	4 053 676	69 161
广东	5 495	5 451 555	36 120	31 470	1 799 084	5 494	5 450 689	36 120
广西	7 286	7 562 837	93 477	74 329	1 536 181	7 286	7 562 837	93 477
海南	59	54	1 834	–	3 163	59	54	1 834
重庆	2 804	7 160 400	41 720	107 993	1 813 962	2 772	7 109 940	41 720
四川	5 316	1 336 368	47 565	4 358	553 963	4 431	1 281 496	47 565
贵州	2 059	152 757	54 654	–	166 093	2 057	152 449	54 654
云南	1 246	168 960	31 080	–	133 788	1 241	168 589	31 070
西藏	–	–	–	–	–	–	–	–
陕西	1 333	32 840	20 920	–	49 393	1 135	31 588	19 810
甘肃	476	1 603	9 153	–	52 706	476	1 603	9 153
青海	117	1 772	2 977	–	19 702	117	1 772	2 977
宁夏	648	–	12 238	–	35 377	648	–	12 238
新疆	–	–	–	–	–	–	–	–

工具拥有量

动 船		1. 客 船			2. 客 货 船				
集装箱位（TEU）	功率（千瓦）	艘数（艘）	载客量（客位）	功率（千瓦）	艘数（艘）	净载重量（吨）	载客量（客位）	集装箱位（TEU）	功率（千瓦）
336 053	**31 978 197**	**17 651**	**687 545**	**1 356 348**	**244**	**39 977**	**25 267**	**–**	**55 709**
–	–	–	–	–	–	–	–	–	–
–	5 143	19	1 870	5 143	–	–	–	–	–
–	53 967	1 520	20 818	53 967	–	–	–	–	–
–	16 820	253	4 317	13 391	–	–	–	–	–
–	–	–	–	–	–	–	–	–	–
–	–	–	–	–	–	–	–	–	–
–	30 493	312	11 376	25 786	–	–	–	–	–
–	115 815	605	21 392	56 211	60	2 715	1 561	–	6 475
7 859	270 548	118	35 916	77 156	4	3 658	1 843	–	2 650
22 945	6 529 416	344	33 494	51 984	75	32 132	17 231	–	38 221
8 141	1 646 878	1 121	43 579	86 246	2	–	1 000	–	330
67 511	9 761 273	374	14 782	33 581	–	–	–	–	–
–	189 332	171	6 877	22 176	–	–	–	–	–
3 830	696 405	305	13 665	23 762	–	–	–	–	–
–	1 421 294	684	15 877	54 576	–	–	–	–	–
–	2 236 862	468	14 090	45 639	–	–	–	–	–
1 681	1 448 490	282	33 345	98 261	–	–	–	–	–
5 936	1 392 049	2 053	69 161	101 622	–	–	–	–	–
31 470	1 799 084	321	36 120	57 696	–	–	–	–	–
74 329	1 536 181	1 865	93 477	69 790	–	–	–	–	–
–	3 163	59	1 834	3 163	–	–	–	–	–
107 993	1 813 962	507	40 482	122 632	3	161	1 238	–	4 240
4 358	553 963	1 615	47 565	62 845	–	–	–	–	–
–	166 093	1 636	54 654	99 778	–	–	–	–	–
–	133 788	1 000	29 966	62 278	57	879	1 104	–	3 097
–	–	–	–	–	–	–	–	–	–
–	49 393	839	18 520	30 624	43	432	1 290	–	696
–	52 706	419	9 153	43 976	–	–	–	–	–
–	19 702	117	2 977	19 702	–	–	–	–	–
–	35 377	644	12 238	34 363	–	–	–	–	–
–	–	–	–	–	–	–	–	–	–

3-10

地区	3. 货船				集装箱船			
	艘数（艘）	净载重量（吨）	集装箱位（TEU）	功率（千瓦）	艘数（艘）	净载重量（吨）	集装箱位（TEU）	功率（千瓦）
全国总计	**93 454**	**120 735 168**	**336 053**	**30 034 803**	**556**	**1 140 828**	**72 604**	**327 119**
北京	–	–	–	–	–	–	–	–
天津	–	–	–	–	–	–	–	–
河北	–	–	–	–	–	–	–	–
山西	10	7 241	–	3 429	–	–	–	–
内蒙古	–	–	–	–	–	–	–	–
辽宁	–	–	–	–	–	–	–	–
吉林	33	10 151	–	3 347	–	–	–	–
黑龙江	313	14 849	–	18 919	–	–	–	–
上海	433	341 842	7 859	171 688	78	99 746	6 799	41 074
江苏	25 937	23 846 339	22 945	6 206 375	31	66 936	2 990	19 518
浙江	9 891	4 753 465	8 141	1 559 344	137	157 506	5 958	37 278
安徽	23 272	43 387 019	67 511	9 698 664	24	70 716	4 051	19 182
福建	406	236 963	–	167 156	–	–	–	–
江西	2 361	2 351 540	3 830	670 585	1	4 350	230	1 056
山东	4 314	4 597 129	–	1 234 179	–	–	–	–
河南	4 669	10 127 364	–	2 185 981	–	–	–	–
湖北	2 644	5 294 282	1 681	1 318 518	8	30 458	1 681	6 955
湖南	2 823	4 053 676	5 936	1 289 583	17	50 371	3 302	12 610
广东	5 159	5 438 847	31 470	1 735 871	145	225 427	20 914	89 939
广西	5 421	7 562 837	74 329	1 466 391	20	34 031	1 655	8 961
海南	–	–	–	–	–	–	–	–
重庆	2 236	7 109 779	107 993	1 669 704	75	342 618	22 404	76 998
四川	2 626	1 281 496	4 358	474 829	20	58 669	2 620	13 548
贵州	421	142 929	–	66 315	–	–	–	–
云南	180	153 991	–	67 517	–	–	–	–
西藏	–	–	–	–	–	–	–	–
陕西	248	22 430	–	17 678	–	–	–	–
甘肃	57	999	–	8 730	–	–	–	–
青海	–	–	–	–	–	–	–	–
宁夏	–	–	–	–	–	–	–	–
新疆	–	–	–	–	–	–	–	–

(续表一)

			4. 拖 船		二、驳 船			
油 船								
艘数（艘）	净载重量（吨）	功率（千瓦）	艘数（艘）	功率（千瓦）	艘数（艘）	净载重量（吨）	载客量（客位）	集装箱位（TEU）
1 495	**1 680 661**	**631 586**	**1 848**	**531 337**	**11 148**	**8 240 110**	**3 044**	**2 074**
–	–	–	–	–	–	–	–	–
–	–	–	–	–	–	–	–	–
–	–	–	–	–	–	–	–	–
–	–	–	–	–	–	–	–	–
–	–	–	–	–	–	–	–	–
–	–	–	–	–	–	–	–	–
–	–	–	5	1 360	17	10 450	–	–
–	–	–	143	34 210	290	183 265	–	–
93	37 431	28 121	20	19 054	38	44 038	–	1 414
735	595 154	217 664	825	232 836	4 054	3 092 951	–	660
17	7 275	4 084	6	958	–	–	–	–
182	138 549	55 070	106	29 028	754	390 421	–	–
20	6 263	5 806	–	–	1	52	–	–
36	83 346	24 619	3	2 058	–	–	–	–
–	–	–	416	132 539	4 215	3 964 349	–	–
–	–	–	16	5 242	316	301 765	–	–
123	346 422	102 839	63	31 711	104	121 763	–	–
36	37 290	14 003	2	844	236	22 927	1 924	–
137	140 389	55 577	14	5 517	1	866	–	–
6	8 557	3 837	–	–	–	–	–	–
–	–	–	–	–	–	–	–	–
78	239 023	97 586	26	17 386	32	50 460	–	–
32	40 962	22 380	190	16 289	885	54 872	–	–
–	–	–	–	–	2	308	–	–
–	–	–	4	896	5	371	10	–
–	–	–	–	–	–	–	–	–
–	–	–	5	395	198	1 252	1 110	–
–	–	–	–	–	–	–	–	–
–	–	–	–	–	–	–	–	–
–	–	–	4	1 014	–	–	–	–
–	–	–	–	–	–	–	–	–

3-11 水路客、货运输量

地 区	客运量（万人）	旅客周转量（万人公里）	货运量（万吨）	货物周转量（万吨公里）
全国总计	**27 981**	**795 742**	**702 684**	**990 528 155**
北 京	–	–	–	–
天 津	116	2 115	8 261	13 265 973
河 北	2	1 879	3 352	4 908 821
山 西	161	752	23	1 298
内蒙古	–	–	–	–
辽 宁	566	60 473	13 918	63 175 893
吉 林	139	1 783	22	2 014
黑龙江	307	3 632	889	60 815
上 海	427	7 944	66 906	279 907 983
江 苏	2 383	34 683	87 735	61 219 443
浙 江	4 497	62 987	98 219	93 525 034
安 徽	240	3 912	114 877	56 308 790
福 建	1 929	27 549	36 854	62 093 748
江 西	253	3 355	11 484	2 381 091
山 东	2 044	127 597	17 964	18 355 232
河 南	331	6 121	14 240	10 217 541
湖 北	648	47 375	36 432	28 499 954
湖 南	1 729	36 325	21 101	4 589 603
广 东	2 775	111 331	102 353	241 774 053
广 西	697	32 899	30 123	15 906 412
海 南	1 788	40 984	8 921	7 742 681
重 庆	731	55 856	19 460	22 385 292
四 川	1 991	19 058	6 862	2 701 284
贵 州	2 211	67 716	1 670	450 692
云 南	1 342	30 235	688	173 250
西 藏	–	–	–	–
陕 西	361	6 206	177	5 183
甘 肃	78	1 262	28	469
青 海	95	1 030	–	–
宁 夏	142	683	–	–
新 疆	–	–	–	–
不分地区	–	–	126	875 605

3-12 水路旅客运输量（按航区分）

地区	客运量（万人）			旅客周转量（万人公里）		
	内河	沿海	远洋	内河	沿海	远洋
全国总计	**16 188**	**10 613**	**1 180**	**347 984**	**314 043**	**133 716**
北京	–	–	–	–	–	–
天津	113	2	–	1 864	251	–
河北	–	–	2	–	–	1 879
山西	161	–	–	752	–	–
内蒙古	–	–	–	–	–	–
辽宁	–	556	10	–	55 849	4 624
吉林	139	–	–	1 783	–	–
黑龙江	307	–	–	3 632	–	–
上海	–	427	…	–	7 288	655
江苏	2 367	–	17	21 188	–	13 495
浙江	1 232	3 265	–	10 542	52 444	–
安徽	240	–	–	3 912	–	–
福建	248	1 537	144	3 493	16 554	7 502
江西	253	–	–	3 355	–	–
山东	572	1 374	98	2 792	79 838	44 968
河南	331	–	–	6 121	–	–
湖北	648	–	–	47 375	–	–
湖南	1 729	–	–	36 325	–	–
广东	437	1 429	910	8 844	41 895	60 592
广西	327	369	–	13 560	19 339	–
海南	134	1 654	–	400	40 584	–
重庆	731	–	–	55 856	–	–
四川	1 991	–	–	19 058	–	–
贵州	2 211	–	–	67 716	–	–
云南	1 342	–	–	30 235	–	–
西藏	–	–	–	–	–	–
陕西	361	–	–	6 206	–	–
甘肃	78	–	–	1 262	–	–
青海	95	–	–	1 030	–	–
宁夏	142	–	–	683	–	–
新疆	–	–	–	–	–	–
不分地区	–	–	–	–	–	–

3-13 水路货物运输量（按航区分）

地 区	货运量（万吨）			货物周转量（万吨公里）		
	内 河	沿 海	远 洋	内 河	沿 海	远 洋
全国总计	**374 302**	**251 413**	**76 969**	**153 658 920**	**317 603 433**	**519 265 802**
北 京	–	–	–	–	–	–
天 津	152	8 052	57	238 492	12 842 819	184 662
河 北	–	3 295	57	–	4 825 975	82 846
山 西	23	–	–	1 298	–	–
内蒙古	–	–	–	–	–	–
辽 宁	–	7 745	6 173	–	6 237 303	56 938 590
吉 林	22	–	–	2 014	–	–
黑龙江	889	–	–	60 815	–	–
上 海	2 282	36 410	28 213	462 143	49 253 240	230 192 599
江 苏	62 805	20 544	4 386	20 631 271	22 364 822	18 223 350
浙 江	22 504	74 071	1 644	3 736 068	84 200 547	5 588 418
安 徽	106 752	8 125	–	48 708 884	7 599 906	–
福 建	2 592	33 017	1 245	157 279	57 462 746	4 473 722
江 西	11 132	352	–	1 952 621	428 470	–
山 东	4 819	11 261	1 884	1 943 392	7 463 960	8 947 880
河 南	14 240	–	–	10 217 541	–	–
湖 北	31 110	5 195	127	22 229 109	5 603 430	667 415
湖 南	20 895	34	171	3 568 954	83 819	936 830
广 东	42 208	28 042	32 103	6 433 983	43 895 442	191 444 627
广 西	23 107	6 416	599	7 683 519	7 916 939	305 954
海 南	–	8 739	182	–	7 339 378	403 303
重 庆	19 345	115	–	22 300 657	84 635	–
四 川	6 862	–	–	2 701 284	–	–
贵 州	1 670	–	–	450 692	–	–
云 南	688	–	–	173 250	–	–
西 藏	–	–	–	–	–	–
陕 西	177	–	–	5 183	–	–
甘 肃	28	–	–	469	–	–
青 海	–	–	–	–	–	–
宁 夏	–	–	–	–	–	–
新 疆	–	–	–	–	–	–
不分地区	–	–	126	–	–	875 605

3-14　海上险情及搜救活动

指　　标	计算单位	数　　量	所占比例（%）
一、海上搜救行动次数	**次**	**1 902**	**100.00**
1. 按遇险性质分：碰撞	次	339	17.82
触礁	次	66	3.47
搁浅	次	220	11.57
触损	次	41	2.16
浪损	次	10	0.53
火灾 / 爆炸	次	95	4.99
风灾	次	16	0.84
自沉	次	156	8.20
机损	次	203	10.67
伤病	次	360	18.93
其他	次	396	20.82
2. 按区域分：东海海区	次	679	35.70
南海海区	次	472	24.82
黄海海区	次	178	9.36
渤海海区	次	204	10.73
长江下游	次	97	5.10
长江中游	次	27	1.42
长江上游	次	19	1.00
珠江	次	91	4.78
内河支流	次	120	6.31
水库湖泊	次	1	0.05
黑龙江	次	4	0.21
其他	次	10	0.53
3. 按等级分：一般	次	1 605	84.38
较大	次	275	14.46
重大	次	21	1.10
特大	次	1	0.05
二、遇险人员救助情况	**人次**	**13 081**	**100.00**
获救人员	人次	12 463	95.28
三、各部门派出搜救船艇	**艘次**	**11 740**	**100.00**
海事	艘次	2 088	17.79
救捞	艘次	572	4.87
军队	艘次	275	2.34
社会	艘次	2 463	20.98
渔船	艘次	3 380	28.79
过往船舶	艘次	2 962	25.23
四、各部门派出搜救飞机	**架次**	**413**	**100.00**
海事	架次	19	4.60
救助	架次	320	77.48
军队	架次	16	3.87
社会	架次	58	14.04

资料来源：中国海上搜救中心。

主要统计指标解释

内河航道通航长度 指报告期末在江河、湖泊、水库、渠道和运河水域内，船舶、排筏在不同水位期可以通航的实际航道里程数。计算单位：公里。内河航道通航里程按主航道中心线实际长度计算。

内河航道通航里程可分为等级航道和等外航道里程，等级航道里程又分为一级航道、二级航道、三级航道、四级航道、五级航道、六级航道和七级航道里程。

船舶数量 指报告期末在交通运输主管部门注册登记的船舶实际数量。计算单位：艘。统计的船舶包括运输船舶、工程船舶和辅助船舶，不包括渔船和军用船舶。

船舶一般分为机动船和驳船，机动船又可分为客船、客货船、货船（包括集装箱船）和拖船。

净载重量 指报告期末所拥有船舶的总载重量减去燃（物）料、淡水、粮食及供应品、人员及其行李等重量及船舶常数后，能够装载货物的实际重量。计算单位：吨。船舶常数指船舶经过一段时间营运后的空船重量与船舶建造出厂时空船重量的差值。

载客量 指报告期末所拥有船舶可用于载运旅客的额定数量。计算单位：客位。载客量包括船员临时占用的旅客铺位，但不包括船员自用铺位。客货船临时将货舱改作载客用途，该船的客位数不做变更。

箱位量 指报告期末所拥有集装箱船舶可装载折合为 20 英尺集装箱的额定数量。计算单位：TEU。各种外部尺寸的集装箱箱位，均按折算系数折算成 20 英尺集装箱进行计算。

船舶功率 指报告期末所拥有船舶主机的额定功率数。计算单位：千瓦。

客运量 指报告期内船舶实际运送的旅客人数。计算单位：人。

旅客周转量 指报告期内船舶实际运送的每位旅客与该旅客运送距离的乘积之和。计算单位：人公里。

货运量 指报告期内船舶实际运送的货物重量。计算单位：吨。

货物周转量 指报告期内船舶实际运送的每批货物重量与该批货物运送距离的乘积之和。计算单位：吨公里。

四、城市客运

简 要 说 明

一、本篇资料反映我国全国、中心城市公共交通运输发展的基本情况。主要包括：全国、中心城市公共交通的运输工具、运营线路、客运量等内容。

二、本资料分全国、中心城市公共汽电车、巡游出租汽车、轨道交通和客运轮渡。

4-1 全国城市客运经营业户

单位：户

地区	公共汽电车经营业户数					轨道交通经营业户数	城市客运轮渡经营业户数
		国有企业	国有控股企业	私营企业	个体经营业户数		
全国总计	**4 013**	**1 170**	**416**	**2 075**	**137**	**50**	**26**
北京	2	2	–	–	–	4	–
天津	13	12	–	1	–	2	–
河北	200	54	8	126	2	1	–
山西	144	43	10	88	3	–	–
内蒙古	205	20	4	104	76	–	–
辽宁	126	43	26	57	–	3	–
吉林	122	19	4	89	6	1	–
黑龙江	237	21	9	185	20	1	5
上海	29	–	20	–	–	6	1
江苏	110	67	20	22	1	6	1
浙江	161	81	24	55	–	3	2
安徽	138	53	28	53	–	1	–
福建	102	52	26	24	–	2	1
江西	122	23	32	64	2	1	1
山东	301	113	29	148	–	2	1
河南	160	61	21	73	3	1	–
湖北	116	56	10	49	–	1	5
湖南	202	26	–	70	–	2	3
广东	232	54	37	141	–	6	4
广西	155	21	7	119	2	1	–
海南	44	12	4	27	1	–	–
重庆	66	36	9	18	–	1	–
四川	248	59	32	134	7	1	2
贵州	159	59	6	73	–	1	–
云南	179	46	20	107	1	1	–
西藏	8	7	–	–	1	–	–
陕西	146	34	18	88	3	1	–
甘肃	89	21	3	57	2	–	–
青海	36	13	–	20	–	–	–
宁夏	46	12	4	30	–	–	–
新疆	115	50	5	53	7	1	–

4-1 （续表）

单位：户

地 区	巡游出租汽车经营业户数					
	合计	车辆 301 辆以上的企业数	车辆 101~300 辆（含）的企业数	车辆 51~100 辆（含）的企业数	车辆 50 辆（含）以下的企业数	个体经营业户数
全国总计	**140 412**	**878**	**2 649**	**2 262**	**2 847**	**131 776**
北 京	1 394	31	63	52	91	1 157
天 津	6 075	24	27	8	2	6 014
河 北	835	68	142	95	85	445
山 西	576	27	108	82	51	308
内蒙古	24 457	49	80	54	47	24 227
辽 宁	16 189	63	151	119	301	15 555
吉 林	34 712	37	45	66	126	34 438
黑龙江	19 160	90	153	62	108	18 747
上 海	3 067	18	11	24	71	2 943
江 苏	6 101	36	155	103	69	5 738
浙 江	1 767	20	128	107	161	1 351
安 徽	1 151	41	130	54	43	883
福 建	184	13	39	46	86	–
江 西	1 115	8	38	54	67	948
山 东	2 168	43	203	141	161	1 620
河 南	5 063	41	169	148	117	4 588
湖 北	1 666	24	108	96	65	1 373
湖 南	290	19	96	109	66	–
广 东	356	44	93	82	128	9
广 西	199	18	33	43	86	19
海 南	73	5	16	13	39	–
重 庆	1 105	14	45	43	59	944
四 川	1 228	29	90	149	246	714
贵 州	1 886	15	70	114	183	1 504
云 南	2 547	8	74	102	101	2 262
西 藏	24	2	1	9	12	–
陕 西	346	14	85	128	119	–
甘 肃	257	20	115	69	53	–
青 海	136	10	24	14	17	71
宁 夏	84	17	41	7	19	–
新 疆	6 201	30	116	69	68	5 918

4-2 全国城市客运设施

地 区	公交专用车道长度（公里）	轨道交通车站数（个）		城市客运轮渡在用码头数（个）	公交IC卡累计售卡量（万张）
			换乘站数		
全国总计	**12 850.2**	**3 408**	**319**	**147**	**80 923.4**
北 京	952.0	391	59	–	15 735.5
天 津	65.0	152	16	–	1 400.0
河 北	304.8	25	1	–	1 672.2
山 西	495.2	–	–	–	668.9
内蒙古	330.3	–	–	–	468.4
辽 宁	1 028.0	150	4	–	1 891.3
吉 林	242.3	129	4	–	712.9
黑龙江	117.0	22	1	23	913.0
上 海	363.7	415	60	37	7 590.4
江 苏	1 228.4	392	22	11	8 242.5
浙 江	906.1	131	16	6	4 128.9
安 徽	302.1	46	1	–	1 437.0
福 建	246.2	45	–	7	1 693.0
江 西	131.4	40	1	2	724.0
山 东	1 145.0	91	3	2	3 275.6
河 南	786.1	60	1	–	1 394.7
湖 北	438.2	206	23	18	3 922.0
湖 南	496.4	46	2	6	1 371.4
广 东	1 449.7	491	61	34	13 616.8
广 西	268.8	41	2	–	517.8
海 南	25.0	–	–	–	222.9
重 庆	121.9	179	19	–	2 311.8
四 川	635.2	168	14	1	3 216.4
贵 州	95.0	24	–	–	269.6
云 南	94.4	57	3	–	911.7
西 藏	–	–	–	–	16.1
陕 西	269.6	95	6	–	625.4
甘 肃	15.4	–	–	–	690.0
青 海	15.0	–	–	–	218.4
宁 夏	132.0	–	–	–	171.2
新 疆	150.0	12	–	–	893.7

注：上海轨道交通车站数含江苏（昆山）境内3个，均非换乘站。

4-3 全国公共汽电车数量

地 区	公共汽电车数（辆）				标准运营车数（标台）	本年新增运营车数（辆）	本年报废更新运营车数（辆）
		空调车	安装卫星定位车载终端的车	BRT 运营车辆			
全国总计	**673 430**	**514 213**	**585 042**	**9 110**	**767 909**	**59 817**	**54 258**
北 京	24 076	22 500	24 076	362	33 980	–	3 530
天 津	13 813	13 060	13 192	–	15 470	939	1 584
河 北	31 678	21 535	19 245	–	34 392	1 621	742
山 西	16 010	7 454	12 016	–	17 922	1 809	601
内蒙古	11 445	5 286	6 595	26	12 274	1 222	620
辽 宁	23 924	8 423	15 914	62	28 577	1 344	1 148
吉 林	13 282	2 813	6 288	–	14 186	1 209	866
黑龙江	19 770	3 896	12 703	–	22 497	1 317	2 095
上 海	17 476	17 476	17 466	–	21 921	1 215	1 504
江 苏	48 046	47 147	41 519	877	56 710	5 332	3 662
浙 江	41 298	40 922	37 614	702	45 413	3 121	3 771
安 徽	24 765	21 049	21 837	1 260	28 542	2 720	702
福 建	20 738	20 557	20 728	318	22 706	2 671	3 299
江 西	13 699	12 301	12 242	–	15 100	1 598	1 077
山 东	62 474	38 458	60 850	512	68 042	4 389	3 337
河 南	34 259	27 597	30 981	1 731	37 833	4 270	2 872
湖 北	23 841	21 130	19 140	260	27 674	2 138	1 601
湖 南	29 344	27 940	28 324	172	34 400	3 433	2 495
广 东	66 349	64 729	63 004	1 150	75 872	6 580	11 009
广 西	14 835	11 626	13 161	219	16 263	1 482	644
海 南	4 786	4 704	4 163	–	5 188	667	171
重 庆	13 237	12 455	12 652	–	15 323	535	907
四 川	33 742	28 543	30 810	531	38 900	3 667	1 648
贵 州	9 900	6 031	9 359	170	11 333	1 097	472
云 南	16 452	6 460	13 524	–	16 628	1 067	967
西 藏	714	490	706	–	860	56	107
陕 西	15 873	11 197	12 864	–	18 555	2 337	1 460
甘 肃	9 177	4 033	7 479	75	9 901	970	390
青 海	3 897	319	3 702	–	4 206	310	214
宁 夏	4 312	1 952	3 745	125	4 941	252	216
新 疆	10 218	2 130	9 143	558	12 301	449	547

4-4 全国公共汽电车数量（按长度分）

地 区	公共汽电车数（辆）								
	合计	≤5米	>5米且≤7米	>7米且≤10米	>10米且≤13米	>13米且≤16米	>16米且≤18米	>18米	双层车
全国总计	**673 430**	**5 770**	**67 569**	**233 780**	**352 321**	**5 484**	**4 085**	**59**	**4 362**
北 京	24 076	–	402	511	16 983	3 625	928	–	1 627
天 津	13 813	126	680	6 803	6 099	–	–	–	105
河 北	31 678	846	4 574	12 085	13 560	554	–	–	59
山 西	16 010	180	1 605	6 130	7 997	45	53	–	–
内蒙古	11 445	820	1 809	3 014	5 739	–	30	–	33
辽 宁	23 924	10	918	6 735	16 167	21	28	–	45
吉 林	13 282	376	1 967	5 752	4 907	210	–	–	70
黑龙江	19 770	400	1 080	7 493	10 777	–	–	–	20
上 海	17 476	–	180	2 570	14 609	–	54	9	54
江 苏	48 046	3	2 920	14 181	30 497	145	208	–	92
浙 江	41 298	310	5 983	15 177	19 635	38	86	–	69
安 徽	24 765	318	1 553	9 120	13 344	62	241	–	127
福 建	20 738	220	2 768	8 540	8 979	22	107	–	102
江 西	13 699	21	1 410	6 399	5 726	81	40	–	22
山 东	62 474	124	9 397	26 132	26 114	313	288	20	86
河 南	34 259	21	5 023	13 432	15 196	103	252	–	232
湖 北	23 841	83	1 294	8 835	13 349	–	60	–	220
湖 南	29 344	17	1 559	9 333	18 432	–	–	–	3
广 东	66 349	71	3 946	27 570	34 204	189	26	24	319
广 西	14 835	207	2 131	6 094	5 990	–	20	–	393
海 南	4 786	63	1 021	1 236	2 466	–	–	–	–
重 庆	13 237	4	1 006	4 268	7 956	–	–	–	3
四 川	33 742	370	4 266	9 511	18 518	26	1 030	–	21
贵 州	9 900	15	586	4 125	5 060	26	12	–	76
云 南	16 452	402	4 930	5 879	4 776	–	46	–	419
西 藏	714	–	88	52	574	–	–	–	–
陕 西	15 873	47	1 685	3 662	10 367	–	–	–	112
甘 肃	9 177	544	931	3 599	4 039	–	60	–	4
青 海	3 897	75	638	1 414	1 759	–	–	–	11
宁 夏	4 312	10	288	1 856	2 058	–	94	6	–
新 疆	10 218	87	931	2 272	6 444	24	422	–	38

4-5 全国公共汽电车数量（按燃料类型分）

地 区	公共汽电车数（辆）										
	合计	汽油车	乙醇汽油车	柴油车	液化石油气车	天然气车	双燃料车	无轨电车	纯电动车	混合动力车	其他
全国总计	**673 430**	**5 521**	**815**	**149 700**	**1 524**	**164 926**	**6 122**	**2 585**	**254 791**	**87 078**	**368**
北 京	24 076	–	–	7 982	–	8 583	–	1 326	5 318	862	5
天 津	13 813	180	–	6 678	–	719	–	–	3 678	2 558	–
河 北	31 678	898	20	2 931	2	9 835	971	–	15 355	1 592	74
山 西	16 010	183	–	1 754	14	3 280	894	78	9 299	468	40
内蒙古	11 445	894	–	3 105	276	3 705	181	–	2 144	1 140	–
辽 宁	23 924	9	2	7 273	315	6 226	256	65	4 074	5 704	–
吉 林	13 282	200	139	3 823	–	4 858	221	–	3 253	741	47
黑龙江	19 770	99	633	7 642	–	2 883	–	–	6 668	1 845	–
上 海	17 476	–	–	8 350	–	111	–	354	5 962	2 684	15
江 苏	48 046	74	–	11 387	353	10 458	–	–	16 609	9 151	14
浙 江	41 298	251	–	15 813	94	8 618	200	73	9 497	6 637	115
安 徽	24 765	14	21	6 313	100	5 447	252	–	8 821	3 797	–
福 建	20 738	42	–	4 337	–	2 617	152	–	10 511	3 079	–
江 西	13 699	20	–	4 842	–	1 498	–	–	5 700	1 639	–
山 东	62 474	213	–	7 459	8	13 901	4	231	31 691	8 967	–
河 南	34 259	68	–	5 044	–	3 849	94	124	19 106	5 951	23
湖 北	23 841	101	–	6 281	–	7 899	32	40	8 237	1 251	–
湖 南	29 344	13	–	3 587	–	2 438	–	–	15 656	7 650	–
广 东	66 349	109	–	7 617	36	11 197	24	294	42 153	4 885	34
广 西	14 835	196	–	6 219	80	1 814	–	–	4 305	2 221	–
海 南	4 786	–	–	1 352	–	584	–	–	1 818	1 032	–
重 庆	13 237	12	–	1 178	14	8 357	6	–	770	2 900	–
四 川	33 742	341	–	3 710	42	19 508	1 342	–	6 400	2 399	–
贵 州	9 900	41	–	2 346	–	4 180	14	–	2 507	812	–
云 南	16 452	669	–	8 320	–	1 406	–	–	3 761	2 296	–
西 藏	714	–	–	351	–	–	–	–	78	284	1
陕 西	15 873	20	–	1 132	86	6 152	495	–	6 099	1 889	–
甘 肃	9 177	426	–	1 628	–	3 214	162	–	2 777	970	–
青 海	3 897	149	–	129	4	2 270	57	–	975	313	–
宁 夏	4 312	82	–	430	–	2 501	170	–	979	150	–
新 疆	10 218	217	–	687	100	6 818	595	–	590	1 211	–

4-6 全国公共汽电车数量（按排放标准分）

地 区	公共汽电车数（辆）				
	合计	国Ⅲ及以下	国Ⅳ	国Ⅴ及以上	零排放
全国总计	**673 430**	**119 405**	**146 092**	**152 838**	**255 095**
北 京	24 076	193	6 836	10 398	6 649
天 津	13 813	3 010	5 183	1 942	3 678
河 北	31 678	6 194	4 663	5 321	15 500
山 西	16 010	2 061	3 355	1 920	8 674
内蒙古	11 445	5 168	3 085	1 908	1 284
辽 宁	23 924	6 027	3 865	10 082	3 950
吉 林	13 282	4 175	3 902	2 020	3 185
黑龙江	19 770	5 180	5 404	2 707	6 479
上 海	17 476	3 280	2 719	5 102	6 375
江 苏	48 046	7 976	10 476	13 372	16 222
浙 江	41 298	7 222	12 078	12 410	9 588
安 徽	24 765	6 028	4 085	5 602	9 050
福 建	20 738	3 013	3 400	3 814	10 511
江 西	13 699	2 796	2 581	2 659	5 663
山 东	62 474	8 633	9 178	12 291	32 372
河 南	34 259	4 212	4 237	6 432	19 378
湖 北	23 841	4 682	4 429	6 289	8 441
湖 南	29 344	3 034	8 171	2 483	15 656
广 东	66 349	5 678	6 870	11 449	42 352
广 西	14 835	3 688	3 137	3 753	4 257
海 南	4 786	398	1 481	1 131	1 776
重 庆	13 237	5 250	4 327	2 976	684
四 川	33 742	7 304	12 571	7 576	6 291
贵 州	9 900	1 515	2 069	3 772	2 544
云 南	16 452	5 228	4 871	2 660	3 693
西 藏	714	50	285	328	51
陕 西	15 873	1 543	4 812	3 403	6 115
甘 肃	9 177	1 573	2 203	3 236	2 165
青 海	3 897	622	1 586	714	975
宁 夏	4 312	1 235	965	1 059	1 053
新 疆	10 218	2 437	3 268	4 029	484

4-7 全国公共汽电车场站及线路

地 区	停保场面积（万平方米）	运营线路条数（条）	运营线路总长度（公里）		
				BRT 线路长度	无轨电车线路长度
全国总计	**7 930.7**	**60 590**	**1 199 455**	**5 119**	**1 137**
北 京	582.5	888	19 245	102	433
天 津	111.2	926	23 920	–	–
河 北	381.5	2 722	62 402	–	–
山 西	163.7	1 891	39 811	–	47
内蒙古	186.5	1 371	39 434	104	–
辽 宁	307.1	2 061	35 689	14	8
吉 林	102.5	1 223	20 850	–	–
黑龙江	178.2	1 685	33 322	–	–
上 海	221.9	1 542	24 504	–	136
江 苏	747.6	4 561	85 667	492	–
浙 江	427.0	5 781	104 448	824	53
安 徽	460.8	2 068	39 575	117	–
福 建	238.8	1 907	33 131	60	–
江 西	122.2	1 559	33 091	–	–
山 东	727.3	5 597	146 625	561	75
河 南	504.0	2 096	35 728	1 080	34
湖 北	320.7	1 718	27 276	36	109
湖 南	289.0	2 092	35 062	55	–
广 东	621.4	5 454	118 357	772	241
广 西	203.2	1 570	30 028	223	–
海 南	25.6	437	9 259	–	–
重 庆	45.1	1 269	18 942	–	–
四 川	261.9	3 107	49 347	62	–
贵 州	101.9	1 100	18 707	377	–
云 南	116.0	2 236	44 954	–	–
西 藏	6.0	95	1 853	–	–
陕 西	140.8	1 132	19 736	–	–
甘 肃	46.4	804	15 064	9	–
青 海	30.5	450	9 845	–	–
宁 夏	76.0	439	8 786	40	–
新 疆	183.5	809	14 797	192	–

4-8 全国公共汽电车客运量

地 区	运营里程（万公里）	客运量（万人次）		
			BRT	使用IC卡
全国总计	**3 460 968**	**6 969 986**	**158 652**	**3 595 828**
北 京	126 880	318 976	4 760	213 383
天 津	47 304	109 725	–	56 855
河 北	127 984	197 574	–	53 596
山 西	66 024	160 180	–	53 818
内蒙古	64 294	116 198	264	50 847
辽 宁	132 123	382 255	1 593	186 531
吉 林	66 400	163 430	–	57 117
黑龙江	106 336	245 878	–	91 392
上 海	103 844	206 233	–	171 003
江 苏	252 972	460 823	19 176	275 085
浙 江	229 468	380 460	11 222	215 055
安 徽	114 814	204 020	11 929	95 822
福 建	108 396	216 581	9 801	103 802
江 西	77 157	128 513	–	58 221
山 东	261 270	382 230	7 320	188 990
河 南	146 143	273 180	31 494	105 785
湖 北	145 260	330 055	4 341	201 513
湖 南	142 468	286 632	1 173	117 562
广 东	421 132	616 970	21 658	424 680
广 西	73 315	117 922	3 813	26 097
海 南	27 057	33 221	–	3 745
重 庆	78 964	252 715	–	185 097
四 川	156 949	400 746	9 045	211 682
贵 州	56 862	187 797	3 038	24 659
云 南	84 308	164 757	–	74 129
西 藏	3 884	9 628	–	1 335
陕 西	91 189	243 630	–	166 079
甘 肃	51 416	146 587	3 930	74 302
青 海	20 996	45 448	–	28 173
宁 夏	18 440	40 041	1 397	21 170
新 疆	57 320	147 584	12 698	58 306

4-9 全国巡游出租汽车车辆数

单位：辆

地 区	运营车数									本年新增运营车数	本年报废更新运营车数
	合计	汽油车	乙醇汽油车	柴油车	液化石油气车	天然气车	双燃料车	纯电动车	其他		
全国总计	**1 388 876**	**369 416**	**167 274**	**2 485**	**5 661**	**31 401**	**754 810**	**46 426**	**11 403**	**20 890**	**150 919**
北 京	70 035	65 009	–	–	–	–	1 144	1 047	2 835	1 551	3 770
天 津	31 940	31 485	–	–	–	–	–	2	453	–	1 557
河 北	73 383	20 313	1 527	–	–	638	50 694	211	–	1 080	6 556
山 西	42 877	4 105	–	–	–	20	29 175	9 427	150	104	2 019
内蒙古	68 000	32 980	–	–	–	744	34 276	–	–	228	4 461
辽 宁	92 790	5 065	3 051	294	662	6 475	75 863	53	1 327	752	12 147
吉 林	71 235	–	63 131	101	–	1 530	6 473	–	–	50	5 606
黑龙江	104 008	188	89 729	135	–	14	13 942	–	–	713	7 150
上 海	41 881	40 320	–	580	–	–	611	370	–	–	5 767
江 苏	58 575	17 324	281	–	629	510	38 430	1 000	401	581	5 554
浙 江	44 625	19 430	51	480	990	119	22 373	1 161	21	1 043	6 450
安 徽	55 330	2 983	6 637	–	–	600	44 602	508	–	148	8 804
福 建	22 443	2 878	–	71	–	–	17 487	2 007	–	647	4 004
江 西	17 375	13 570	–	139	–	4	3 573	89	–	103	2 607
山 东	72 048	10 536	–	–	247	147	61 053	34	31	303	6 892
河 南	63 398	13 047	2 504	19	122	863	46 006	837	–	1 324	9 642
湖 北	43 060	8 506	–	–	–	602	32 783	1 169	–	485	7 840
湖 南	35 475	8 919	–	332	–	1	26 018	205	–	718	2 607
广 东	66 036	6 621	–	180	100	–	35 663	22 362	1 110	4 156	15 275
广 西	20 291	7 181	363	122	–	235	11 456	669	265	519	1 829
海 南	7 636	297	–	18	–	–	6 900	421	–	59	449
重 庆	24 110	694	–	–	1 191	833	21 392	–	–	272	3 173
四 川	43 605	5 231	–	–	–	30	37 831	513	–	2 245	5 626
贵 州	30 696	11 345	–	–	233	1 730	11 262	1 665	4 461	1 094	2 421
云 南	29 864	22 116	–	14	–	504	6 866	303	61	85	4 264
西 藏	2 650	507	–	–	1 487	–	463	–	193	13	115
陕 西	35 720	1 227	–	–	–	35	33 713	725	20	426	3 418
甘 肃	38 095	10 345	–	–	–	15 019	11 533	1 198	–	893	1 261
青 海	13 554	2 932	–	–	–	390	10 114	118	–	373	1 463
宁 夏	15 973	2 168	–	–	–	–	13 753	52	–	99	1 819
新 疆	52 168	2 094	–	–	–	358	49 361	280	75	826	6 373

4-10 全国巡游出租汽车运量

地 区	载客车次总数（万车次）	运营里程（万公里）		客 运 量（万人次）
			载客里程	
全国总计	**1 859 107**	**15 068 478**	**9 981 177**	**3 516 674**
北 京	24 301	438 870	281 000	34 021
天 津	20 615	328 364	177 311	36 860
河 北	72 112	757 434	503 385	133 444
山 西	53 698	407 282	264 654	105 949
内蒙古	87 225	637 201	419 504	158 028
辽 宁	136 905	1 149 076	781 780	265 450
吉 林	93 725	752 426	570 406	185 033
黑龙江	156 971	940 162	647 194	316 783
上 海	35 422	511 778	317 853	63 760
江 苏	60 164	607 512	345 801	124 851
浙 江	57 163	523 841	312 726	103 745
安 徽	85 272	627 493	422 118	167 332
福 建	29 944	257 256	167 865	57 726
江 西	28 213	189 358	113 706	55 848
山 东	73 766	768 726	489 617	125 717
河 南	81 953	686 445	474 193	148 545
湖 北	72 986	622 440	392 431	138 151
湖 南	76 274	449 714	302 484	155 044
广 东	77 272	801 293	507 693	144 143
广 西	25 574	255 033	159 926	34 023
海 南	7 239	97 283	62 977	16 093
重 庆	54 296	398 201	264 470	112 454
四 川	89 610	585 263	379 773	171 972
贵 州	65 554	309 782	235 460	141 056
云 南	42 587	236 795	155 434	82 956
西 藏	6 994	48 075	37 218	12 618
陕 西	66 144	466 857	316 572	123 179
甘 肃	48 181	357 597	256 348	85 605
青 海	18 217	131 779	105 673	31 332
宁 夏	21 431	147 044	99 800	38 181
新 疆	89 301	578 100	415 804	146 776

4-11 全国轨道交通配属车辆数

地区	配属车辆数（辆）								配属列车数（列）
	合计	地铁	轻轨	单轨	有轨电车	磁浮	自动导向	市域快速轨道	
全国总计	**34 012**	**31 465**	**897**	**774**	**737**	**95**	**44**	**–**	**5 962**
北京	5 682	5 594	–	–	28	60	–	–	930
天津	1 130	954	152	–	24	–	–	–	205
河北	198	198	–	–	–	–	–	–	33
山西	–	–	–	–	–	–	–	–	–
内蒙古	–	–	–	–	–	–	–	–	–
辽宁	1 012	732	208	–	72	–	–	–	250
吉林	842	258	537	–	47	–	–	–	182
黑龙江	150	150	–	–	–	–	–	–	25
上海	5 302	5 241	–	–	–	17	44	–	889
江苏	2 926	2 520	–	–	406	–	–	–	549
浙江	1 176	1 176	–	–	–	–	–	–	196
安徽	324	324	–	–	–	–	–	–	54
福建	408	408	–	–	–	–	–	–	68
江西	294	294	–	–	–	–	–	–	49
山东	529	522	–	–	7	–	–	–	112
河南	576	576	–	–	–	–	–	–	96
湖北	2 068	2 068	–	–	–	–	–	–	377
湖南	348	330	–	–	–	18	–	–	61
广东	5 234	5 116	–	–	118	–	–	–	912
广西	306	306	–	–	–	–	–	–	51
海南	–	–	–	–	–	–	–	–	–
重庆	1 806	1 032	–	774	–	–	–	–	305
四川	1 889	1 854	–	–	35	–	–	–	316
贵州	186	186	–	–	–	–	–	–	31
云南	492	492	–	–	–	–	–	–	82
西藏	–	–	–	–	–	–	–	–	–
陕西	1 050	1 050	–	–	–	–	–	–	175
甘肃	–	–	–	–	–	–	–	–	–
青海	–	–	–	–	–	–	–	–	–
宁夏	–	–	–	–	–	–	–	–	–
新疆	84	84	–	–	–	–	–	–	14

4-12　全国轨道交通运营线路条数

单位：条

地　区	运营线路条数							
	合计	地铁	轻轨	单轨	有轨电车	磁浮	自动导向	市域快速轨道
全国总计	**171**	**143**	**6**	**2**	**16**	**3**	**1**	**–**
北　京	22	20	–	–	1	1	–	–
天　津	7	5	1	–	1	–	–	–
河　北	2	2	–	–	–	–	–	–
山　西	–	–	–	–	–	–	–	–
内蒙古	–	–	–	–	–	–	–	–
辽　宁	8	4	2	–	2	–	–	–
吉　林	7	2	3	–	2	–	–	–
黑龙江	2	2	–	–	–	–	–	–
上　海	17	15	–	–	–	1	1	–
江　苏	20	15	–	–	5	–	–	–
浙　江	5	5	–	–	–	–	–	–
安　徽	2	2	–	–	–	–	–	–
福　建	2	2	–	–	–	–	–	–
江　西	2	2	–	–	–	–	–	–
山　东	5	4	–	–	1	–	–	–
河　南	3	3	–	–	–	–	–	–
湖　北	11	11	–	–	–	–	–	–
湖　南	3	2	–	–	–	1	–	–
广　东	26	23	–	–	3	–	–	–
广　西	2	2	–	–	–	–	–	–
海　南	–	–	–	–	–	–	–	–
重　庆	9	7	–	2	–	–	–	–
四　川	7	6	–	–	1	–	–	–
贵　州	1	1	–	–	–	–	–	–
云　南	3	3	–	–	–	–	–	–
西　藏	–	–	–	–	–	–	–	–
陕　西	4	4	–	–	–	–	–	–
甘　肃	–	–	–	–	–	–	–	–
青　海	–	–	–	–	–	–	–	–
宁　夏	–	–	–	–	–	–	–	–
新　疆	1	1	–	–	–	–	–	–

4-13 全国轨道交通运营里程

单位：公里

地区	运营里程							
	合计	地铁	轻轨	单轨	有轨电车	磁浮	自动导向	市域快速轨道
全国总计	**5 295.1**	**4 726.5**	**217.6**	**98.5**	**189.5**	**56.7**	**6.3**	**–**
北 京	636.8	618.8	–	–	9.0	9.0	–	–
天 津	226.9	166.7	52.3	–	7.9	–	–	–
河 北	28.4	28.4	–	–	–	–	–	–
山 西	–	–	–	–	–	–	–	–
内蒙古	–	–	–	–	–	–	–	–
辽 宁	240.3	113.1	103.8	–	23.4	–	–	–
吉 林	117.6	38.6	61.5	–	17.5	–	–	–
黑龙江	21.8	21.8	–	–	–	–	–	–
上 海	704.9	669.5	–	–	–	29.1	6.3	–
江 苏	634.3	553.3	–	–	81.0	–	–	–
浙 江	189.2	189.2	–	–	–	–	–	–
安 徽	53.2	53.2	–	–	–	–	–	–
福 建	53.6	53.6	–	–	–	–	–	–
江 西	48.5	48.5	–	–	–	–	–	–
山 东	178.2	169.4	–	–	8.8	–	–	–
河 南	93.6	93.6	–	–	–	–	–	–
湖 北	300.4	300.4	–	–	–	–	–	–
湖 南	68.8	50.2	–	–	–	18.6	–	–
广 东	829.6	801.4	–	–	28.2	–	–	–
广 西	53.1	53.1	–	–	–	–	–	–
海 南	–	–	–	–	–	–	–	–
重 庆	313.4	214.9	–	98.5	–	–	–	–
四 川	240.0	226.3	–	–	13.7	–	–	–
贵 州	33.7	33.7	–	–	–	–	–	–
云 南	88.7	88.7	–	–	–	–	–	–
西 藏	–	–	–	–	–	–	–	–
陕 西	123.4	123.4	–	–	–	–	–	–
甘 肃	–	–	–	–	–	–	–	–
青 海	–	–	–	–	–	–	–	–
宁 夏	–	–	–	–	–	–	–	–
新 疆	16.7	16.7	–	–	–	–	–	–

注：上海轨道交通运营里程含江苏（昆山）境内约 6 公里。

4-14 全国轨道交通运量

地 区	运营车公里（万车公里）	客 运 量（万人次）
全国总计	**352 602**	**2 127 659**
北 京	59 861	384 842
天 津	9 985	40 834
河 北	1 484	8 760
山 西	–	–
内蒙古	–	–
辽 宁	9 846	52 642
吉 林	2 647	14 200
黑龙江	1 380	8 269
上 海	56 242	370 592
江 苏	33 519	155 924
浙 江	15 371	65 422
安 徽	3 723	15 324
福 建	3 215	10 252
江 西	3 033	14 176
山 东	4 810	15 388
河 南	6 274	29 341
湖 北	18 436	103 710
湖 南	4 284	25 030
广 东	64 096	495 175
广 西	3 534	21 361
海 南	–	–
重 庆	17 868	85 787
四 川	17 190	115 756
贵 州	742	744
云 南	4 798	19 958
西 藏	–	–
陕 西	10 146	73 930
甘 肃	–	–
青 海	–	–
宁 夏	–	–
新 疆	119	244

注：上海轨道交通客运量含江苏（昆山）境内约 2149 万人次。

4-15 全国城市客运轮渡船舶及航线数

地 区	运营船数（艘）	运营航线条数（条）	运营航线总长度（公里）
全国总计	**250**	**91**	**376.6**
北 京	–	–	–
天 津	–	–	–
河 北	–	–	–
山 西	–	–	–
内蒙古	–	–	–
辽 宁	–	–	–
吉 林	–	–	–
黑龙江	32	11	40.6
上 海	41	17	10.5
江 苏	15	5	32.6
浙 江	5	2	3.6
安 徽	–	–	–
福 建	29	9	62.0
江 西	3	1	2.0
山 东	3	1	7.0
河 南	–	–	–
湖 北	42	14	71.6
湖 南	6	3	3.8
广 东	62	21	106.9
广 西	–	–	–
海 南	–	–	–
重 庆	12	7	36.0
四 川	–	–	–
贵 州	–	–	–
云 南	–	–	–
西 藏	–	–	–
陕 西	–	–	–
甘 肃	–	–	–
青 海	–	–	–
宁 夏	–	–	–
新 疆	–	–	–

4-16　全国城市客运轮渡运量

地区	运量		
	客运量（万人次）	机动车运量（辆）	非机动车运量（辆）
全国总计	**8 038**	**633 983**	**22 074 841**
北　京	–	–	–
天　津	–	–	–
河　北	–	–	–
山　西	–	–	–
内蒙古	–	–	–
辽　宁	–	–	–
吉　林	–	–	–
黑龙江	248	–	–
上　海	1 106	412 368	17 107 629
江　苏	570	–	3 644 078
浙　江	197	–	–
安　徽	–	–	–
福　建	3 026	–	–
江　西	40	–	300 000
山　东	19	–	–
河　南	–	–	–
湖　北	880	–	844 600
湖　南	75	–	–
广　东	1 708	221 615	178 534
广　西	–	–	–
海　南	–	–	–
重　庆	170	–	–
四　川	–	–	–
贵　州	–	–	–
云　南	–	–	–
西　藏	–	–	–
陕　西	–	–	–
甘　肃	–	–	–
青　海	–	–	–
宁　夏	–	–	–
新　疆	–	–	–

4-17 中心城市城市客运经营业户

单位：户

地 区	公共汽电车经营业户数				轨道交通经营业户数	城市客运轮渡经营业户数
		国有企业	国有控股企业	私营企业		
中心城市总计	**383**	**140**	**72**	**152**	**44**	**12**
北 京	2	2	–	–	4	–
天 津	13	12	–	1	2	–
石家庄	1	–	–	–	1	–
太 原	1	1	–	–	–	–
呼和浩特	1	1	–	–	–	–
沈 阳	16	7	5	4	1	–
长 春	26	2	–	24	1	–
哈尔滨	47	2	1	44	1	5
上 海	29	–	20	–	6	1
南 京	7	7	–	–	2	1
杭 州	10	9	1	–	2	–
合 肥	4	–	4	–	1	–
福 州	5	3	1	1	1	–
南 昌	3	–	3	–	1	–
济 南	4	3	–	1	–	–
郑 州	1	1	–	–	1	–
武 汉	7	3	1	3	1	1
长 沙	7	–	–	1	2	–
广 州	13	4	6	3	1	1
南 宁	8	–	1	7	1	–
海 口	2	1	–	1	–	–
重 庆	49	27	6	13	1	–
成 都	13	7	6	–	1	–
贵 阳	12	6	–	6	1	–
昆 明	10	4	2	4	1	–
拉 萨	2	2	–	–	–	–
西 安	21	1	5	15	1	–
兰 州	5	5	–	–	–	–
西 宁	2	1	–	1	–	–
银 川	6	2	4	–	–	–
乌鲁木齐	7	4	–	3	1	–
大 连	17	5	2	10	2	–
青 岛	13	13	–	–	2	1
宁 波	8	4	1	3	1	1
深 圳	9	–	3	6	3	–
厦 门	2	1	–	1	1	1

4-17 （续表一）

单位：户

地　区	巡游出租汽车经营业户数					
	合计	车辆301辆以上的企业数	车辆101~300辆（含）的企业数	车辆51~100辆（含）的企业数	车辆50辆（含）以下的企业数	个体经营业户数
中心城市总计	**31 224**	**373**	**626**	**416**	**633**	**29 176**
北　京	1 394	31	63	52	91	1 157
天　津	6 075	24	27	8	2	6 014
石家庄	36	10	14	9	3	–
太　原	19	7	8	1	3	–
呼和浩特	25	4	12	6	3	–
沈　阳	1 342	15	26	27	89	1 185
长　春	5 600	11	13	20	12	5 544
哈尔滨	96	15	29	21	31	–
上　海	3 067	18	11	24	71	2 943
南　京	1 458	7	29	21	8	1 393
杭　州	929	10	25	17	37	840
合　肥	85	6	–	–	1	78
福　州	20	7	7	3	3	–
南　昌	355	5	7	10	9	324
济　南	201	9	23	14	–	155
郑　州	4 596	11	19	15	1	4 550
武　汉	492	13	36	13	13	417
长　沙	20	12	6	2	–	–
广　州	57	13	21	18	5	–
南　宁	11	11	–	–	–	–
海　口	15	2	8	2	3	–
重　庆	1 060	14	39	32	47	928
成　都	77	24	5	20	28	–
贵　阳	36	8	17	8	3	–
昆　明	35	7	18	7	3	–
拉　萨	2	2	–	–	–	–
西　安	63	8	34	12	9	–
兰　州	35	10	20	3	2	–
西　宁	7	6	1	–	–	–
银　川	17	8	7	–	2	–
乌鲁木齐	24	10	9	3	2	–
大　连	3 823	3	11	30	131	3 648
青　岛	31	9	17	2	3	–
宁　波	39	1	27	4	7	–
深　圳	71	17	34	10	10	–
厦　门	11	5	3	2	1	–

4-18 中心城市城市客运设施

地 区	公交专用车道长度（公里）	轨道交通车站数（个）		城市客运轮渡在用码头数（个）	公交 IC 卡累计售卡量（万张）
			换乘站数		
中心城市总计	**7 497.8**	**3 182**	**313**	**123**	**60 429.4**
北 京	952.0	391	59	–	15 735.5
天 津	65.0	152	16	–	1 400.0
石家庄	107.0	25	1	–	897.3
太 原	154.2	–	–	–	446.1
呼和浩特	240.4	–	–	–	161.0
沈 阳	417.3	48	1	–	759.3
长 春	200.0	129	4	–	417.7
哈尔滨	117.0	22	1	23	668.6
上 海	363.7	415	60	37	7 590.4
南 京	220.5	200	16	11	3 136.0
杭 州	164.2	80	5	–	1 465.3
合 肥	146.6	46	1	–	635.6
福 州	151.0	21	–	–	383.2
南 昌	27.8	40	1	–	371.0
济 南	204.5	–	–	–	923.3
郑 州	444.0	60	1	–	500.1
武 汉	215.5	206	23	13	2 937.0
长 沙	226.0	46	2	–	815.5
广 州	519.4	270	32	26	6 770.7
南 宁	110.0	41	2	–	299.0
海 口	25.0	–	–	–	170.0
重 庆	105.4	179	19	–	2 263.4
成 都	377.1	168	14	–	1 809.9
贵 阳	57.3	24	–	–	82.7
昆 明	92.5	57	3	–	624.9
拉 萨	–	–	–	–	15.5
西 安	245.1	95	6	–	165.0
兰 州	15.4	–	–	–	511.1
西 宁	15.0	–	–	–	194.0
银 川	132.0	–	–	–	143.8
乌鲁木齐	145.0	12	–	–	659.0
大 连	274.0	102	3	–	508.2
青 岛	231.0	91	3	2	828.3
宁 波	168.5	51	11	4	750.2
深 圳	508.0	187	29	–	4 431.0
厦 门	60.4	24	–	7	959.8

注：广州轨道交通车站数含佛山境内 15 个，均非换乘站。

4–19 中心城市公共汽电车数量

地区	公共汽电车数（辆）				标准运营车数（标台）
		空调车	安装卫星定位车载终端的车	BRT 运营车辆	
中心城市总计	**272 744**	**233 875**	**244 190**	**6 705**	**339 352**
北　京	24 076	22 500	24 076	362	33 980
天　津	13 813	13 060	13 192	–	15 470
石家庄	5 730	3 409	–	–	7 330
太　原	2 521	1 528	269	–	3 169
呼和浩特	2 678	2 678	–	26	3 354
沈　阳	5 782	3 091	4 695	–	7 480
长　春	4 872	1 878	2 237	–	5 729
哈尔滨	7 031	1 921	5 629	–	8 946
上　海	17 476	17 476	17 466	–	21 921
南　京	9 246	9 209	5 267	–	11 197
杭　州	10 249	10 249	8 898	70	12 301
合　肥	5 448	4 595	5 384	1 260	6 992
福　州	4 384	4 384	4 384	–	5 370
南　昌	4 287	4 287	4 287	–	5 029
济　南	6 733	6 011	6 733	286	8 449
郑　州	6 397	6 397	6 397	1 731	8 382
武　汉	9 609	9 231	9 609	30	12 007
长　沙	8 806	8 797	8 806	–	11 265
广　州	15 286	15 272	14 553	1 047	18 721
南　宁	3 881	3 666	3 861	60	4 958
海　口	2 328	2 268	1 756	–	2 777
重　庆	12 251	11 589	11 771	–	14 331
成　都	15 940	15 157	15 118	531	19 205
贵　阳	3 175	2 567	3 051	170	3 869
昆　明	6 611	4 411	6 302	–	7 814
拉　萨	542	442	542	–	693
西　安	8 531	7 269	6 692	–	10 463
兰　州	3 419	2 508	3 273	75	4 333
西　宁	1 781	123	1 781	–	2 223
银　川	1 802	1 316	1 802	125	2 264
乌鲁木齐	4 382	608	4 267	552	5 738
大　连	5 795	2 347	4 312	62	7 231
青　岛	9 720	5 469	9 618	–	11 777
宁　波	6 298	6 298	6 298	–	7 601
深　圳	17 177	17 177	17 177	–	21 258
厦　门	4 687	4 687	4 687	318	5 727

4-20 中心城市公共汽电车数量（按长度分）

地 区	公 共 汽 电 车 数（辆）								
	合计	≤ 5 米	> 5 米且 ≤ 7 米	> 7 米且 ≤ 10 米	> 10 米且 ≤ 13 米	> 13 米且 ≤ 16 米	> 16 米且 ≤ 18 米	> 18 米	双层车
中心城市总计	**272 744**	**203**	**13 305**	**45 414**	**201 941**	**4 800**	**3 656**	**33**	**3 392**
北 京	24 076	–	402	511	16 983	3 625	928	–	1 627
天 津	13 813	126	680	6 803	6 099	–	–	–	105
石家庄	5 730	–	150	759	4 330	479	–	–	12
太 原	2 521	–	–	478	1 993	–	50	–	–
呼和浩特	2 678	–	268	–	2 360	–	30	–	20
沈 阳	5 782	–	–	147	5 623	–	–	–	12
长 春	4 872	–	56	2 011	2 735	47	–	–	23
哈尔滨	7 031	–	5	677	6 329	–	–	–	20
上 海	17 476	–	180	2 570	14 609	–	54	9	54
南 京	9 246	–	581	1 619	7 021	20	5	–	–
杭 州	10 249	2	948	1 691	7 528	–	70	–	10
合 肥	5 448	30	130	511	4 532	–	175	–	70
福 州	4 384	–	286	561	3 512	22	–	–	3
南 昌	4 287	–	612	761	2 813	61	30	–	10
济 南	6 733	–	382	966	5 008	160	212	–	5
郑 州	6 397	–	–	766	5 149	92	250	–	140
武 汉	9 609	–	195	1 725	7 445	–	30	–	214
长 沙	8 806	–	–	608	8 198	–	–	–	–
广 州	15 286	2	496	3 403	11 083	140	12	24	126
南 宁	3 881	–	99	357	3 295	–	15	–	115
海 口	2 328	–	371	88	1 869	–	–	–	–
重 庆	12 251	1	860	3 599	7 789	–	–	–	2
成 都	15 940	24	2 439	2 520	9 925	–	1 020	–	12
贵 阳	3 175	–	228	515	2 380	–	12	–	40
昆 明	6 611	8	1 013	1 412	3 757	–	46	–	375
拉 萨	542	–	20	–	522	–	–	–	–
西 安	8 531	–	757	778	6 896	–	–	–	100
兰 州	3 419	–	67	380	2 912	–	60	–	–
西 宁	1 781	–	120	88	1 563	–	–	–	10
银 川	1 802	10	23	409	1 266	–	94	–	–
乌鲁木齐	4 382	–	254	325	3 387	–	416	–	–
大 连	5 795	–	59	988	4 703	1	28	–	16
青 岛	9 720	–	481	2 134	6 940	153	12	–	–
宁 波	6 298	–	331	1 309	4 650	–	–	–	8
深 圳	17 177	–	490	2 933	13 584	–	–	–	170
厦 门	4 687	–	322	1 012	3 153	–	107	–	93

4-21　中心城市公共汽电车数量（按燃料类型分）

地　区	公　共　汽　电　车　数（辆）									
	合计	汽油车	乙醇汽油车	柴油车	液化石油气车	天然气车	双燃料车	无轨电车	纯电动车	混合动力车	其他
中心城市总计	**272 744**	**279**	**7**	**50 767**	**353**	**82 706**	**1 403**	**2 441**	**93 241**	**41 406**	**141**
北　京	24 076	–	–	7 982	–	8 583	–	1 326	5 318	862	5
天　津	13 813	180	–	6 678	–	719	–	–	3 678	2 558	–
石家庄	5 730	–	–	199	–	3 589	–	–	1 920	22	–
太　原	2 521	–	–	–	–	1 207	833	76	400	5	–
呼和浩特	2 678	–	–	18	–	1 721	–	–	939	–	–
沈　阳	5 782	–	–	1 345	299	1 859	–	–	4	2 275	–
长　春	4 872	–	7	450	–	3 023	200	–	863	282	47
哈尔滨	7 031	–	–	819	–	2 143	–	–	2 491	1 578	–
上　海	17 476	–	–	8 350	–	111	–	354	5 962	2 684	15
南　京	9 246	–	–	1 232	–	2 429	–	–	4 928	657	–
杭　州	10 249	15	–	2 227	–	3 454	–	73	2 792	1 688	–
合　肥	5 448	–	–	878	–	2 315	–	–	1 883	372	–
福　州	4 384	–	–	464	–	484	–	–	2 223	1 213	–
南　昌	4 287	–	–	2 108	–	668	–	–	876	635	–
济　南	6 733	21	–	1 018	–	1 387	–	106	1 484	2 717	–
郑　州	6 397	–	–	107	–	11	–	–	2 725	3 531	23
武　汉	9 609	–	–	3 327	–	3 204	–	40	2 838	200	–
长　沙	8 806	–	–	–	–	224	–	–	4 531	4 051	–
广　州	15 286	2	–	917	36	1 490	–	276	10 382	2 183	–
南　宁	3 881	–	–	702	–	1 350	–	–	489	1 340	–
海　口	2 328	–	–	328	–	326	–	–	855	819	–
重　庆	12 251	12	–	703	14	8 151	–	–	581	2 790	–
成　都	15 940	–	–	389	–	12 042	–	–	3 105	404	–
贵　阳	3 175	–	–	52	–	2 787	14	–	311	11	–
昆　明	6 611	8	–	3 136	–	903	–	–	732	1 832	–
拉　萨	542	–	–	210	–	–	–	–	47	284	1
西　安	8 531	–	–	–	–	3 584	5	–	3 688	1 254	–
兰　州	3 419	–	–	42	–	1 698	–	–	941	738	–
西　宁	1 781	–	–	2	4	1 423	–	–	140	212	–
银　川	1 802	30	–	–	–	1 172	–	–	600	–	–
乌鲁木齐	4 382	1	–	275	–	3 217	253	–	18	618	–
大　连	5 795	–	–	1 628	–	1 208	–	65	2 053	841	–
青　岛	9 720	–	–	1 313	–	3 859	–	125	3 444	979	–
宁　波	6 298	–	–	1 805	–	1 642	98	–	2 177	526	50
深　圳	17 177	–	–	664	–	–	–	–	16 483	30	–
厦　门	4 687	10	–	1 399	–	723	–	–	1 340	1 215	–

4-22 中心城市公共汽电车数量（按排放标准分）

地 区	公 共 汽 电 车 数（辆）				
	合计	国Ⅲ及以下	国Ⅳ	国Ⅴ及以上	零排放
中心城市总计	**272 744**	**39 514**	**64 187**	**74 708**	**94 335**
北 京	24 076	193	6 836	10 398	6 649
天 津	13 813	3 010	5 183	1 942	3 678
石家庄	5 730	2 602	512	696	1 920
太 原	2 521	175	1 861	399	86
呼和浩特	2 678	2 678	–	–	–
沈 阳	5 782	1 378	504	3 896	4
长 春	4 872	1 499	1 273	1 273	827
哈尔滨	7 031	418	2 515	1 607	2 491
上 海	17 476	3 280	2 719	5 102	6 375
南 京	9 246	421	1 009	2 861	4 955
杭 州	10 249	766	2 785	3 833	2 865
合 肥	5 448	979	905	1 681	1 883
福 州	4 384	57	1 044	1 060	2 223
南 昌	4 287	1 184	773	1 454	876
济 南	6 733	659	917	3 529	1 628
郑 州	6 397	52	1 013	2 583	2 749
武 汉	9 609	1 675	2 211	2 845	2 878
长 沙	8 806	348	2 795	1 132	4 531
广 州	15 286	709	734	3 151	10 692
南 宁	3 881	563	280	2 549	489
海 口	2 328	102	791	580	855
重 庆	12 251	5 006	3 987	2 753	505
成 都	15 940	2 732	7 840	2 263	3 105
贵 阳	3 175	120	382	2 308	365
昆 明	6 611	1 784	2 878	1 218	731
拉 萨	542	–	210	312	20
西 安	8 531	190	2 565	2 088	3 688
兰 州	3 419	–	887	2 156	376
西 宁	1 781	330	965	346	140
银 川	1 802	–	497	580	725
乌鲁木齐	4 382	882	854	2 630	16
大 连	5 795	1 265	1 221	1 179	2 130
青 岛	9 720	1 625	2 404	1 811	3 880
宁 波	6 298	1 245	1 674	1 202	2 177
深 圳	17 177	264	400	30	16 483
厦 门	4 687	1 323	763	1 261	1 340

4-23 中心城市公共汽电车场站及线路

地区	停保场面积（万平方米）	运营线路条数（条）	运营线路总长度（公里）		
				BRT线路长度	无轨电车线路长度
中心城市总计	**3 351.2**	**17 634**	**333 772**	**3 179**	**1 040**
北京	582.5	888	19 245	102	433
天津	111.2	926	23 920	–	–
石家庄	81.1	232	3 919	–	–
太原	15.2	197	5 720	–	38
呼和浩特	56.5	131	2 720	104	–
沈阳	34.6	303	4 966	–	–
长春	30.4	269	4 721	–	–
哈尔滨	71.1	292	6 280	–	–
上海	221.9	1 542	24 504	–	136
南京	125.4	767	12 028	–	–
杭州	112.1	905	17 104	132	53
合肥	119.9	264	4 352	117	–
福州	45.9	257	4 688	–	–
南昌	9.7	297	6 631	–	–
济南	113.1	367	7 017	240	46
郑州	176.9	340	4 883	1 080	–
武汉	119.8	539	8 875	12	109
长沙	86.9	323	6 603	–	–
广州	116.4	1 311	24 101	680	188
南宁	82.6	223	4 457	33	–
海口	6.5	142	3 352	–	–
重庆	42.3	1 090	16 394	–	–
成都	117.9	997	15 300	62	–
贵阳	47.9	311	5 250	377	–
昆明	41.5	589	11 357	–	–
拉萨	3.5	44	977	–	–
西安	63.9	304	5 817	–	–
兰州	8.2	172	4 062	9	–
西宁	12.7	95	1 399	–	–
银川	50.7	122	2 176	40	–
乌鲁木齐	84.0	211	3 503	117	–
大连	71.0	312	5 431	14	8
青岛	118.8	877	21 388	–	29
宁波	91.1	600	11 895	–	–
深圳	206.4	981	21 259	–	–
厦门	71.6	414	7 478	60	–

4-24 中心城市公共汽电车客运量

地 区	运营里程（万公里）	客运量（万人次）		
			BRT	使用IC卡
中心城市总计	**1 425 704**	**3 463 498**	**119 227**	**2 308 984**
北 京	126 880	318 976	4 760	213 383
天 津	47 304	109 725	–	56 855
石家庄	18 714	41 841	–	–
太 原	10 988	36 596	–	29 842
呼和浩特	9 247	32 680	264	15 351
沈 阳	29 501	111 638	–	71 029
长 春	24 344	66 855	–	29 017
哈尔滨	43 113	127 083	–	62 300
上 海	103 844	206 233	–	171 003
南 京	52 266	88 985	–	78 043
杭 州	56 820	149 241	3 355	121 106
合 肥	23 058	55 449	11 929	33 009
福 州	20 498	41 589	–	20 222
南 昌	28 464	38 832	–	28 757
济 南	26 112	75 879	4 572	44 557
郑 州	31 193	94 272	31 494	42 059
武 汉	54 008	144 563	558	106 600
长 沙	40 858	68 457	–	54 400
广 州	107 781	228 511	20 594	178 098
南 宁	21 859	33 991	301	9 990
海 口	13 003	19 847	–	3 303
重 庆	72 786	235 762	–	180 075
成 都	57 705	161 946	9 045	121 033
贵 阳	17 162	55 989	3 038	1 136
昆 明	31 472	79 456	–	51 995
拉 萨	2 812	8 440	–	1 313
西 安	45 437	134 815	–	116 725
兰 州	20 589	79 825	3 930	49 892
西 宁	8 549	33 964	–	24 291
银 川	6 581	22 345	1 397	15 947
乌鲁木齐	25 169	77 096	12 596	37 715
大 连	26 504	92 707	1 593	52 422
青 岛	46 070	104 192	–	68 622
宁 波	32 836	42 720	–	31 269
深 圳	112 818	162 858	–	130 336
厦 门	29 358	80 139	9 801	57 293

4-25 中心城市巡游出租汽车车辆数

单位：辆

地区	运营车数								
	合计	汽油车	乙醇汽油车	柴油车	液化石油气车	天然气车	双燃料车	纯电动车	其他
中心城市总计	**501 043**	**165 488**	**36 629**	**1 255**	**2 952**	**12 396**	**235 256**	**38 060**	**9 007**
北　京	70 035	65 009	–	–	–	–	1 144	1 047	2 835
天　津	31 940	31 485	–	–	–	–	–	2	453
石家庄	7 815	–	–	–	–	–	7 815	–	–
太　原	8 292	–	–	–	–	–	–	8 292	–
呼和浩特	6 207	–	–	–	–	–	6 207	–	–
沈　阳	18 966	–	458	188	–	–	17 150	–	1 170
长　春	18 534	–	18 436	98	–	–	–	–	–
哈尔滨	17 870	–	17 735	135	–	–	–	–	–
上　海	41 881	40 320	–	580	–	–	611	370	–
南　京	13 354	4 579	–	–	–	215	7 659	901	–
杭　州	13 375	6 935	–	4	–	–	5 670	766	–
合　肥	9 402	–	–	–	–	–	8 896	506	–
福　州	6 340	103	–	71	–	–	6 164	2	–
南　昌	5 453	5 433	–	–	–	–	20	–	–
济　南	9 267	51	–	–	–	–	9 207	4	5
郑　州	10 854	–	–	–	–	–	10 853	1	–
武　汉	17 891	–	–	–	–	–	16 726	1 165	–
长　沙	7 840	4	–	–	–	–	7 836	–	–
广　州	19 988	–	–	–	100	–	18 797	1 091	–
南　宁	6 829	39	–	–	–	–	6 490	300	–
海　口	2 910	–	–	–	–	–	2 699	211	–
重　庆	21 993	300	–	–	1 191	613	19 889	–	–
成　都	13 101	46	–	–	–	–	13 053	2	–
贵　阳	8 073	1 944	–	–	184	1 494	120	–	4 331
昆　明	8 257	5 648	–	14	–	–	2 545	50	–
拉　萨	1 670	–	–	–	1 477	–	–	–	193
西　安	14 112	–	–	–	–	–	13 718	374	20
兰　州	10 662	–	–	–	–	9 704	–	958	–
西　宁	5 666	–	–	–	–	370	5 266	30	–
银　川	4 991	193	–	–	–	–	4 748	50	–
乌鲁木齐	13 133	–	–	–	–	–	13 038	95	–
大　连	11 645	853	–	1	–	–	10 738	53	–
青　岛	10 867	1 205	–	–	–	–	9 662	–	–
宁　波	4 797	4	–	164	–	–	4 532	97	–
深　圳	21 551	1 337	–	–	–	–	–	20 214	–
厦　门	5 482	–	–	–	–	–	4 003	1 479	–

4-26 中心城市巡游出租汽车客运量

地 区	载客车次总数（万车次）	运营里程（万公里）		客运量（万人次）
			载客里程	
中心城市总计	**546 267**	**5 826 888**	**3 818 494**	**1 004 186**
北 京	24 301	438 870	281 000	34 021
天 津	20 615	328 364	177 311	36 860
石家庄	8 058	117 856	76 496	15 477
太 原	11 296	104 510	71 379	22 591
呼和浩特	6 797	67 967	40 780	10 195
沈 阳	25 345	253 451	177 416	50 690
长 春	11 299	239 888	186 548	29 974
哈尔滨	27 519	204 793	143 355	55 038
上 海	35 422	511 778	317 853	63 760
南 京	6 071	90 038	48 305	12 255
杭 州	13 943	148 259	89 732	26 272
合 肥	15 740	139 938	99 724	27 620
福 州	8 681	68 750	43 700	16 448
南 昌	9 060	71 653	42 992	18 121
济 南	6 171	81 177	49 014	12 578
郑 州	12 490	129 854	86 660	15 612
武 汉	19 661	277 772	177 080	29 511
长 沙	13 346	104 138	64 287	27 373
广 州	25 857	277 783	183 477	56 885
南 宁	14 071	152 430	93 249	10 573
海 口	3 894	42 384	24 370	8 212
重 庆	46 513	369 623	245 158	98 038
成 都	16 478	153 293	95 622	26 854
贵 阳	13 091	75 665	59 245	30 108
昆 明	6 069	68 789	44 985	12 301
拉 萨	3 862	30 091	23 204	5 117
西 安	23 455	203 949	134 085	47 130
兰 州	15 634	120 640	84 150	28 040
西 宁	9 099	65 019	52 972	18 870
银 川	6 572	51 414	32 868	11 865
乌鲁木齐	20 377	179 134	133 589	28 935
大 连	14 764	141 334	100 524	31 911
青 岛	11 822	115 612	72 860	22 334
宁 波	6 016	54 394	29 755	10 112
深 圳	25 858	278 312	188 324	38 787
厦 门	7 024	67 969	46 429	13 721

4-27 中心城市轨道交通配属车辆数

地区	配属车辆数（辆）								配属列车数（列）
	合计	地铁	轻轨	单轨	有轨电车	磁浮	自动导向	市域快速轨道	
中心城市总计	**32 667**	**30 461**	**897**	**774**	**396**	**95**	**44**	**–**	**5 697**
北京	5 682	5 594	–	–	28	60	–	–	930
天津	1 130	954	152	–	24	–	–	–	205
石家庄	198	198	–	–	–	–	–	–	33
太原	–	–	–	–	–	–	–	–	–
呼和浩特	–	–	–	–	–	–	–	–	–
沈阳	384	384	–	–	–	–	–	–	64
长春	842	258	537	–	47	–	–	–	182
哈尔滨	150	150	–	–	–	–	–	–	25
上海	5 302	5 241	–	–	–	17	44	–	889
南京	1 731	1 636	–	–	95	–	–	–	310
杭州	810	810	–	–	–	–	–	–	135
合肥	324	324	–	–	–	–	–	–	54
福州	168	168	–	–	–	–	–	–	28
南昌	294	294	–	–	–	–	–	–	49
济南	–	–	–	–	–	–	–	–	–
郑州	576	576	–	–	–	–	–	–	96
武汉	2 068	2 068	–	–	–	–	–	–	377
长沙	348	330	–	–	–	18	–	–	61
广州	2 684	2 656	–	–	28	–	–	–	492
南宁	306	306	–	–	–	–	–	–	51
海口	–	–	–	–	–	–	–	–	–
重庆	1 806	1 032	–	774	–	–	–	–	305
成都	1 889	1 854	–	–	35	–	–	–	316
贵阳	186	186	–	–	–	–	–	–	31
昆明	492	492	–	–	–	–	–	–	82
拉萨	–	–	–	–	–	–	–	–	–
西安	1 050	1 050	–	–	–	–	–	–	175
兰州	–	–	–	–	–	–	–	–	–
西宁	–	–	–	–	–	–	–	–	–
银川	–	–	–	–	–	–	–	–	–
乌鲁木齐	84	84	–	–	–	–	–	–	14
大连	628	348	208	–	72	–	–	–	186
青岛	529	522	–	–	7	–	–	–	112
宁波	366	366	–	–	–	–	–	–	61
深圳	2 400	2 340	–	–	60	–	–	–	394
厦门	240	240	–	–	–	–	–	–	40

4-28 中心城市轨道交通运营线路条数

单位：条

地区	运营线路条数							
	合计	地铁	轻轨	单轨	有轨电车	磁浮	自动导向	市域快速轨道
中心城市总计	**161**	**137**	**6**	**2**	**12**	**3**	**1**	**–**
北　京	22	20	–	–	1	1	–	–
天　津	7	5	1	–	1	–	–	–
石家庄	2	2	–	–	–	–	–	–
太　原	–	–	–	–	–	–	–	–
呼和浩特	–	–	–	–	–	–	–	–
沈　阳	2	2	–	–	–	–	–	–
长　春	7	2	3	–	2	–	–	–
哈尔滨	2	2	–	–	–	–	–	–
上　海	17	15	–	–	–	1	1	–
南　京	12	10	–	–	2	–	–	–
杭　州	3	3	–	–	–	–	–	–
合　肥	2	2	–	–	–	–	–	–
福　州	1	1	–	–	–	–	–	–
南　昌	2	2	–	–	–	–	–	–
济　南	–	–	–	–	–	–	–	–
郑　州	3	3	–	–	–	–	–	–
武　汉	11	11	–	–	–	–	–	–
长　沙	3	2	–	–	–	1	–	–
广　州	15	14	–	–	1	–	–	–
南　宁	2	2	–	–	–	–	–	–
海　口	–	–	–	–	–	–	–	–
重　庆	9	7	–	2	–	–	–	–
成　都	7	6	–	–	1	–	–	–
贵　阳	1	1	–	–	–	–	–	–
昆　明	3	3	–	–	–	–	–	–
拉　萨	–	–	–	–	–	–	–	–
西　安	4	4	–	–	–	–	–	–
兰　州	–	–	–	–	–	–	–	–
西　宁	–	–	–	–	–	–	–	–
银　川	–	–	–	–	–	–	–	–
乌鲁木齐	1	1	–	–	–	–	–	–
大　连	6	2	2	–	2	–	–	–
青　岛	5	4	–	–	1	–	–	–
宁　波	2	2	–	–	–	–	–	–
深　圳	9	8	–	–	1	–	–	–
厦　门	1	1	–	–	–	–	–	–

4-29 中心城市轨道交通运营里程

单位：公里

地区	运营里程							
	合计	地铁	轻轨	单轨	有轨电车	磁浮	自动导向	市域快速轨道
中心城市总计	**5 008.5**	**4 513.0**	**217.6**	**98.5**	**116.4**	**56.7**	**6.3**	**–**
北京	636.8	618.8	–	–	9.0	9.0	–	–
天津	226.9	166.7	52.3	–	7.9	–	–	–
石家庄	28.4	28.4	–	–	–	–	–	–
太原	–	–	–	–	–	–	–	–
呼和浩特	–	–	–	–	–	–	–	–
沈阳	59.0	59.0	–	–	–	–	–	–
长春	117.6	38.6	61.5	–	17.5	–	–	–
哈尔滨	21.8	21.8	–	–	–	–	–	–
上海	704.9	669.5	–	–	–	29.1	6.3	–
南京	394.3	377.6	–	–	16.7	–	–	–
杭州	114.7	114.7	–	–	–	–	–	–
合肥	53.2	53.2	–	–	–	–	–	–
福州	24.0	24.0	–	–	–	–	–	–
南昌	48.5	48.5	–	–	–	–	–	–
济南	–	–	–	–	–	–	–	–
郑州	93.6	93.6	–	–	–	–	–	–
武汉	300.4	300.4	–	–	–	–	–	–
长沙	68.8	50.2	–	–	–	18.6	–	–
广州	485.4	477.7	–	–	7.7	–	–	–
南宁	53.1	53.1	–	–	–	–	–	–
海口	–	–	–	–	–	–	–	–
重庆	313.4	214.9	–	98.5	–	–	–	–
成都	240.0	226.3	–	–	13.7	–	–	–
贵阳	33.7	33.7	–	–	–	–	–	–
昆明	88.7	88.7	–	–	–	–	–	–
拉萨	–	–	–	–	–	–	–	–
西安	123.4	123.4	–	–	–	–	–	–
兰州	–	–	–	–	–	–	–	–
西宁	–	–	–	–	–	–	–	–
银川	–	–	–	–	–	–	–	–
乌鲁木齐	16.7	16.7	–	–	–	–	–	–
大连	181.3	54.1	103.8	–	23.4	–	–	–
青岛	178.2	169.4	–	–	8.8	–	–	–
宁波	74.5	74.5	–	–	–	–	–	–
深圳	297.6	285.9	–	–	11.7	–	–	–
厦门	29.6	29.6	–	–	–	–	–	–

注：广州轨道交通运营里程含佛山境内约 21 公里。

4-30　中心城市轨道交通运量

地　区	运营车公里（万车公里）	客运量（万人次）
中心城市总计	**337 811**	**2 078 881**
北　京	59 861	384 842
天　津	9 985	40 834
石家庄	1 484	8 760
太　原	–	–
呼和浩特	–	–
沈　阳	4 443	31 603
长　春	2 647	14 200
哈尔滨	1 380	8 269
上　海	56 242	370 592
南　京	21 044	111 881
杭　州	9 842	52 985
合　肥	3 723	15 324
福　州	1 348	6 088
南　昌	3 033	14 176
济　南	–	–
郑　州	6 274	29 341
武　汉	18 436	103 710
长　沙	4 284	25 030
广　州	33 479	302 595
南　宁	3 534	21 361
海　口	–	–
重　庆	17 868	85 787
成　都	17 190	115 756
贵　阳	742	744
昆　明	4 798	19 958
拉　萨	–	–
西　安	10 146	73 930
兰　州	–	–
西　宁	–	–
银　川	–	–
乌鲁木齐	119	244
大　连	5 403	21 039
青　岛	4 810	15 388
宁　波	5 529	12 437
深　圳	28 301	187 845
厦　门	1 867	4 165

4-31　中心城市客运轮渡船舶及航线数

地　区	运营船数（艘）	运营航线条数（条）	运营航线总长度（公里）
中心城市总计	**214**	**75**	**302.9**
北　京	–	–	–
天　津	–	–	–
石家庄	–	–	–
太　原	–	–	–
呼和浩特	–	–	–
沈　阳	–	–	–
长　春	–	–	–
哈尔滨	32	11	40.6
上　海	41	17	10.5
南　京	15	5	32.6
杭　州	–	–	–
合　肥	–	–	–
福　州	–	–	–
南　昌	–	–	–
济　南	–	–	–
郑　州	–	–	–
武　汉	33	12	61.6
长　沙	–	–	–
广　州	48	13	53.9
南　宁	–	–	–
海　口	–	–	–
重　庆	11	6	34.4
成　都	–	–	–
贵　阳	–	–	–
昆　明	–	–	–
拉　萨	–	–	–
西　安	–	–	–
兰　州	–	–	–
西　宁	–	–	–
银　川	–	–	–
乌鲁木齐	–	–	–
大　连	–	–	–
青　岛	3	1	7.0
宁　波	2	1	0.3
深　圳	–	–	–
厦　门	29	9	62.0

4-32 中心城市客运轮渡运量

地 区	运 量		
	客运量（万人次）	机动车运量（辆）	非机动车运量（辆）
中心城市总计	**7 506**	**412 368**	**21 596 307**
北 京	–	–	–
天 津	–	–	–
石家庄	–	–	–
太 原	–	–	–
呼和浩特	–	–	–
沈 阳	–	–	–
长 春	–	–	–
哈尔滨	248	–	–
上 海	1 106	412 368	17 107 629
南 京	570	–	3 644 078
杭 州	–	–	–
合 肥	–	–	–
福 州	–	–	–
南 昌	–	–	–
济 南	–	–	–
郑 州	–	–	–
武 汉	786	–	844 600
长 沙	–	–	–
广 州	1 469	–	–
南 宁	–	–	–
海 口	–	–	–
重 庆	148	–	–
成 都	–	–	–
贵 阳	–	–	–
昆 明	–	–	–
拉 萨	–	–	–
西 安	–	–	–
兰 州	–	–	–
西 宁	–	–	–
银 川	–	–	–
乌鲁木齐	–	–	–
大 连	–	–	–
青 岛	19	–	–
宁 波	135	–	–
深 圳	–	–	–
厦 门	3 026	–	–

主要统计指标解释

经营业户 指截至报告期末持有主管部门核发的有效运营资质证件，从事城市客运交通经营活动的业户。按经营类别，分为公共汽电车、巡游出租汽车、轨道交通和城市客运轮渡经营业户。计算单位：户。

公交专用车道 指为了调整公共交通车辆与其他社会车辆的路权使用分配关系，提高公共交通车辆运营速度和道路资源利用率而科学、合理设置的公共交通优先车道、专用车道（路）、路口专用线（道）、专用街道、单向优先专用线（道）等。计算单位：公里。

轨道交通车站数 指轨道交通运营线路上供乘客候车和上下车的场所个数，包括地面、地下、高架车站。如同一个车站被多条线路共用，同站台换乘站计为一站；非同站台换乘站，按累计计算。计算单位：个。

城市客运轮渡在用码头数 指报告期末在用的、供城市客运轮渡停靠和乘客购票、候船和乘降的场所个数。计算单位：个。

公交 IC 卡累计售卡量 指自开始售卡时起截至报告期末，累计发售的可以用于乘坐城市公共交通车辆的公交 IC 卡总量。计算单位：张。

公共汽电车运营车数 指公共汽电车经营业户用于公共客运交通运营业务的全部公共汽电车车辆数。新购、新制和调入的运营车辆，自投入运营之日起开始计算；调出、报废和调作他用的运营车辆，自上级主管机关批准之日起不再计入。可按不同车长、不同燃料类型、不同排放标准和是否配备空调等分别统计。计算单位：辆。

公共汽电车标准运营车数 指不同类型的运营车辆按统一的标准当量折算合成的运营车数。计算单位：标台。计算公式：标准运营车数 = Σ（每类型车辆数 × 相应换算系数）。

各类型车辆换算系数标准表

类别	车长范围	换算系数
1	5 米以下（含）	0.5
2	5~7 米（含）	0.7
3	7~10 米（含）	1.0
4	10~13 米（含）	1.3
5	13~16 米（含）	1.7
6	16~18 米（含）	2.0
7	18 米以上	2.5
8	双层	1.9

停保场面积 指为公共电汽车提供运营车辆集中停放，或提供车辆停放场地的同时备有必要设施，能对运营车辆进行各级保养及相应的配件加工、修制和修车材料存储、发放的场所的占地面积。公共电汽车停车保养场可分散专门建设，也可与公交首末站等站点进行合建。计算单位：平方米。

公共汽电车运营线路条数 指为运营车辆设置的固定运营线路条数，包括干线、支线、专线和高峰时间行驶的固定线路。不包括临时行驶和联营线路。计算单位：条。

公共汽电车运营线路总长度 指全部运营线路长度之和。单向行驶的环行线路长度等于起点至终点里程与终点下客站至起点里程之和的一半。运营线路长度不包括折返、试车、联络线等非运营线路。计算单位：公里。

公共汽电车运营里程 指报告期内运营车辆为运营而出车行驶的全部里程，包括载客里程和空驶里程。计算单位：公里。

公共汽电车客运量 指报告期内公共汽电车运送乘客的总人次，包括付费乘客和不付费乘客人次。计算单位：人次。

巡游出租汽车载客车次总数 指巡游出租汽车年载客运行的总次数，数据可通过计价器、车载 GPS 等车载设备采集获得。计算单位：车次。

巡游出租汽车客运量 指报告期内巡游出租汽车运送乘客的总人次。计算单位：人次。

轨道交通配属车辆数 指报告期内城市轨道交通经营业户用于轨道交通运营服务的全部车辆数。以本单位固定资产台账中已投入运营的车辆数为准；新购、新制和调入的运营车辆，自投入运营之日起开始计算；调出、报废和调作他用的运营车辆，自上级主管机关批准之日起不再计入。计算单位：辆。

轨道交通运营线路条数 指报告期内为运营列车设置的固定线路总条数。按规划设计为同一条线路但分期建成的线路，统计时仍按一条线路计算。计算单位：条。

轨道交通客运量 指报告期内轨道交通运送乘客的总人次，包括付费乘客和不付费乘客人次。计算单位：人次。

轨道交通运营车公里 指报告期内轨道交通车辆在运营中运行的全部里程，包括载客里程和调度空驶里程。计算单位：车公里。

运营船数 指城市客运轮渡经营业户用于城市客渡

运营业务的全部船舶数，不含旅游客轮（长途旅游和市内供游人游览江、河、湖泊的船舶）。计算单位：艘。

运营航线条数 指为运营船舶设置的固定航线的总条数，包括对江航线和顺江航线。计算单位：条。

运营航线总长度 指全部运营航线长度之和。测定运营航线的长度，应按实际航程的曲线长度计算。水位变化大的对江河客渡航线长度，可通过实测计算出一个平均长度，作为常数值使用。计算单位：公里。

轮渡客运量 指报告期内城市客运轮渡运输经营业户运送乘客的总人次。计算单位：人次。

轮渡机动车运量 指报告期内城市客运轮渡运输经营业户运送机动车（如电瓶车、摩托车等）的总量。计算单位：辆。

轮渡非机动车运量 指报告期内城市客运轮渡运输经营业户运送非机动车（如自行车、三轮车等）的总量。计算单位：辆。

五、港口吞吐量

简 要 说 明

一、本篇资料反映我国港口发展的基本情况。主要包括：全国港口码头泊位拥有量、全国港口吞吐量、规模以上港口吞吐量等。

二、全国港口统计范围是在各地港口行政管理部门注册的全部港口企业和从事港口生产活动的单位。规模以上港口的统计范围为年货物吞吐量在 1000 万吨以上的沿海港口和 200 万吨以上的内河港口，其范围由交通运输部划定。2018 年规模以上港口的数量为 95 个，其中沿海港口的数量 39 个，内河港口的数量 56 个。

三、从 2018 年 1 月起，烟台港、威海港、青岛港、日照港、镇江内河港、荆州港、宜昌港统计范围调整为全港范围，同期比按可比口径计算。

四、全国港口的码头泊位拥有量为年末生产用码头泊位数，全国港口吞吐量为全年累计数，根据各港口企业和生产活动单位的资料整理，由各省（区、市）交通运输厅（局、委）提供。

五、规模以上港口的设施、设备拥有量和港口吞吐量资料由各港口行政管理机构提供。

5-1 全国港口生产用码头泊位拥有量

地区	泊位长度（米）		生产用码头泊位（个）		#万吨级泊位（个）	
	总长	公用	总数	公用	总数	公用
总 计	**1 991 955**	**1 074 362**	**23 919**	**11 042**	**2 444**	**1 890**
沿海合计	**863 435**	**577 594**	**5 734**	**3 127**	**2 007**	**1 608**
天 津	36 783	36 783	145	145	120	120
河 北	56 884	48 912	227	191	190	171
辽 宁	81 551	68 812	415	341	231	204
上 海	75 410	37 713	573	219	181	113
江 苏	25 506	21 030	151	114	77	66
浙 江	135 757	48 435	1 109	277	242	131
福 建	79 895	58 288	482	318	181	151
山 东	114 326	91 272	597	427	307	273
广 东	193 137	123 157	1 622	851	316	252
广 西	37 973	26 874	265	151	88	73
海 南	26 213	16 318	148	93	74	54
内河合计	**1 128 520**	**496 768**	**18 185**	**7 915**	**437**	**282**
山 西	180	–	6	–	–	–
辽 宁	345	345	6	6	–	–
吉 林	1 726	1 238	31	19	–	–
黑龙江	11 834	10 435	154	138	–	–
上 海	41 650	5 957	833	126	–	–
江 苏	409 668	143 356	5 315	1 364	420	269
浙 江	128 785	20 819	2 668	618	–	–
安 徽	70 852	48 910	867	639	17	13
福 建	1 883	964	42	19	–	–
江 西	51 877	17 062	1 124	233	–	–
山 东	16 300	15 513	232	223	–	–
河 南	3 213	360	71	6	–	–
湖 北	89 381	35 740	963	336	–	–
湖 南	50 293	37 500	1 107	892	–	–
广 东	49 426	17 180	719	234	–	–
广 西	33 807	16 875	532	233	–	–
重 庆	63 760	47 406	664	485	–	–
四 川	55 877	52 622	1 769	1 721	–	–
贵 州	24 097	5 805	435	86	–	–
云 南	8 840	4 206	190	86	–	–
陕 西	11 127	11 127	258	258	–	–
甘 肃	3 599	3 348	199	193	–	–

5-2 全国港口吞吐量

地 区	旅客吞吐量（万人）	货物吞吐量（万吨）		集装箱吞吐量	
			外贸	箱量（万 TEU）	重量（万吨）
总 计	**17 727**	**1 435 083**	**418 932**	**25 112**	**297 337**
沿海合计	**8 835**	**946 321**	**374 447**	**22 203**	**259 106**
天 津	76	50 774	27 629	1 601	17 337
河 北	2	115 599	32 097	426	5 785
辽 宁	604	112 176	29 884	1 926	31 646
上 海	315	68 392	40 206	4 201	41 126
江 苏	19	31 251	13 685	494	4 916
浙 江	630	133 534	51 835	2 898	29 339
福 建	899	55 807	21 024	1 647	21 980
山 东	1 461	161 512	84 785	2 765	31 902
广 东	3 275	175 007	57 066	5 714	65 007
广 西	28	23 986	13 027	290	5 835
海 南	1 524	18 282	3 207	240	4 234
内河合计	**8 892**	**488 762**	**44 485**	**2 909**	**38 231**
山 西	14	23	–	–	–
辽 宁	–	–	–	–	–
吉 林	–	–	–	–	–
黑龙江	122	397	67	1	8
上 海	–	4 656	–	–	–
江 苏	–	227 218	35 360	1 306	16 946
浙 江	6	35 676	200	77	914
安 徽	58	51 135	1 660	149	1 339
福 建	224	324	–	–	–
江 西	337	24 488	389	62	858
山 东	–	7 366	–	–	–
河 南	54	64	–	–	–
湖 北	262	34 621	1 822	194	2 911
湖 南	1 464	24 343	507	68	895
广 东	537	36 030	3 727	733	9 402
广 西	–	13 880	93	106	2 118
重 庆	686	20 444	567	117	1 540
四 川	813	5 685	75	97	1 296
贵 州	2 295	1 066	–	–	–
云 南	1 479	1 073	16	…	5
陕 西	541	273	–	–	–
甘 肃	–	–	–	–	–

5-3 全国港口货物吞吐量

单位：万吨

地 区	合计	液体散货	干散货	件杂货	集装箱		滚装汽车	
					（万 TEU）	重量	（万辆）	重量
总 计	**1 435 083**	**131 894**	**812 983**	**117 975**	**25 112**	**297 337**	**2 101**	**74 894**
沿海合计	**946 321**	**105 969**	**454 050**	**56 802**	**22 203**	**259 106**	**1 883**	**70 394**
天 津	50 774	7 081	19 255	3 385	1 601	17 337	104	3 716
河 北	115 599	3 386	100 012	6 416	426	5 785	–	–
辽 宁	112 176	15 011	40 500	10 637	1 926	31 646	234	14 382
上 海	68 392	3 388	17 711	4 653	4 201	41 126	144	1 514
江 苏	31 251	600	22 487	3 247	494	4 916	…	1
浙 江	133 534	19 485	76 175	3 171	2 898	29 339	255	5 364
福 建	55 807	5 507	24 817	3 236	1 647	21 980	23	267
山 东	161 512	25 819	75 226	8 960	2 765	31 902	251	19 605
广 东	175 007	20 076	61 016	9 535	5 714	65 007	540	19 374
广 西	23 986	2 788	13 530	1 778	290	5 835	2	56
海 南	18 282	2 828	3 321	1 784	240	4 234	329	6 116
内河合计	**488 762**	**25 925**	**358 933**	**61 173**	**2 909**	**38 231**	**218**	**4 500**
山 西	23	–	20	3	–	–	–	–
辽 宁	–	–	–	–	–	–	–	–
吉 林	–	–	–	–	–	–	–	–
黑龙江	397	–	319	46	1	8	1	24
上 海	4 656	11	3 452	1 193	–	–	–	–
江 苏	227 218	17 272	163 533	29 220	1 306	16 946	25	246
浙 江	35 676	723	30 413	3 626	77	914	–	–
安 徽	51 135	1 136	45 363	3 166	149	1 339	13	131
福 建	324	–	287	37	–	–	–	–
江 西	24 488	502	19 488	3 641	62	858	–	–
山 东	7 366	–	6 579	787	–	–	–	–
河 南	64	–	48	17	–	–	–	–
湖 北	34 621	994	24 059	4 682	194	2 911	91	1 975
湖 南	24 343	1 234	19 792	2 419	68	895	2	4
广 东	36 030	2 300	18 409	5 919	733	9 402	–	–
广 西	13 880	69	9 888	1 806	106	2 118	–	–
重 庆	20 444	1 616	11 187	3 979	117	1 540	86	2 121
四 川	5 685	69	4 026	294	97	1 296	–	–
贵 州	1 066	–	864	202	–	–	–	–
云 南	1 073	–	937	131	…	5	–	–
陕 西	273	–	268	4	–	–	–	–
甘 肃	–	–	–	–	–	–	–	–

5-4 规模以上港口旅客吞吐量

单位：万人

港 口	总计	邮轮	发送量	国际航线
总 计	**9 873**	**489**	**4 996**	**861**
沿海合计	**8 803**	**488**	**4 471**	**830**
丹 东	10	–	5	5
大 连	593	8	298	2
营 口	1	–	1	1
锦 州	–	–	–	–
秦皇岛	2	–	1	1
黄 骅	–	–	–	–
唐 山	–	–	–	–
天 津	76	68	38	38
烟 台	1 243	…	618	13
威 海	166	1	84	32
青 岛	19	12	9	9
日 照	10	–	5	5
上 海	315	275	158	138
连云港	19	3	10	10
盐 城	–	–	–	–
嘉 兴	–	–	–	–
宁波舟山	327	–	163	–
#宁 波	150	–	77	–
舟 山	176	–	86	–
台 州	153	–	76	1
温 州	150	–	75	–
福 州	21	–	10	10
#福州市港口	21	–	10	10
宁德市港口	–	–	–	–
莆 田	–	–	–	–
泉 州	16	–	8	8

5-4 （续表一）

单位：万人

港口	总计	邮轮	发送量	国际航线
厦门	862	32	436	104
#厦门市港口	551	32	276	104
漳州市港口	311	–	160	–
汕头	–	–	–	–
汕尾	–	–	–	–
惠州	–	–	–	–
深圳	698	37	366	207
虎门	22	–	13	13
广州	101	48	53	53
中山	146	–	75	67
珠海	829	–	415	112
江门	–	–	–	–
阳江	–	–	–	–
茂名	–	–	–	–
湛江	1 480	–	764	–
广西北部湾港	28	–	14	–
#北海	28	–	14	–
钦州	–	–	–	–
防城	–	–	–	–
海口	1 515	5	775	2
洋浦	–	–	–	–
八所	–	–	–	–
内河合计	**1 070**	…	**525**	**31**
哈尔滨	–	–	–	–
佳木斯	–	–	–	–
上海	–	–	–	–
南京	–	–	–	–
镇江	–	–	–	–

5-4 （续表二）

单位：万人

港 口	总计	邮轮	发送量	国际航线
苏 州	–	–	–	–
南 通	–	–	–	–
常 州	–	–	–	–
江 阴	–	–	–	–
扬 州	–	–	–	–
泰 州	–	–	–	–
徐 州	–	–	–	–
连云港	–	–	–	–
无 锡	–	–	–	–
宿 迁	–	–	–	–
淮 安	–	–	–	–
扬州内河	–	–	–	–
镇江内河	–	–	–	–
杭 州	4	–	2	–
嘉兴内河	–	–	–	–
湖 州	–	–	–	–
合 肥	–	–	–	–
亳 州	–	–	–	–
阜 阳	–	–	–	–
淮 南	–	–	–	–
滁 州	–	–	–	–
马鞍山	–	–	–	–
芜 湖	–	–	–	–
铜 陵	–	–	–	–
池 州	–	–	–	–
安 庆	–	–	–	–
南 昌	–	–	–	–
九 江	17	–	8	–
武 汉	–	–	–	–
黄 石	–	–	–	–

5-4 （续表三）

单位：万人

港　口	总计	邮轮	发送量	国际航线
荆　州	–	–	–	–
宜　昌	180	–	91	–
长　沙	–	–	–	–
湘　潭	–	–	–	–
株　洲	–	–	–	–
岳　阳	9	–	4	–
番　禺	–	–	–	–
新　塘	–	–	–	–
五　和	–	–	–	–
中　山	–	–	–	–
佛　山	57	–	29	29
江　门	4	–	2	2
虎　门	–	–	–	–
肇　庆	–	–	–	–
惠　州	–	–	–	–
南　宁	–	–	–	–
柳　州	–	–	–	–
贵　港	–	–	–	–
梧　州	–	–	–	–
来　宾	–	–	–	–
重　庆	686	…	333	–
泸　州	–	–	–	–
宜　宾	8	–	4	–
乐　山	3	–	1	–
南　充	30	–	15	–
广　安	52	–	25	–
达　州	21	–	11	–

5-5 规模以上港口货物吞吐量

单位：万吨

港口	总计	外贸	出港	外贸	进港	外贸
总计	**1 334 499**	**416 294**	**574 639**	**108 181**	**759 860**	**308 113**
沿海合计	**922 392**	**372 129**	**403 883**	**97 261**	**518 509**	**274 868**
丹东	10 066	2 005	3 027	153	7 039	1 852
大连	46 784	16 119	23 832	5 645	22 952	10 474
营口	37 001	9 537	18 494	1 405	18 506	8 132
锦州	10 960	1 652	8 755	294	2 205	1 358
秦皇岛	23 119	799	22 052	144	1 067	655
黄骅	28 771	4 526	22 036	16	6 735	4 510
唐山	63 710	26 773	35 652	868	28 058	25 905
天津	50 774	27 629	25 815	8 736	24 959	18 894
烟台	44 308	12 685	17 606	1 873	26 702	10 811
威海	5 570	2 629	2 500	1 272	3 069	1 356
青岛	54 250	39 142	20 599	11 476	33 651	27 666
日照	43 763	29 532	11 128	1 391	32 635	28 142
上海	68 392	40 206	29 939	19 720	38 453	20 486
连云港	21 443	11 884	7 390	1 920	14 053	9 965
盐城	9 808	1 801	2 510	463	7 298	1 338
嘉兴	9 689	1 240	2 559	364	7 130	876
宁波舟山	108 439	49 433	45 873	14 191	62 566	35 242
#宁波	57 652	34 275	22 447	13 688	35 205	20 586
舟山	50 787	15 158	23 426	502	27 362	14 656
台州	7 167	618	1 100	30	6 067	589
温州	8 239	544	1 156	72	7 083	471
福州	17 876	6 544	6 304	1 936	11 573	4 608
#福州市港口	14 586	5 243	5 501	1 796	9 086	3 447
宁德市港口	3 290	1 301	803	140	2 487	1 161
莆田	3 378	1 364	484	16	2 894	1 348
泉州	12 832	3 890	3 510	648	9 322	3 242

5-5 （续表一）

单位：万吨

港口	总计	外贸	出港	外贸	进港	外贸
厦　门	21 720	9 226	8 478	4 147	13 242	5 079
#厦门市港口	16 772	8 117	6 712	3 570	10 060	4 547
漳州市港口	4 948	1 109	1 766	577	3 182	532
汕　头	3 963	1 452	581	276	3 382	1 176
汕　尾	1 245	314	39	–	1 206	314
惠　州	7 453	3 588	1 889	542	5 564	3 046
深　圳	25 127	18 728	14 421	10 451	10 706	8 277
虎　门	15 580	3 345	5 676	479	9 904	2 866
广　州	59 396	13 782	25 150	4 902	34 246	8 880
中　山	6 527	533	2 290	335	4 236	198
珠　海	13 799	2 922	5 271	514	8 528	2 408
江　门	4 418	235	1 899	140	2 520	95
阳　江	2 627	964	204	6	2 422	958
茂　名	2 540	1 503	536	267	2 005	1 236
湛　江	30 185	8 791	11 339	365	18 846	8 426
广西北部湾港	23 986	13 027	7 016	1 713	16 970	11 314
#北　海	3 387	1 380	1 315	142	2 072	1 239
钦　州	10 150	4 194	3 303	905	6 848	3 288
防　城	10 448	7 453	2 399	666	8 050	6 787
海　口	11 883	353	4 671	61	7 212	292
洋　浦	4 206	2 443	1 507	409	2 699	2 034
八　所	1 396	370	594	22	802	348
内河合计	**412 107**	**44 165**	**170 756**	**10 920**	**241 351**	**33 246**
哈尔滨	109	–	40	–	69	–
佳木斯	159	30	16	5	143	25
上　海	4 656	–	1 162	–	3 493	–
南　京	25 199	3 103	9 668	1 538	15 531	1 565
镇　江	15 331	3 750	6 438	584	8 893	3 166

5-5 （续表二）

单位：万吨

港　口	总计	外贸	出港	外贸	进港	外贸
苏　州	53 227	13 893	20 759	2 842	32 468	11 051
南　通	26 702	6 063	10 863	625	15 839	5 438
常　州	4 863	950	1 839	165	3 024	785
江　阴	17 560	4 397	6 747	238	10 813	4 159
扬　州	10 129	972	3 825	324	6 303	648
泰　州	24 509	2 196	10 384	329	14 125	1 867
徐　州	3 140	–	2 047	–	1 093	–
连云港	2 118	–	1 276	–	842	–
无　锡	5 680	34	925	23	4 756	11
宿　迁	1 217	–	199	–	1 018	–
淮　安	8 769	–	2 150	–	6 619	–
扬州内河	2 442	…	463	–	1 978	…
镇江内河	934	–	295	–	639	–
杭　州	11 812	11	5 915	1	5 897	10
嘉兴内河	10 696	20	1 564	14	9 132	6
湖　州	10 486	170	5 935	71	4 551	99
合　肥	4 787	42	1 804	29	2 983	13
亳　州	258	–	35	–	223	–
阜　阳	564	–	42	–	522	–
淮　南	398	–	174	–	224	–
滁　州	1 566	–	637	–	928	–
马鞍山	10 355	1 195	3 494	19	6 861	1 177
芜　湖	12 016	305	6 859	179	5 157	125
铜　陵	10 008	31	5 878	17	4 130	14
池　州	6 723	43	5 640	43	1 083	…
安　庆	2 983	43	1 262	29	1 721	15
南　昌	2 884	79	389	64	2 494	15
九　江	11 689	310	6 778	172	4 910	138
武　汉	10 318	1 198	2 820	670	7 498	528

5-5 （续表三）

单位：万吨

港口	总计	外贸	出港	外贸	进港	外贸
黄　石	4 219	511	2 347	69	1 871	443
荆　州	3 798	46	1 136	28	2 662	18
宜　昌	6 868	67	3 777	54	3 091	13
长　沙	3 469	119	173	83	3 296	37
湘　潭	1 644	–	348	–	1 296	–
株　洲	859	–	4	–	854	–
岳　阳	11 121	388	4 499	200	6 621	188
番　禺	387	–	45	–	341	–
新　塘	701	7	66	3	635	4
五　和	830	152	333	53	497	100
中　山	5 439	201	2 092	149	3 346	52
佛　山	8 973	2 350	3 267	1 489	5 706	861
江　门	4 950	468	2 055	284	2 895	183
虎　门	837	4	194	1	643	3
肇　庆	3 921	280	1 871	142	2 050	138
惠　州	1 304	–	310	–	994	–
南　宁	736	–	368	–	368	–
柳　州	45	–	42	–	3	–
贵　港	7 003	6	4 034	6	2 969	1
梧　州	4 002	87	2 698	57	1 304	30
来　宾	2 093	–	2 044	–	49	–
重　庆	20 444	567	8 974	307	11 469	260
泸　州	1 421	44	552	13	869	32
宜　宾	1 389	31	807	3	582	27
乐　山	250	–	249	–	1	–
南　充	587	–	64	–	523	–
广　安	382	–	5	–	376	–
达　州	155	–	77	–	78	–

5-6 规模以上港口分货类吞吐量

单位：万吨

货物种类	总计	外贸	出港	外贸	进港	外贸
总　计	**1 334 499**	**416 294**	**574 639**	**108 181**	**759 860**	**308 113**
煤炭及制品	244 962	25 349	117 433	1 591	127 529	23 758
石油、天然气及制品	106 586	60 262	29 180	5 408	77 406	54 853
#原油	57 280	42 025	8 487	413	48 793	41 612
金属矿石	212 227	130 167	48 152	1 439	164 075	128 728
钢铁	52 590	6 667	31 189	5 316	21 400	1 351
矿建材料	185 643	3 137	73 234	2 363	112 410	775
水泥	34 833	1 711	23 083	685	11 751	1 026
木材	10 563	7 885	1 855	245	8 708	7 640
非金属矿石	35 157	8 868	16 858	1 264	18 299	7 604
化学肥料及农药	5 293	2 677	3 049	1 913	2 244	764
盐	2 326	962	649	32	1 677	930
粮食	31 520	11 064	10 204	260	21 316	10 804
机械、设备、电器	23 492	14 523	13 176	8 631	10 316	5 892
化工原料及制品	27 754	9 940	11 446	1 928	16 308	8 012
有色金属	1 045	594	378	243	666	351
轻工、医药产品	13 181	5 576	6 842	2 956	6 339	2 619
农林牧渔业产品	5 749	2 278	2 245	316	3 504	1 962
其他	341 577	124 634	185 663	73 590	155 914	51 044

5-7 沿海规模以上港口分货类吞吐量

单位：万吨

货物种类	总计	外贸	出港	外贸	进港	外贸
总　计	**922 392**	**372 129**	**403 883**	**97 261**	**518 509**	**274 868**
煤炭及制品	163 896	22 079	93 200	1 519	70 696	20 560
石油、天然气及制品	91 356	58 159	23 538	4 885	67 817	53 274
# 原油	54 062	42 022	7 877	413	46 185	41 609
金属矿石	149 176	116 271	26 954	1 391	122 221	114 879
钢铁	32 167	5 619	20 911	4 530	11 256	1 089
矿建材料	73 480	2 815	29 005	2 118	44 475	697
水泥	8 300	791	2 643	196	5 657	595
木材	6 202	5 220	725	214	5 476	5 006
非金属矿石	20 353	8 042	8 563	995	11 791	7 047
化学肥料及农药	2 544	1 921	1 555	1 243	989	679
盐	1 162	895	168	13	994	881
粮食	21 138	9 185	7 090	200	14 048	8 985
机械、设备、电器	21 816	13 701	11 770	7 899	10 046	5 802
化工原料及制品	15 581	6 312	6 651	1 273	8 930	5 039
有色金属	778	477	312	217	466	260
轻工、医药产品	10 938	4 648	5 864	2 660	5 074	1 989
农林牧渔业产品	4 393	1 947	1 675	292	2 718	1 656
其他	299 112	114 047	163 259	67 618	135 853	46 429

5-8 内河规模以上港口分货类吞吐量

单位：万吨

货物种类	总计	外贸	出港	外贸	进港	外贸
总　计	**412 107**	**44 165**	**170 756**	**10 920**	**241 351**	**33 246**
煤炭及制品	81 066	3 270	24 233	72	56 833	3 198
石油、天然气及制品	15 231	2 103	5 642	524	9 589	1 579
#原油	3 218	3	610	–	2 608	3
金属矿石	63 051	13 896	21 198	48	41 853	13 848
钢铁	20 422	1 048	10 278	786	10 144	262
矿建材料	112 163	322	44 228	245	67 935	77
水泥	26 534	920	20 440	489	6 094	431
木材	4 361	2 665	1 130	31	3 232	2 634
非金属矿石	14 804	826	8 296	269	6 508	556
化学肥料及农药	2 749	755	1 494	670	1 255	85
盐	1 164	68	482	19	683	49
粮食	10 382	1 879	3 115	60	7 268	1 819
机械、设备、电器	1 675	822	1 406	732	269	90
化工原料及制品	12 173	3 628	4 795	656	7 378	2 973
有色金属	266	117	66	26	200	91
轻工、医药产品	2 243	927	978	297	1 265	630
农林牧渔业产品	1 356	330	571	24	785	306
其他	42 465	10 588	22 404	5 972	20 061	4 616

5-9 规模以上港口煤炭及制品吞吐量

单位：千吨

港　口	总计	外贸	出港	外贸	进港	外贸
总 计	**2 449 621**	**253 486**	**1 174 332**	**15 907**	**1 275 289**	**237 579**
沿海合计	**1 638 960**	**220 791**	**931 997**	**15 191**	**706 962**	**205 600**
丹　东	10 601	6 070	974	–	9 627	6 070
大　连	16 387	2 838	919	–	15 468	2 838
营　口	22 900	12 144	1 451	5	21 449	12 139
锦　州	4 694	819	3 485	–	1 209	819
秦皇岛	204 310	811	203 580	139	730	673
黄　骅	212 220	2 229	209 874	–	2 346	2 229
唐　山	262 820	15 620	247 261	1 608	15 558	14 012
天　津	83 712	4 808	83 313	4 628	399	180
烟　台	30 361	1 596	1 648	202	28 713	1 394
威　海	9 166	39	53	–	9 113	39
青　岛	27 267	8 405	17 476	3 651	9 790	4 754
日　照	48 169	14 268	31 810	4 070	16 359	10 198
上　海	52 467	10 911	3 565	16	48 902	10 895
连云港	24 570	6 523	9 740	642	14 830	5 881
盐　城	26 593	85	3 943	4	22 650	81
嘉　兴	40 667	86	11 837	–	28 830	86
宁波舟山	85 092	14 917	16 619	–	68 473	14 917
#宁　波	57 979	5 366	6 084	–	51 895	5 366
舟　山	27 113	9 551	10 535	–	16 578	9 551
台　州	18 925	4 357	–	–	18 925	4 357
温　州	27 676	2 436	1 213	–	26 463	2 436
福　州	31 605	6 519	349	–	31 256	6 519
#福州市港口	23 760	4 270	348	–	23 412	4 270
宁德市港口	7 845	2 249	1	–	7 844	2 249
莆　田	19 068	6 727	4 123	–	14 945	6 727
泉　州	17 851	3 981	76	–	17 775	3 981

5-9（续表一）

单位：千吨

港口	总计		出港		进港	
		外贸		外贸		外贸
厦门	23 594	5 819	1 442	165	22 152	5 654
#厦门市港口	14 867	5 040	1 282	165	13 585	4 875
漳州市港口	8 728	779	160	–	8 567	779
汕头	13 906	9 671	112	1	13 794	9 671
汕尾	11 913	3 142	–	–	11 913	3 142
惠州	6 664	–	–	–	6 664	–
深圳	3 209	501	–	–	3 209	501
虎门	59 253	11 790	22 259	…	36 994	11 790
广州	73 908	16 777	26 289	…	47 619	16 777
中山	430	–	–	–	430	–
珠海	53 605	5 294	19 820	–	33 785	5 294
江门	11 383	–	4	–	11 379	–
阳江	9 958	930	62	–	9 896	930
茂名	1 931	–	16	–	1 915	–
湛江	25 824	10 426	2 790	–	23 034	10 426
广西北部湾港	54 283	24 774	5 000	61	49 284	24 713
#北海	5 329	544	13	–	5 315	544
钦州	21 927	5 905	2 306	38	19 621	5 867
防城	27 027	18 325	2 680	23	24 347	18 302
海口	4 704	1 767	626	–	4 078	1 767
洋浦	1 699	315	263	–	1 435	315
八所	5 574	3 398	4	–	5 570	3 398
内河合计	**810 662**	**32 695**	**242 335**	**716**	**568 327**	**31 979**
哈尔滨	564	–	397	–	167	–
佳木斯	99	–	96	–	3	–
上海	339	–	98	–	240	–
南京	71 068	3 799	22 674	–	48 394	3 799
镇江	41 209	5 023	14 104	345	27 105	4 678

5–9 （续表二）

单位：千吨

港口	总计	外贸	出港	外贸	进港	外贸
苏州	138 461	7 818	44 063	300	94 398	7 518
南通	59 539	6 662	21 194	5	38 345	6 657
常州	9 934	1 269	2 565	–	7 369	1 269
江阴	63 468	747	22 957	1	40 512	746
扬州	42 185	2	18 005	–	24 180	2
泰州	80 131	6 189	32 314	65	47 816	6 124
徐州	20 943	–	18 105	–	2 838	–
连云港	573	–	461	–	112	–
无锡	9 847	–	63	–	9 784	–
宿迁	1 597	–	–	–	1 597	–
淮安	10 069	–	1	–	10 068	–
扬州内河	3 317	–	39	–	3 277	–
镇江内河	1 358	–	42	–	1 316	–
杭州	5 533	–	155	–	5 378	–
嘉兴内河	7 227	–	609	–	6 618	–
湖州	10 441	–	45	–	10 396	–
合肥	1 946	–	–	–	1 946	–
亳州	258	–	258	–	–	–
阜阳	325	–	318	–	7	–
淮南	1 365	–	1 286	–	79	–
滁州	787	–	1	–	786	–
马鞍山	14 794	969	145	–	14 649	969
芜湖	19 344	–	3 359	–	15 985	–
铜陵	19 864	–	2 560	–	17 305	–
池州	5 540	–	2	–	5 538	–
安庆	8 214	–	256	–	7 958	–
南昌	4 301	–	216	–	4 085	–
九江	22 282	–	1 646	–	20 637	–
武汉	3 973	–	919	–	3 054	–

5–9 （续表三）

单位：千吨

港　口	总计		出港		进港	
		外贸		外贸		外贸
黄　石	7 011	218	172	–	6 839	218
荆　州	3 902	–	999	–	2 903	–
宜　昌	10 457	–	5 066	–	5 391	–
长　沙	2 261	–	–	–	2 261	–
湘　潭	5 294	–	–	–	5 294	–
株　洲	370	–	–	–	370	–
岳　阳	33 276	–	13 671	–	19 605	–
番　禺	225	–	–	–	225	–
新　塘	2 393	–	–	–	2 393	–
五　和	760	–	25	–	736	–
中　山	2 560	–	14	–	2 546	–
佛　山	9 704	–	201	–	9 503	–
江　门	3 014	–	33	–	2 982	–
虎　门	2 383	…	1	–	2 382	…
肇　庆	5 875	–	–	–	5 875	–
惠　州	205	–	–	–	205	–
南　宁	1 143	–	213	–	930	–
柳　州	9	–	–	–	9	–
贵　港	7 746	–	304	–	7 443	–
梧　州	3 963	–	11	–	3 952	–
来　宾	1 158	–	977	–	181	–
重　庆	24 092	–	10 566	–	13 526	–
泸　州	1 558	–	815	–	743	–
宜　宾	304	–	241	–	63	–
乐　山	75	–	73	–	2	–
南　充	24	–	–	–	24	–
广　安	–	–	–	–	–	–
达　州	4	–	2	–	2	–

5-10 规模以上港口石油、天然气及制品吞吐量

单位：千吨

港口	总计	外贸	出港	外贸	进港	外贸
总计	**1 065 865**	**602 618**	**291 804**	**54 085**	**774 061**	**548 534**
沿海合计	**913 556**	**581 590**	**235 385**	**48 848**	**678 171**	**532 741**
丹东	154	10	154	10	–	–
大连	77 894	43 213	35 942	9 682	41 953	33 531
营口	31 950	15 602	10 388	1 160	21 563	14 441
锦州	16 269	8 468	8 904	2 047	7 365	6 421
秦皇岛	3 065	403	1 392	–	1 674	403
黄骅	5 158	102	–	–	5 158	102
唐山	24 009	22 471	1 277	49	22 732	22 422
天津	67 013	32 246	30 589	2 688	36 425	29 559
烟台	45 380	27 154	6 329	813	39 050	26 341
威海	854	238	30	5	824	234
青岛	109 403	96 836	17 322	5 199	92 081	91 637
日照	68 741	64 292	1 951	222	66 790	64 070
上海	26 903	10 355	7 762	2 481	19 141	7 874
连云港	925	148	338	50	587	98
盐城	435	146	253	–	181	146
嘉兴	6 258	1 830	2 018	138	4 240	1 692
宁波舟山	159 275	97 008	41 516	2 202	117 759	94 807
#宁波	88 088	60 614	13 554	2 006	74 534	58 609
舟山	71 187	36 394	27 961	196	43 225	36 198
台州	1 931	–	354	–	1 577	–
温州	3 374	892	287	–	3 087	892
福州	4 453	25	963	–	3 490	25
#福州市港口	4 194	25	963	–	3 230	25
宁德市港口	259	–	–	–	259	–
莆田	3 259	3 237	1	–	3 258	3 237
泉州	35 682	27 069	10 482	4 868	25 200	22 200

5-10 （续表一）

单位：千吨

港口	总计	外贸	出港	外贸	进港	外贸
厦门	4 899	1 212	832	339	4 066	873
#厦门市港口	3 877	701	775	339	3 102	363
漳州市港口	1 022	510	57	–	964	510
汕头	1 384	687	3	1	1 381	686
汕尾	–	–	–	–	–	–
惠州	49 782	32 284	9 255	2 302	40 527	29 982
深圳	12 844	7 944	548	191	12 296	7 754
虎门	14 915	5 437	6 975	2 376	7 940	3 061
广州	23 166	6 736	9 030	1 177	14 136	5 559
中山	1 085	2	27	…	1 058	2
珠海	13 563	6 505	4 406	723	9 157	5 782
江门	1 678	78	900	–	778	78
阳江	479	7	–	–	479	7
茂名	17 998	14 650	3 890	2 467	14 109	12 183
湛江	27 586	21 382	3 447	366	24 139	21 016
广西北部湾港	28 997	18 927	8 831	3 831	20 166	15 097
#北海	7 443	1 994	4 130	241	3 313	1 753
钦州	19 231	15 147	4 574	3 522	14 657	11 625
防城	2 323	1 786	127	67	2 196	1 718
海口	1 753	209	228	–	1 525	209
洋浦	17 530	13 783	7 199	3 462	10 331	10 321
八所	3 512	–	1 563	–	1 950	–
内河合计	**152 309**	**21 029**	**56 419**	**5 236**	**95 890**	**15 792**
哈尔滨	–	–	–	–	–	–
佳木斯	–	–	–	–	–	–
上海	112	–	–	–	112	–
南京	36 696	3 490	19 034	3 123	17 663	367

5-10 （续表二）

单位：千吨

港 口	总计	外贸	出港	外贸	进港	外贸
镇 江	4 618	1 671	1 572	137	3 045	1 534
苏 州	9 110	2 720	3 677	88	5 433	2 633
南 通	22 019	9 129	6 072	283	15 947	8 846
常 州	–	–	–	–	–	–
江 阴	7 479	2 098	2 625	1 008	4 854	1 090
扬 州	2 376	175	1 495	–	881	175
泰 州	10 736	1 684	4 234	578	6 502	1 106
徐 州	1	–	–	–	1	–
连云港	–	–	–	–	–	–
无 锡	2 459	–	–	–	2 459	–
宿 迁	160	–	33	–	127	–
淮 安	2 200	–	1 242	–	958	–
扬州内河	2 008	–	1 170	–	838	–
镇江内河	30	–	–	–	30	–
杭 州	1 319	–	…	–	1 319	–
嘉兴内河	765	–	367	–	398	–
湖 州	1 659	–	133	–	1 526	–
合 肥	364	–	1	–	364	–
亳 州	–	–	–	–	–	–
阜 阳	–	–	–	–	–	–
淮 南	–	–	–	–	–	–
滁 州	53	–	–	–	53	–
马鞍山	654	–	144	–	510	–
芜 湖	1 332	24	352	–	980	24
铜 陵	125	9	14	–	111	9
池 州	638	–	–	–	638	–
安 庆	2 012	–	1 847	–	165	–
南 昌	393	–	31	–	362	–
九 江	4 573	–	3 063	–	1 511	–

5-10 （续表三）

单位：千吨

港口	总计	外贸	出港	外贸	进港	外贸
武 汉	6 090	–	4 011	–	2 079	–
黄 石	306	–	3	–	303	–
荆 州	1 688	–	390	–	1 297	–
宜 昌	1 283	–	179	–	1 104	–
长 沙	462	22	19	19	443	2
湘 潭	–	–	–	–	–	–
株 洲	–	–	–	–	–	–
岳 阳	10 105	–	1 641	–	8 463	–
番 禺	663	–	73	–	590	–
新 塘	14	–	–	–	14	–
五 和	–	–	–	–	–	–
中 山	71	–	1	–	70	–
佛 山	5 472	…	1 330	–	4 141	…
江 门	876	–	156	–	720	–
虎 门	375	…	115	–	260	…
肇 庆	459	–	–	–	459	–
惠 州	–	–	–	–	–	–
南 宁	60	–	–	–	60	–
柳 州	–	–	–	–	–	–
贵 港	43	–	21	–	22	–
梧 州	496	–	17	–	479	–
来 宾	–	–	–	–	–	–
重 庆	9 267	–	1 355	–	7 913	–
泸 州	675	6	–	–	675	6
宜 宾	13	–	2	–	11	–
乐 山	–	–	–	–	–	–
南 充	–	–	–	–	–	–
广 安	–	–	–	–	–	–
达 州	–	–	–	–	–	–

5-11 规模以上港口原油吞吐量

单位：千吨

港口	总计	外贸	出港	外贸	进港	外贸
总计	**572 804**	**420 248**	**84 873**	**4 131**	**487 931**	**416 117**
沿海合计	**540 621**	**420 220**	**78 773**	**4 131**	**461 848**	**416 088**
丹东	–	–	–	–	–	–
大连	42 325	25 667	12 456	987	29 869	24 680
营口	20 407	14 511	1 603	215	18 804	14 295
锦州	11 552	6 421	4 216	–	7 335	6 421
秦皇岛	1 836	–	832	–	1 005	–
黄骅	5 011	–	–	–	5 011	–
唐山	17 495	16 177	1 221	–	16 274	16 177
天津	49 940	20 331	25 738	238	24 202	20 094
烟台	25 545	22 447	1 079	–	24 466	22 447
威海	–	–	–	–	–	–
青岛	94 910	87 107	9 648	1 864	85 262	85 243
日照	56 448	54 444	248	–	56 200	54 444
上海	3 621	–	–	–	3 621	–
连云港	–	–	–	–	–	–
盐城	–	–	–	–	–	–
嘉兴	–	–	–	–	–	–
宁波舟山	96 099	72 784	14 983	–	81 116	72 784
#宁波	60 967	50 039	4 158	–	56 808	50 039
舟山	35 133	22 745	10 825	–	24 308	22 745
台州	–	–	–	–	–	–
温州	162	–	–	–	162	–
福州	–	–	–	–	–	–
#福州市港口	–	–	–	–	–	–
宁德市港口	–	–	–	–	–	–
莆田	–	–	–	–	–	–
泉州	21 476	21 476	–	–	21 476	21 476

5-11 （续表一）

单位：千吨

港口	总计	外贸	出港	外贸	进港	外贸
厦门	321	321	–	–	321	321
#厦门市港口	–	–	–	–	–	–
漳州市港口	321	321	–	–	321	321
汕头	13	–	–	–	13	–
汕尾	–	–	–	–	–	–
惠州	32 960	26 553	–	–	32 960	26 553
深圳	–	–	–	–	–	–
虎门	–	–	–	–	–	–
广州	121	–	60	–	60	–
中山	–	–	–	–	–	–
珠海	–	–	–	–	–	–
江门	–	–	–	–	–	–
阳江	–	–	–	–	–	–
茂名	12 068	12 068	–	–	12 068	12 068
湛江	23 800	21 192	2 307	274	21 492	20 918
广西北部湾港	13 250	9 317	3 739	–	9 511	9 317
#北海	3 619	–	3 616	–	3	–
钦州	9 631	9 317	123	–	9 508	9 317
防城	–	–	–	–	–	–
海口	95	–	91	–	4	–
洋浦	9 402	9 402	553	553	8 849	8 849
八所	1 766	–	–	–	1 766	–
内河合计	**32 183**	**29**	**6 100**	**–**	**26 084**	**29**
哈尔滨	–	–	–	–	–	–
佳木斯	–	–	–	–	–	–
上海	–	–	–	–	–	–
南京	14 067	–	4 550	–	9 517	–

5-11 （续表二）

单位：千吨

港口	总计	外贸	出港	外贸	进港	外贸
镇　江	29	29	–	–	29	29
苏　州	–	–	–	–	–	–
南　通	–	–	–	–	–	–
常　州	–	–	–	–	–	–
江　阴	1 618	–	266	–	1 352	–
扬　州	–	–	–	–	–	–
泰　州	4 246	–	–	–	4 246	–
徐　州	–	–	–	–	–	–
连云港	–	–	–	–	–	–
无　锡	–	–	–	–	–	–
宿　迁	–	–	–	–	–	–
淮　安	1 124	–	340	–	784	–
扬州内河	1 452	–	941	–	511	–
镇江内河	–	–	–	–	–	–
杭　州	–	–	–	–	–	–
嘉兴内河	…	–	…	–	–	–
湖　州	–	–	–	–	–	–
合　肥	–	–	–	–	–	–
亳　州	–	–	–	–	–	–
阜　阳	–	–	–	–	–	–
淮　南	–	–	–	–	–	–
滁　州	–	–	–	–	–	–
马鞍山	–	–	–	–	–	–
芜　湖	–	–	–	–	–	–
铜　陵	–	–	–	–	–	–
池　州	–	–	–	–	–	–
安　庆	–	–	–	–	–	–
南　昌	–	–	–	–	–	–
九　江	121	–	–	–	121	–

5-11 （续表三）

单位：千吨

港　口	总计	外贸	出港	外贸	进港	外贸
武　汉	10	–	4	–	7	–
黄　石	–	–	–	–	–	–
荆　州	–	–	–	–	–	–
宜　昌	–	–	–	–	–	–
长　沙	–	–	–	–	–	–
湘　潭	–	–	–	–	–	–
株　洲	–	–	–	–	–	–
岳　阳	6 766	–	–	–	6 766	–
番　禺	–	–	–	–	–	–
新　塘	–	–	–	–	–	–
五　和	–	–	–	–	–	–
中　山	–	–	–	–	–	–
佛　山	1 759	–	–	–	1 759	–
江　门	–	–	–	–	–	–
虎　门	1	–	–	–	1	–
肇　庆	–	–	–	–	–	–
惠　州	–	–	–	–	–	–
南　宁	–	–	–	–	–	–
柳　州	–	–	–	–	–	–
贵　港	–	–	–	–	–	–
梧　州	–	–	–	–	–	–
来　宾	–	–	–	–	–	–
重　庆	580	–	–	–	580	–
泸　州	412	–	–	–	412	–
宜　宾	–	–	–	–	–	–
乐　山	–	–	–	–	–	–
南　充	–	–	–	–	–	–
广　安	–	–	–	–	–	–
达　州	–	–	–	–	–	–

5-12 规模以上港口金属矿石吞吐量

单位：千吨

港口	总计	外贸	出港	外贸	进港	外贸
总计	**2 122 269**	**1 301 671**	**481 524**	**14 392**	**1 640 745**	**1 287 279**
沿海合计	**1 491 756**	**1 162 710**	**269 544**	**13 915**	**1 222 213**	**1 148 795**
丹东	13 461	11 242	1 410	–	12 052	11 242
大连	35 704	34 217	8 391	7 799	27 313	26 419
营口	50 867	48 441	135	64	50 732	48 376
锦州	7 059	5 198	321	–	6 738	5 198
秦皇岛	2 232	2 142	3	3	2 228	2 139
黄骅	43 407	39 429	93	55	43 314	39 374
唐山	219 834	216 455	800	20	219 034	216 435
天津	105 329	103 991	1 235	285	104 093	103 706
烟台	19 855	15 375	7 904	4 416	11 951	10 959
威海	239	22	–	–	239	22
青岛	151 725	111 295	30 963	185	120 761	111 111
日照	177 355	163 534	12 535	80	164 821	163 454
上海	82 936	31 307	29 320	–	53 616	31 307
连云港	99 474	74 085	22 225	413	77 249	73 672
盐城	21 574	8 820	4 410	46	17 164	8 773
嘉兴	470	336	5	–	465	336
宁波舟山	264 610	140 751	123 517	117	141 093	140 634
#宁波	84 416	51 012	33 254	42	51 162	50 970
舟山	180 194	89 739	90 263	75	89 931	89 664
台州	–	–	–	–	–	–
温州	1 685	754	200	–	1 485	754
福州	36 055	28 652	5 489	–	30 566	28 652
#福州市港口	27 185	20 157	5 424	–	21 761	20 157
宁德市港口	8 871	8 496	66	–	8 805	8 496
莆田	2 003	1 897	106	–	1 897	1 897
泉州	763	466	–	–	763	466

5-12 （续表一）

单位：千吨

港 口	总计		出港		进港	
		外贸		外贸		外贸
厦 门	8 960	8 493	227	–	8 734	8 493
#厦门市港口	7 610	7 517	83	–	7 526	7 517
漳州市港口	1 351	977	143	–	1 207	977
汕 头	21	13	6	…	14	12
汕 尾	–	–	–	–	–	–
惠 州	–	–	–	–	–	–
深 圳	–	–	–	–	–	–
虎 门	660	17	164	15	496	2
广 州	5 629	2 994	291	3	5 338	2 991
中 山	15	–	6	–	9	–
珠 海	12 496	8 588	2 138	27	10 358	8 561
江 门	–	–	–	–	–	–
阳 江	11 201	7 391	273	–	10 927	7 391
茂 名	19	–	–	–	19	–
湛 江	57 952	45 007	12 435	–	45 518	45 007
广西北部湾港	55 371	51 509	2 437	330	52 934	51 179
#北 海	7 780	6 984	5	–	7 775	6 984
钦 州	9 349	7 958	1 058	293	8 291	7 666
防 城	38 242	36 567	1 373	38	36 869	36 529
海 口	382	158	190	5	191	153
洋 浦	354	–	342	–	13	–
八 所	2 059	131	1 973	50	86	81
内河合计	**630 513**	**138 962**	**211 981**	**477**	**418 532**	**138 484**
哈尔滨	–	–	–	–	–	–
佳木斯	–	–	–	–	–	–
上 海	66	–	25	–	40	–
南 京	53 409	4 391	13 931	2	39 478	4 389

5-12 （续表二）

单位：千吨

港口	总计		出港		进港	
		外贸		外贸		外贸
镇　江	46 492	12 582	23 190	–	23 301	12 582
苏　州	131 754	46 437	41 488	–	90 267	46 437
南　通	50 977	19 919	25 602	48	25 375	19 871
常　州	27 473	5 403	11 891	–	15 582	5 403
江　阴	74 046	30 995	32 129	2	41 918	30 993
扬　州	16 771	4 299	7 295	–	9 477	4 299
泰　州	31 447	1 307	14 794	384	16 653	923
徐　州	399	–	117	–	282	–
连云港	10 282	–	5 279	–	5 003	–
无　锡	393	–	4	–	390	–
宿　迁	345	–	–	–	345	–
淮　安	4 363	–	–	–	4 363	–
扬州内河	1 830	–	–	–	1 830	–
镇江内河	624	–	–	–	624	–
杭　州	471	–	6	–	464	–
嘉兴内河	–	–	–	–	–	–
湖　州	–	–	–	–	–	–
合　肥	1 264	–	898	–	366	–
亳　州	–	–	–	–	–	–
阜　阳	–	–	–	–	–	–
淮　南	–	–	–	–	–	–
滁　州	207	–	5	–	202	–
马鞍山	25 016	9 623	266	–	24 750	9 623
芜　湖	12 051	–	2 076	–	9 975	–
铜　陵	10 482	–	3 578	–	6 904	–
池　州	2 866	–	495	–	2 371	–
安　庆	470	–	412	–	58	–
南　昌	3 182	–	10	–	3 172	–
九　江	12 712	–	1 482	–	11 230	–

5-12 （续表三）

单位：千吨

港口	总计	外贸	出港	外贸	进港	外贸
武　汉	23 523	–	119	–	23 404	–
黄　石	8 716	3 949	1 027	12	7 689	3 937
荆　州	2 282	–	304	–	1 978	–
宜　昌	2 381	…	2 065	…	316	–
长　沙	1 077	45	29	29	1 048	16
湘　潭	7 274	–	2	–	7 272	–
株　洲	667	–	–	–	667	–
岳　阳	45 072	–	18 960	–	26 112	–
番　禺	–	–	–	–	–	–
新　塘	–	–	–	–	–	–
五　和	19	–	–	–	19	–
中　山	19	–	–	–	19	–
佛　山	439	1	1	…	438	…
江　门	8	…	–	–	8	…
虎　门	1	–	…	–	1	–
肇　庆	2	–	2	–	…	–
惠　州	–	–	–	–	–	–
南　宁	–	–	–	–	–	–
柳　州	–	–	–	–	–	–
贵　港	2 588	–	282	–	2 306	–
梧　州	143	1	121	–	23	1
来　宾	92	–	91	–	1	–
重　庆	15 400	–	3 476	–	11 924	–
泸　州	1 025	11	367	…	657	11
宜　宾	311	–	83	–	228	–
乐　山	79	–	79	–	–	–
南　充	–	–	–	–	–	–
广　安	–	–	–	–	–	–
达　州	–	–	–	–	–	–

5-13　规模以上港口钢铁吞吐量

单位：千吨

港　口	总计	外贸	出港	外贸	进港	外贸
总 计	**525 895**	**66 667**	**311 892**	**53 159**	**214 004**	**13 508**
沿海合计	**321 671**	**56 186**	**209 110**	**45 297**	**112 560**	**10 888**
丹　东	5 929	434	5 535	434	393	–
大　连	9 775	1 892	7 789	1 277	1 986	615
营　口	32 895	6 903	31 832	6 665	1 063	238
锦　州	1 994	85	1 915	79	79	7
秦皇岛	4 814	170	4 718	109	96	61
黄　骅	460	–	459	–	1	–
唐　山	54 339	4 786	54 008	4 759	330	27
天　津	30 089	16 269	27 219	15 507	2 870	762
烟　台	3 511	622	891	265	2 620	358
威　海	597	477	216	205	381	273
青　岛	5 434	1 616	4 371	1 313	1 063	303
日　照	14 124	5 326	13 846	5 175	278	151
上　海	41 665	8 066	16 955	6 573	24 710	1 493
连云港	2 699	1 238	2 329	1 238	370	–
盐　城	4 228	138	2 364	27	1 864	111
嘉　兴	3 241	–	47	–	3 194	–
宁波舟山	12 520	692	1 183	148	11 338	544
#宁　波	11 652	539	1 014	148	10 638	391
舟　山	869	153	169	–	700	153
台　州	4 464	1	352	1	4 112	–
温　州	3 916	91	93	–	3 823	91
福　州	9 819	1 007	6 225	80	3 594	927
#福州市港口	4 800	164	2 796	5	2 004	160
宁德市港口	5 019	843	3 429	75	1 590	767
莆　田	988	–	321	–	667	–
泉　州	3 213	–	57	–	3 156	–

5-13 （续表一）

单位：千吨

港口	总计	外贸	出港	外贸	进港	外贸
厦门	3 356	741	1 626	341	1 730	401
#厦门市港口	2 486	735	1 451	337	1 036	398
漳州市港口	869	6	175	4	694	2
汕头	810	8	311	8	499	…
汕尾	–	–	–	–	–	–
惠州	615	–	1	–	614	–
深圳	1 370	341	80	–	1 289	341
虎门	4 906	588	1 585	38	3 320	551
广州	31 138	3 002	6 156	201	24 982	2 802
中山	1 678	101	863	33	815	68
珠海	1 409	40	590	40	819	–
江门	1 781	77	108	44	1 673	32
阳江	608	44	607	44	1	–
茂名	217	–	1	–	215	–
湛江	8 404	293	7 267	293	1 136	–
广西北部湾港	10 427	988	6 754	276	3 674	711
#北海	2 294	600	1 640	–	654	600
钦州	3 642	148	1 347	93	2 295	55
防城	4 491	240	3 766	183	725	57
海口	4 099	121	350	99	3 748	22
洋浦	139	26	84	26	55	–
八所	1	–	–	–	1	–
内河合计	**204 225**	**10 482**	**102 781**	**7 862**	**101 443**	**2 620**
哈尔滨	–	–	–	–	–	–
佳木斯	2	2	2	2	–	–
上海	5 796	–	1 461	–	4 335	–
南京	12 282	40	9 361	40	2 922	–

5-13 （续表二）

单位：千吨

港　口	总计	外贸	出港	外贸	进港	外贸
镇　江	484	1	86	1	398	–
苏　州	32 009	7 948	21 328	6 310	10 681	1 637
南　通	3 230	429	1 033	135	2 196	294
常　州	491	32	144	–	347	32
江　阴	4 537	929	1 760	395	2 777	534
扬　州	3 652	–	2 146	–	1 505	–
泰　州	4 123	1	1 984	1	2 140	–
徐　州	1 117	–	1 042	–	75	–
连云港	4 387	–	3 210	–	1 176	–
无　锡	6 612	–	1 698	–	4 915	–
宿　迁	889	–	404	–	485	–
淮　安	4 253	–	3 524	–	729	–
扬州内河	2 251	–	1 329	–	922	–
镇江内河	2 304	–	1 330	–	974	–
杭　州	15 664	–	1 368	–	14 296	–
嘉兴内河	6 921	–	1 666	–	5 255	–
湖　州	7 901	–	499	–	7 402	–
合　肥	2 677	–	788	–	1 889	–
亳　州	6	–	6	–	…	–
阜　阳	17	–	12	–	5	–
淮　南	9	–	9	–	–	–
滁　州	107	–	16	–	92	–
马鞍山	8 733	186	6 382	186	2 351	–
芜　湖	4 538	36	3 588	–	950	36
铜　陵	4 040	14	3 186	14	854	–
池　州	2 379	–	1 986	–	393	–
安　庆	104	–	64	–	40	–
南　昌	985	27	324	27	661	–
九　江	7 671	–	7 455	–	216	–

5-13 （续表三）

单位：千吨

港口	总计	外贸	出港	外贸	进港	外贸
武汉	8 245	–	5 561	–	2 684	–
黄石	3 729	489	3 018	489	711	–
荆州	50	–	12	–	38	–
宜昌	1 881	2	596	1	1 285	1
长沙	2 914	49	299	44	2 614	6
湘潭	3 404	–	3 402	–	3	–
株洲	9	–	–	–	9	–
岳阳	1 850	–	852	–	998	–
番禺	325	–	–	–	325	–
新塘	1	1	–	–	1	1
五和	106	–	56	–	50	–
中山	538	14	423	12	115	2
佛山	14 853	270	1 475	195	13 379	75
江门	630	1	244	…	387	1
虎门	431	1	139	…	291	1
肇庆	45	–	…	–	45	–
惠州	–	–	–	–	–	–
南宁	149	–	64	–	85	–
柳州	367	–	366	–	1	–
贵港	758	2	684	2	74	–
梧州	142	8	23	8	120	…
来宾	3 359	–	3 359	–	–	–
重庆	10 168	–	2 980	–	7 188	–
泸州	52	2	13	1	39	1
宜宾	48	–	25	–	24	–
乐山	–	–	–	–	–	–
南充	–	–	–	–	–	–
广安	–	–	–	–	–	–
达州	–	–	–	–	–	–

5-14 规模以上港口矿建材料吞吐量

单位：千吨

港 口	总计	外贸	出港	外贸	进港	外贸
总 计	**1 856 434**	**31 373**	**732 336**	**23 627**	**1 124 098**	**7 746**
沿海合计	**734 804**	**28 149**	**290 055**	**21 178**	**444 749**	**6 971**
丹 东	39 665	–	2 837	–	36 828	–
大 连	6 881	35	6 758	8	123	28
营 口	32 269	1 011	23 278	1 011	8 991	–
锦 州	2 536	–	2 536	–	–	–
秦皇岛	1 431	–	1 380	–	52	–
黄 骅	9 149	13	491	13	8 658	–
唐 山	26 201	704	25 467	704	734	–
天 津	11 124	1 311	2 268	962	8 856	349
烟 台	11 659	388	10 792	388	867	–
威 海	1 760	14	1 274	14	486	–
青 岛	5 719	723	567	15	5 152	709
日 照	5 978	988	5 097	272	880	717
上 海	27 824	125	2 780	94	25 044	31
连云港	18 140	–	6 821	–	11 319	–
盐 城	27 687	–	4 706	–	22 981	–
嘉 兴	19 451	–	3 425	–	16 027	–
宁波舟山	208 077	7	88 302	7	119 776	–
#宁 波	21 957	7	5 125	7	16 831	–
舟 山	186 120	–	83 176	–	102 944	–
台 州	24 688	–	3 452	–	21 236	–
温 州	13 645	–	483	–	13 162	–
福 州	31 191	6 692	25 945	6 692	5 245	–
# 福州市港口	25 992	5 376	21 992	5 376	4 000	–
宁德市港口	5 198	1 316	3 953	1 316	1 245	–
莆 田	5 450	–	43	–	5 407	–
泉 州	17 574	4 096	1 390	904	16 184	3 192

5-14 （续表一）

单位：千吨

港口	总计	外贸	出港	外贸	进港	外贸
厦 门	30 232	7 700	9 107	5 982	21 124	1 718
#厦门市港口	13 421	1 975	461	256	12 960	1 718
漳州市港口	16 811	5 725	8 646	5 725	8 165	–
汕 头	8 925	25	82	25	8 843	…
汕 尾	206	–	62	–	144	–
惠 州	5 813	3 039	3 165	3 039	2 649	–
深 圳	1 167	–	50	–	1 116	–
虎 门	9 315	183	2 288	56	7 027	127
广 州	46 210	732	17 735	654	28 475	78
中 山	48 036	3	16 011	2	32 025	1
珠 海	5 270	118	2 163	110	3 108	8
江 门	14 270	28	11 373	27	2 897	2
阳 江	381	–	381	–	–	–
茂 名	503	19	228	19	275	–
湛 江	2 196	1	1 873	–	322	1
广西北部湾港	7 870	178	4 517	169	3 354	9
#北 海	1 832	–	1 715	–	117	–
钦 州	2 578	178	1 429	169	1 149	9
防 城	3 460	–	1 373	–	2 087	–
海 口	5 194	15	679	13	4 516	2
洋 浦	939	1	127	1	812	–
八 所	180	–	124	–	55	–
内河合计	**1 121 630**	**3 223**	**442 281**	**2 449**	**679 349**	**775**
哈尔滨	522	–	–	–	522	–
佳木斯	1 171	3	3	3	1 169	–
上 海	25 672	–	2 507	–	23 165	–
南 京	20 031	171	2 154	171	17 877	–

5-14 （续表二）

单位：千吨

港口	总计	外贸	出港	外贸	进港	外贸
镇江	8 282	5	1 822	5	6 460	–
苏州	52 418	34	26 671	34	25 748	–
南通	64 504	199	26 405	–	38 099	199
常州	3 438	–	532	–	2 906	–
江阴	3 109	75	717	40	2 392	35
扬州	21 687	–	961	–	20 726	–
泰州	59 430	171	24 324	41	35 107	131
徐州	7 297	–	520	–	6 776	–
连云港	2 304	–	1 139	–	1 165	–
无锡	20 633	–	752	–	19 881	–
宿迁	5 999	–	541	–	5 458	–
淮安	49 507	–	7 015	–	42 492	–
扬州内河	11 529	–	1 041	–	10 488	–
镇江内河	3 422	–	708	–	2 714	–
杭州	62 142	–	29 201	–	32 941	–
嘉兴内河	69 870	–	8 634	–	61 236	–
湖州	49 745	–	36 672	–	13 073	–
合肥	33 139	4	10 666	3	22 474	2
亳州	2 117	–	25	–	2 092	–
阜阳	4 380	–	7	–	4 373	–
淮南	232	–	13	–	219	–
滁州	9 322	–	2 165	–	7 157	–
马鞍山	32 603	–	15 017	–	17 586	–
芜湖	38 416	–	22 093	–	16 323	–
铜陵	23 290	–	11 051	–	12 238	–
池州	20 725	–	20 059	–	666	–
安庆	13 496	4	7 043	2	6 454	1
南昌	6 848	63	899	60	5 949	3
九江	43 572	–	38 253	–	5 319	–

5-14 （续表三）

单位：千吨

港 口	总计		出港		进港	
		外贸		外贸		外贸
武 汉	16 981	–	331	–	16 650	–
黄 石	15 678	12	13 909	3	1 769	8
荆 州	13 591	–	2 937	–	10 654	–
宜 昌	11 913	60	6 954	46	4 959	14
长 沙	23 319	26	18	16	23 301	10
湘 潭	326	–	–	–	326	–
株 洲	7 055	–	3	–	7 051	–
岳 阳	8 303	–	5 015	–	3 288	–
番 禺	769	–	23	–	745	–
新 塘	394	–	104	–	290	–
五 和	1 382	–	–	–	1 382	–
中 山	44 057	3	17 615	1	26 442	2
佛 山	15 100	1 390	4 991	1 365	10 109	25
江 门	31 344	121	15 321	121	16 023	–
虎 门	462	…	149	…	313	…
肇 庆	12 005	768	5 178	424	6 827	344
惠 州	8 879	–	1 487	–	7 391	–
南 宁	1 894	–	227	–	1 666	–
柳 州	63	–	54	–	9	–
贵 港	29 526	1	16 992	1	12 534	–
梧 州	20 827	107	16 586	107	4 241	–
来 宾	3 905	–	3 905	–	–	–
重 庆	63 559	–	25 265	–	38 295	–
泸 州	5 186	7	1 497	6	3 689	1
宜 宾	1 262	–	700	–	562	–
乐 山	1 964	–	1 962	–	2	–
南 充	5 675	–	623	–	5 053	–
广 安	3 812	–	54	–	3 759	–
达 州	1 546	–	771	–	775	–

5-15 规模以上港口水泥吞吐量

单位：千吨

港口	总计		出港		进港	
		外贸		外贸		外贸
总 计	**348 334**	**17 113**	**230 826**	**6 848**	**117 508**	**10 265**
沿海合计	**82 997**	**7 909**	**26 427**	**1 957**	**56 570**	**5 952**
丹 东	191	–	191	–	–	–
大 连	2 961	12	2 961	12	–	–
营 口	1 792	–	1 792	–	–	–
锦 州	763	–	756	–	7	–
秦皇岛	2 734	–	2 734	–	–	–
黄 骅	66	–	66	–	–	–
唐 山	2 228	–	2 228	–	–	–
天 津	396	26	22	21	374	5
烟 台	4 541	1 390	975	16	3 566	1 374
威 海	394	124	–	–	394	124
青 岛	424	110	–	–	424	110
日 照	4 547	705	3 793	6	754	699
上 海	3 193	4	4	4	3 189	–
连云港	440	318	33	–	407	318
盐 城	1 317	51	–	–	1 317	51
嘉 兴	1	–	1	–	–	–
宁波舟山	16 884	1 469	5 573	–	11 311	1 469
#宁 波	13 229	186	4 029	–	9 200	186
舟 山	3 655	1 283	1 544	–	2 111	1 283
台 州	3 341	–	312	–	3 029	–
温 州	8 776	2	–	–	8 776	2
福 州	7 826	665	25	–	7 801	665
#福州市港口	5 680	665	25	–	5 655	665
宁德市港口	2 146	–	–	–	2 146	–
莆 田	710	–	–	–	710	–
泉 州	1 251	–	29	–	1 222	–

5-15 （续表一）

单位：千吨

港　口	总计	外贸	出港	外贸	进港	外贸
厦　门	1 922	375	345	…	1 577	375
#厦门市港口	1 265	375	111	…	1 154	375
漳州市港口	657	–	234	–	423	–
汕　头	2 256	25	16	–	2 240	25
汕　尾	–	–	–	–	–	–
惠　州	2 415	–	–	–	2 415	–
深　圳	89	–	–	–	89	–
虎　门	2 250	1 539	1 483	1 326	767	213
广　州	658	4	316	…	342	3
中　山	3 226	…	177	–	3 048	…
珠　海	1 554	74	143	–	1 411	74
江　门	717	–	546	–	171	–
阳　江	16	–	16	–	–	–
茂　名	–	–	–	–	–	–
湛　江	53	37	–	–	53	37
广西北部湾港	2 163	574	1 884	571	279	3
#北　海	145	3	141	–	4	3
钦　州	993	16	991	16	2	–
防　城	1 024	555	752	555	272	–
海　口	244	…	…	–	244	…
洋　浦	659	403	5	–	654	403
八　所	–	–	–	–	–	–
内河合计	**265 337**	**9 204**	**204 399**	**4 891**	**60 938**	**4 313**
哈尔滨	–	–	–	–	–	–
佳木斯	2	2	2	2	–	–
上　海	3 794	–	1 288	–	2 506	–
南　京	1 677	827	1 471	827	206	–

5-15 （续表二）

单位：千吨

港口	总计		出港		进港	
		外贸		外贸		外贸
镇江	7 785	44	6 638	44	1 147	–
苏州	1 297	189	1 199	189	98	–
南通	18 397	5 819	7 400	1 506	10 997	4 313
常州	–	–	–	–	–	–
江阴	–	–	–	–	–	–
扬州	3 636	1 987	3 635	1 987	1	–
泰州	4 074	–	2 560	–	1 514	–
徐州	184	–	150	–	34	–
连云港	291	–	–	–	291	–
无锡	9 477	–	4 741	–	4 736	–
宿迁	374	–	–	–	374	–
淮安	1 432	–	872	–	560	–
扬州内河	2 165	–	299	–	1 866	–
镇江内河	140	–	13	–	127	–
杭州	3 569	–	801	–	2 769	–
嘉兴内河	10 745	–	1 698	–	9 047	–
湖州	23 365	–	19 488	–	3 876	–
合肥	2 490	–	2 487	–	3	–
亳州	1	–	–	–	1	–
阜阳	797	–	–	–	797	–
淮南	2 336	–	431	–	1 905	–
滁州	63	–	2	–	61	–
马鞍山	7 990	–	7 830	–	160	–
芜湖	31 863	170	31 648	170	215	–
铜陵	29 953	–	29 953	–	–	–
池州	14 158	–	14 103	–	55	–
安庆	2 568	21	1 624	21	943	–
南昌	4 693	–	32	–	4 661	–
九江	10 999	–	10 871	–	128	–

5-15 （续表三）

单位：千吨

港口	总计	外贸	出港	外贸	进港	外贸
武汉	2 781	–	27	–	2 755	–
黄石	4 265	–	4 262	–	3	–
荆州	302	–	295	–	8	–
宜昌	1 368	–	1 133	–	235	–
长沙	404	–	–	–	404	–
湘潭	–	–	–	–	–	–
株洲	–	–	–	–	–	–
岳阳	337	–	30	–	307	–
番禺	79	–	1	–	79	–
新塘	32	–	–	–	32	–
五和	1 448	130	1 448	130	–	–
中山	1 334	–	26	–	1 308	–
佛山	2 494	16	2 020	16	473	…
江门	546	–	14	–	532	–
虎门	63	–	1	–	61	–
肇庆	9 815	…	9 501	…	314	–
惠州	538	–	–	–	538	–
南宁	2 117	–	2 014	–	103	–
柳州	–	–	–	–	–	–
贵港	17 762	–	17 065	–	696	–
梧州	85	–	18	–	67	–
来宾	1 549	–	1 538	–	11	–
重庆	17 241	–	13 655	–	3 586	–
泸州	318	–	104	–	214	–
宜宾	127	–	–	–	127	–
乐山	–	–	–	–	–	–
南充	15	–	9	–	6	–
广安	–	–	–	–	–	–
达州	–	–	–	–	–	–

5-16　规模以上港口木材吞吐量

单位：千吨

港　口	总计		出港		进港	
		外贸		外贸		外贸
总　计	**105 628**	**78 852**	**18 552**	**2 449**	**87 077**	**76 404**
沿海合计	**62 016**	**52 199**	**7 255**	**2 137**	**54 762**	**50 062**
丹　东	86	86	–	–	86	86
大　连	711	11	430	–	281	11
营　口	2	…	2	…	–	–
锦　州	–	–	–	–	–	–
秦皇岛	1	–	–	–	1	–
黄　骅	–	–	–	–	–	–
唐　山	2 009	2 009	–	–	2 009	2 009
天　津	976	815	133	57	843	758
烟　台	2 712	2 016	270	…	2 441	2 016
威　海	–	–	–	–	–	–
青　岛	1 286	1 286	…	…	1 286	1 286
日　照	24 866	24 866	–	–	24 866	24 866
上　海	35	31	2	–	33	31
连云港	2 403	2 403	1 514	1 514	889	889
盐　城	1 391	1 391	–	–	1 391	1 391
嘉　兴	19	–	–	–	19	–
宁波舟山	71	16	…	–	71	16
#宁　波	70	16	…	–	70	16
舟　山	1	–	–	–	1	–
台　州	1	–	–	–	1	–
温　州	26	2	–	–	26	2
福　州	74	…	1	…	73	–
#福州市港口	70	…	1	…	69	–
宁德市港口	4	–	–	–	4	–
莆　田	879	876	–	–	879	876
泉　州	202	131	–	–	202	131

5-16 （续表一）

单位：千吨

港口	总计	外贸	出港	外贸	进港	外贸
厦　门	1 392	1 353	14	…	1 379	1 353
#厦门市港口	3	…	3	…	–	–
漳州市港口	1 389	1 353	11	–	1 379	1 353
汕　头	47	7	21	4	26	3
汕　尾	87	–	87	–	–	–
惠　州	2	–	–	–	2	–
深　圳	14	–	14	–	–	–
虎　门	2 534	1 710	275	5	2 259	1 706
广　州	4 799	1 668	1 513	53	3 286	1 615
中　山	670	112	17	7	653	106
珠　海	–	–	–	–	–	–
江　门	41	7	13	1	28	6
阳　江	3	–	3	–	–	–
茂　名	18	–	14	–	4	–
湛　江	1 922	1 910	61	50	1 861	1 860
广西北部湾港	5 018	3 012	2 133	444	2 885	2 567
#北　海	118	–	16	–	102	–
钦　州	4 184	2 343	2 082	444	2 103	1 899
防　城	715	668	35	–	680	668
海　口	886	3	402	3	484	…
洋　浦	6 835	6 479	334	–	6 500	6 479
八　所	–	–	–	–	–	–
内河合计	**43 612**	**26 653**	**11 297**	**311**	**32 315**	**26 342**
哈尔滨	–	–	–	–	–	–
佳木斯	221	203	10	–	211	203
上　海	–	–	–	–	–	–
南　京	–	–	–	–	–	–

5-16 （续表二）

单位：千吨

港口	总计		出港		进港	
		外贸		外贸		外贸
镇　江	4 022	2 892	1 129	–	2 893	2 892
苏　州	17 145	14 013	2 709	3	14 437	14 010
南　通	1 683	1 654	29	–	1 654	1 654
常　州	–	–	–	–	–	–
江　阴	154	72	59	10	95	63
扬　州	1 362	864	496	–	865	864
泰　州	9 496	4 745	4 786	58	4 709	4 686
徐　州	110	–	37	–	73	–
连云港	–	–	–	–	–	–
无　锡	–	–	–	–	–	–
宿　迁	185	–	4	–	182	–
淮　安	75	–	9	–	66	–
扬州内河	92	–	–	–	92	–
镇江内河	13	–	–	–	13	–
杭　州	36	–	–	–	36	–
嘉兴内河	2	–	–	–	2	–
湖　州	645	–	–	–	645	–
合　肥	5	–	1	–	4	–
亳　州	–	–	–	–	–	–
阜　阳	–	–	–	–	–	–
淮　南	–	–	–	–	–	–
滁　州	–	–	–	–	–	–
马鞍山	1	–	1	–	–	–
芜　湖	–	–	–	–	–	–
铜　陵	–	–	–	–	–	–
池　州	77	–	1	–	76	–
安　庆	5	–	…	–	5	–
南　昌	167	–	25	–	142	–
九　江	306	–	–	–	306	–

5-16 （续表三）

单位：千吨

港口	总计	外贸	出港	外贸	进港	外贸
武汉	36	–	1	–	34	–
黄石	–	–	–	–	–	–
荆州	321	–	36	–	285	–
宜昌	7	…	3	…	4	–
长沙	7	1	1	1	7	…
湘潭	–	–	–	–	–	–
株洲	–	–	–	–	–	–
岳阳	1 239	–	–	–	1 239	–
番禺	–	–	–	–	–	–
新塘	–	–	–	–	–	–
五和	–	–	–	–	–	–
中山	798	43	9	1	789	42
佛山	2 278	1 994	258	163	2 020	1 832
江门	210	100	114	17	96	83
虎门	50	–	25	–	25	–
肇庆	90	3	66	3	24	–
惠州	–	–	–	–	–	–
南宁	136	–	135	–	1	–
柳州	1	–	1	–	–	–
贵港	320	42	246	42	74	…
梧州	526	8	525	8	1	–
来宾	138	–	138	–	–	–
重庆	1 524	–	412	–	1 112	–
泸州	102	18	24	5	78	13
宜宾	24	–	2	–	23	–
乐山	6	–	4	–	2	–
南充	–	–	–	–	–	–
广安	–	–	–	–	–	–
达州	–	–	–	–	–	–

5-17 规模以上港口非金属矿石吞吐量

单位：千吨

港口	总计	外贸	出港	外贸	进港	外贸
总计	**351 569**	**88 678**	**168 582**	**12 641**	**182 987**	**76 037**
沿海合计	**203 534**	**80 419**	**85 626**	**9 947**	**117 908**	**70 472**
丹东	471	198	471	198	–	–
大连	1 290	96	928	87	363	9
营口	4 420	3 625	4 299	3 519	121	106
锦州	1 687	212	1 687	212	–	–
秦皇岛	1 784	201	1 212	–	573	201
黄骅	2 945	1 937	–	–	2 945	1 937
唐山	2 325	1 321	–	–	2 325	1 321
天津	3 138	2 244	2 212	1 713	925	531
烟台	116 658	58 526	46 025	330	70 633	58 196
威海	5 789	2 918	2 755	–	3 034	2 918
青岛	57	12	36	5	20	7
日照	4 233	3 202	468	215	3 765	2 987
上海	3 062	6	186	5	2 876	1
连云港	1 176	1 086	681	681	495	405
盐城	229	–	136	–	93	–
嘉兴	299	–	–	–	299	–
宁波舟山	8 959	428	3 427	80	5 532	348
#宁波	5 595	395	96	80	5 499	315
舟山	3 364	33	3 332	–	33	33
台州	3 399	–	–	–	3 399	–
温州	511	–	86	–	425	–
福州	3 872	38	660	28	3 212	10
#福州市港口	3 080	24	582	24	2 498	–
宁德市港口	792	14	77	4	715	10
莆田	107	28	21	–	87	28
泉州	909	287	129	83	780	204

5-17 （续表一）

单位：千吨

港口	总计	外贸	出港	外贸	进港	外贸
厦门	3 106	190	2 563	190	543	–
#厦门市港口	218	187	212	187	6	–
漳州市港口	2 888	3	2 350	3	537	–
汕头	959	109	403	25	556	83
汕尾	245	–	245	–	–	–
惠州	320	–	107	–	213	–
深圳	–	–	–	–	–	–
虎门	3 028	165	1 147	82	1 881	83
广州	2 197	853	1 172	833	1 025	19
中山	2 530	37	2 030	2	500	35
珠海	3 007	–	2	–	3 005	–
江门	3 925	28	1 943	27	1 982	1
阳江	–	–	–	–	–	–
茂名	73	73	44	44	29	29
湛江	2 232	351	274	265	1 958	86
广西北部湾港	8 799	2 118	6 840	1 310	1 959	808
#北海	3 086	220	3 061	220	25	–
钦州	4 014	389	2 815	290	1 199	100
防城	1 699	1 508	964	800	734	708
海口	4 838	121	3 319	13	1 519	108
洋浦	658	10	59	–	599	10
八所	294	–	56	–	237	–
内河合计	**148 035**	**8 258**	**82 956**	**2 694**	**65 079**	**5 565**
哈尔滨	–	–	–	–	–	–
佳木斯	–	–	–	–	–	–
上海	26	–	3	–	23	–
南京	3 055	67	448	17	2 607	50

5-17 （续表二）

单位：千吨

港口	总计	外贸	出港	外贸	进港	外贸
镇江	8 889	4 145	3 812	1 349	5 077	2 796
苏州	1 335	204	182	98	1 154	106
南通	5 649	2 488	2 943	495	2 706	1 993
常州	33	–	4	–	28	–
江阴	84	–	–	–	84	–
扬州	1 301	572	630	–	672	572
泰州	1 686	151	718	143	968	8
徐州	381	–	34	–	347	–
连云港	314	–	76	–	238	–
无锡	114	–	12	–	102	–
宿迁	251	–	–	–	251	–
淮安	3 926	–	–	–	3 926	–
扬州内河	–	–	–	–	–	–
镇江内河	29	–	24	–	5	–
杭州	1 039	–	962	–	77	–
嘉兴内河	1 564	–	101	–	1 463	–
湖州	3 405	–	469	–	2 936	–
合肥	849	–	406	–	443	–
亳州	–	–	–	–	–	–
阜阳	–	–	–	–	–	–
淮南	15	–	–	–	15	–
滁州	4 365	–	3 890	–	475	–
马鞍山	8 352	–	4 363	–	3 988	–
芜湖	3 650	–	331	–	3 320	–
铜陵	7 404	91	4 879	84	2 525	7
池州	18 490	431	18 294	428	196	3
安庆	184	–	39	–	144	–
南昌	185	62	99	60	86	2
九江	4 070	–	833	–	3 237	–

5-17 （续表三）

单位：千吨

港口	总计	外贸	出港	外贸	进港	外贸
武汉	5 419	–	25	–	5 394	–
黄石	1 534	5	671	–	863	5
荆州	4 818	–	1 448	–	3 371	–
宜昌	15 584	19	11 150	14	4 435	4
长沙	1 388	13	619	1	769	12
湘潭	78	–	73	–	5	–
株洲	4	–	–	–	4	–
岳阳	1 400	–	931	–	469	–
番禺	–	–	–	–	–	–
新塘	817	–	–	–	817	–
五和	–	–	–	–	–	–
中山	560	1	23	–	538	1
佛山	16	2	2	1	14	1
江门	4 380	–	955	–	3 425	–
虎门	693	2	406	2	288	–
肇庆	1 664	2	1 041	–	624	2
惠州	551	–	547	–	4	–
南宁	710	–	707	–	3	–
柳州	–	–	–	–	–	–
贵港	4 765	1	2 692	1	2 073	–
梧州	3 115	–	2 785	–	331	–
来宾	8 267	–	8 267	–	–	–
重庆	8 409	–	4 460	–	3 949	–
泸州	697	1	288	–	409	1
宜宾	2 512	–	2 311	–	201	–
乐山	5	–	5	–	–	–
南充	–	–	–	–	–	–
广安	–	–	–	–	–	–
达州	–	–	–	–	–	–

5-18　规模以上港口化学肥料及农药吞吐量

单位：千吨

港　口	总计	外贸	出港	外贸	进港	外贸
总　计	**52 931**	**26 765**	**30 493**	**19 129**	**22 438**	**7 637**
沿海合计	**25 443**	**19 214**	**15 550**	**12 425**	**9 893**	**6 789**
丹　东	–	–	–	–	–	–
大　连	17	9	12	9	5	–
营　口	2 141	1 630	346	346	1 795	1 284
锦　州	11	11	11	11	–	–
秦皇岛	340	321	163	163	178	158
黄　骅	94	78	94	78	–	–
唐　山	116	91	26	26	90	65
天　津	1 497	1 477	1 424	1 411	73	66
烟　台	3 953	3 711	2 525	2 363	1 428	1 348
威　海	–	–	–	–	–	–
青　岛	753	745	304	301	449	444
日　照	179	175	174	173	5	2
上　海	21	2	3	2	18	–
连云港	1 147	1 136	276	266	871	870
盐　城	–	–	–	–	–	–
嘉　兴	–	–	–	–	–	–
宁波舟山	138	103	103	103	34	–
#宁　波	137	103	103	103	34	–
舟　山	…	–	–	–	…	–
台　州	20	–	–	–	20	–
温　州	3	–	–	–	3	–
福　州	691	458	644	458	46	–
#福州市港口	679	458	644	458	34	–
宁德市港口	12	–	–	–	12	–
莆　田	–	–	–	–	–	–
泉　州	3	–	–	–	3	–

5-18 （续表一）

单位：千吨

港口	总计	外贸	出港	外贸	进港	外贸
厦门	123	34	34	34	88	–
#厦门市港口	72	34	34	34	38	–
漳州市港口	51	–	–	–	51	–
汕头	89	–	15	–	73	–
汕尾	–	–	–	–	–	–
惠州	–	–	–	–	–	–
深圳	–	–	–	–	–	–
虎门	1 695	1 223	368	…	1 327	1 223
广州	202	57	69	17	133	40
中山	5	1	1	1	4	–
珠海	–	–	–	–	–	–
江门	14	–	1	–	13	–
阳江	–	–	–	–	–	–
茂名	16	–	–	–	16	–
湛江	2 081	2 015	1 345	1 326	736	688
广西北部湾港	7 888	5 763	6 416	5 166	1 472	597
#北海	932	848	866	790	66	58
钦州	2 184	864	1 099	565	1 085	299
防城	4 772	4 051	4 451	3 811	321	240
海口	1 181	4	352	…	829	4
洋浦	203	3	27	3	176	–
八所	827	166	817	166	10	–
内河合计	**27 488**	**7 551**	**14 943**	**6 703**	**12 545**	**848**
哈尔滨	–	–	–	–	–	–
佳木斯	–	–	–	–	–	–
上海	3	–	…	–	3	–
南京	5 216	2 832	2 780	2 452	2 435	381

5-18 （续表二）

单位：千吨

港口	总计		出港		进港	
		外贸		外贸		外贸
镇江	3 586	1 784	1 898	1 760	1 688	24
苏州	2 342	1 126	1 145	1 057	1 197	70
南通	2 936	1 259	1 371	1 072	1 564	186
常州	116	–	44	–	72	–
江阴	278	4	120	3	158	1
扬州	45	–	22	–	23	–
泰州	944	445	428	284	516	161
徐州	11	–	–	–	11	–
连云港	57	–	10	–	47	–
无锡	1 473	–	881	–	592	–
宿迁	5	–	–	–	5	–
淮安	1 060	–	137	–	923	–
扬州内河	1	–	1	–	1	–
镇江内河	14	–	–	–	14	–
杭州	75	–	3	–	72	–
嘉兴内河	62	–	27	–	35	–
湖州	–	–	–	–	–	–
合肥	6	–	–	–	6	–
亳州	–	–	–	–	–	–
阜阳	12	–	10	–	1	–
淮南	–	–	–	–	–	–
滁州	55	–	8	–	47	–
马鞍山	11	–	11	–	1	–
芜湖	–	–	–	–	–	–
铜陵	120	–	92	–	28	–
池州	38	–	1	–	37	–
安庆	93	–	12	–	81	–
南昌	60	–	–	–	60	–
九江	411	–	57	–	354	–

5-18 （续表三）

单位：千吨

港口	总计	外贸	出港	外贸	进港	外贸
武 汉	429	–	237	–	192	–
黄 石	13	–	7	–	6	–
荆 州	422	–	372	–	49	–
宜 昌	3 416	55	2 417	55	999	–
长 沙	12	10	1	1	11	8
湘 潭	60	–	–	–	60	–
株 洲	33	–	–	–	33	–
岳 阳	9	–	–	–	9	–
番 禺	–	–	–	–	–	–
新 塘	61	–	–	–	61	–
五 和	–	–	–	–	–	–
中 山	2	…	…	…	2	–
佛 山	4	…	…	…	3	–
江 门	57	34	20	19	37	15
虎 门	54	–	7	–	48	–
肇 庆	34	–	4	–	30	–
惠 州	–	–	–	–	–	–
南 宁	37	–	–	–	37	–
柳 州	–	–	–	–	–	–
贵 港	300	–	137	–	163	–
梧 州	100	–	1	–	99	–
来 宾	1	–	1	–	–	–
重 庆	2 765	–	2 162	–	603	–
泸 州	238	2	226	…	11	1
宜 宾	387	–	287	–	100	–
乐 山	–	–	–	–	–	–
南 充	25	–	7	–	18	–
广 安	–	–	–	–	–	–
达 州	–	–	–	–	–	–

5-19 规模以上港口盐吞吐量

单位：千吨

港口	总计	外贸	出港	外贸	进港	外贸
总计	**23 262**	**9 623**	**6 492**	**320**	**16 769**	**9 302**
沿海合计	**11 619**	**8 946**	**1 676**	**134**	**9 943**	**8 812**
丹东	4	–	4	–	–	–
大连	151	135	8	–	143	135
营口	656	642	–	–	656	642
锦州	838	838	–	–	838	838
秦皇岛	–	–	–	–	–	–
黄骅	62	62	–	–	62	62
唐山	1 425	1 395	–	–	1 425	1 395
天津	558	530	31	5	527	524
烟台	1 323	533	814	29	509	504
威海	95	–	–	–	95	–
青岛	475	475	–	–	475	475
日照	51	51	51	51	–	–
上海	1 013	810	–	–	1 013	810
连云港	747	574	217	43	530	530
盐城	777	341	436	–	341	341
嘉兴	545	289	–	–	545	289
宁波舟山	1 684	1 470	38	4	1 645	1 466
#宁波	1 537	1 365	6	–	1 531	1 365
舟山	147	105	33	4	114	101
台州	–	–	–	–	–	–
温州	–	–	–	–	–	–
福州	485	448	–	–	485	448
#福州市港口	485	448	–	–	485	448
宁德市港口	–	–	–	–	–	–
莆田	–	–	–	–	–	–
泉州	225	225	–	–	225	225

5-19 （续表一）

单位：千吨

港口	总计	外贸	出港	外贸	进港	外贸
厦门	27	27	–	–	27	27
#厦门市港口	27	27	–	–	27	27
漳州市港口	–	–	–	–	–	–
汕头	28	–	…	–	28	–
汕尾	–	–	–	–	–	–
惠州	–	–	–	–	–	–
深圳	–	–	–	–	–	–
虎门	78	1	27	…	51	1
广州	111	1	15	…	96	1
中山	28	…	…	…	28	…
珠海	–	–	–	–	–	–
江门	8	–	1	–	7	–
阳江	–	–	–	–	–	–
茂名	–	–	–	–	–	–
湛江	–	–	–	–	–	–
广西北部湾港	135	34	29	–	106	34
#北海	17	–	–	–	17	–
钦州	110	34	29	–	81	34
防城	7	–	–	–	7	–
海口	20	–	4	–	15	–
洋浦	70	67	…	–	70	67
八所	–	–	–	–	–	–
内河合计	**11 643**	**677**	**4 816**	**187**	**6 826**	**490**
哈尔滨	–	–	–	–	–	–
佳木斯	–	–	–	–	–	–
上海	61	–	–	–	61	–
南京	415	3	3	3	413	–

5-19（续表二）

单位：千吨

港口	总计	外贸	出港	外贸	进港	外贸
镇江	1 530	54	1 463	54	68	–
苏州	150	5	5	5	145	–
南通	712	3	223	3	489	–
常州	–	–	–	–	–	–
江阴	–	–	–	–	–	–
扬州	–	–	–	–	–	–
泰州	1 812	579	207	90	1 605	489
徐州	–	–	–	–	–	–
连云港	46	–	–	–	46	–
无锡	15	–	–	–	15	–
宿迁	–	–	–	–	–	–
淮安	1 807	–	1 687	–	120	–
扬州内河	198	–	–	–	198	–
镇江内河	–	–	–	–	–	–
杭州	23	–	–	–	23	–
嘉兴内河	361	–	–	–	361	–
湖州	21	–	–	–	21	–
合肥	76	…	3	…	73	…
亳州	–	–	–	–	–	–
阜阳	–	–	–	–	–	–
淮南	–	–	–	–	–	–
滁州	–	–	–	–	–	–
马鞍山	943	–	–	–	943	–
芜湖	203	–	–	–	203	–
铜陵	–	–	–	–	–	–
池州	–	–	–	–	–	–
安庆	2	–	–	–	2	–
南昌	62	31	62	31	…	–
九江	436	–	–	–	436	–

5-19 （续表三）

单位：千吨

港口	总计	外贸	出港	外贸	进港	外贸
武汉	5	–	4	–	1	–
黄石	1	–	1	–	–	–
荆州	–	–	–	–	–	–
宜昌	570	–	40	–	530	–
长沙	4	…	2	…	2	…
湘潭	–	–	–	–	–	–
株洲	15	–	–	–	15	–
岳阳	179	–	86	–	93	–
番禺	–	–	–	–	–	–
新塘	–	–	–	–	–	–
五和	–	–	–	–	–	–
中山	6	1	5	1	1	1
佛山	6	–	–	–	6	–
江门	26	–	…	–	26	–
虎门	4	–	1	–	3	–
肇庆	3	–	–	–	3	–
惠州	–	–	–	–	–	–
南宁	–	–	–	–	–	–
柳州	–	–	–	–	–	–
贵港	–	–	–	–	–	–
梧州	11	–	–	–	11	–
来宾	–	–	–	–	–	–
重庆	1 717	–	898	–	818	–
泸州	…	…	…	…	…	…
宜宾	161	–	78	–	83	–
乐山	50	–	50	–	–	–
南充	12	–	–	–	12	–
广安	–	–	–	–	–	–
达州	–	–	–	–	–	–

5-20　规模以上港口粮食吞吐量

单位：千吨

港　口	总计		出港		进港	
		外贸		外贸		外贸
总　计	**315 200**	**110 645**	**102 045**	**2 603**	**213 155**	**108 042**
沿海合计	**211 376**	**91 851**	**70 896**	**1 999**	**140 480**	**89 852**
丹　东	4 393	655	3 737	–	655	655
大　连	14 662	6 699	8 798	1 181	5 864	5 518
营　口	15 843	2 774	13 010	7	2 833	2 768
锦　州	10 899	95	10 831	39	68	56
秦皇岛	2 271	2 228	–	–	2 271	2 228
黄　骅	1 385	1 373	–	–	1 385	1 373
唐　山	966	862	–	–	966	862
天　津	8 579	7 923	435	169	8 144	7 754
烟　台	5 053	3 022	395	11	4 658	3 011
威　海	30	–	9	–	21	–
青　岛	6 117	5 965	89	73	6 028	5 892
日　照	12 125	11 571	87	–	12 039	11 571
上　海	2 153	1 196	697	–	1 457	1 196
连云港	5 691	5 638	59	45	5 631	5 592
盐　城	5 727	1 452	2 179	–	3 547	1 452
嘉　兴	–	–	–	–	–	–
宁波舟山	9 206	5 557	3 779	236	5 427	5 321
#宁　波	2 397	1 598	719	–	1 678	1 598
舟　山	6 810	3 958	3 060	236	3 749	3 723
台　州	20	–	5	–	15	–
温　州	59	–	31	–	28	–
福　州	2 423	2 273	–	–	2 423	2 273
#福州市港口	2 420	2 273	–	–	2 420	2 273
宁德市港口	3	–	–	–	3	–
莆　田	746	517	11	–	736	517
泉　州	1 384	1 033	–	–	1 384	1 033

5-20 （续表一）

单位：千吨

港 口	总计	外贸	出港	外贸	进港	外贸
厦 门	2 892	1 219	43	38	2 849	1 181
# 厦门市港口	833	726	43	38	790	688
漳州市港口	2 060	493	–	–	2 060	493
汕 头	1 472	50	4	–	1 468	50
汕 尾	–	–	–	–	–	–
惠 州	19	–	1	–	18	–
深 圳	14 786	3 179	6 455	–	8 331	3 179
虎 门	24 543	3 919	9 034	35	15 509	3 884
广 州	25 896	9 532	8 531	91	17 365	9 441
中 山	195	1	2	…	192	1
珠 海	57	40	38	38	19	2
江 门	1 005	–	159	–	846	–
阳 江	1 668	1 183	–	–	1 668	1 183
茂 名	2 454	–	19	–	2 435	–
湛 江	3 172	2 133	15	–	3 157	2 133
广西北部湾港	18 717	9 761	1 700	36	17 017	9 725
# 北 海	2 003	1 852	14	–	1 989	1 852
钦 州	10 228	3 133	1 197	36	9 031	3 098
防 城	6 486	4 776	489	–	5 997	4 776
海 口	4 415	…	614	…	3 801	–
洋 浦	345	–	120	–	225	–
八 所	7	–	7	–	–	–
内河合计	**103 824**	**18 794**	**31 149**	**604**	**72 675**	**18 189**
哈尔滨	–	–	–	–	–	–
佳木斯	–	–	–	–	–	–
上 海	561	–	312	–	248	–
南 京	1 753	999	657	301	1 096	699

5-20 （续表二）

单位：千吨

港口	总计	外贸	出港	外贸	进港	外贸
镇　江	7 557	3 661	2 454	–	5 103	3 661
苏　州	10 388	4 862	3 309	180	7 078	4 682
南　通	12 463	5 356	4 509	–	7 954	5 356
常　州	–	–	–	–	–	–
江　阴	2 750	446	1 260	36	1 491	411
扬　州	6	–	4	–	2	–
泰　州	26 565	3 065	11 136	3	15 429	3 061
徐　州	284	–	24	–	260	–
连云港	347	–	345	–	2	–
无　锡	2 008	–	532	–	1 476	–
宿　迁	571	–	131	–	439	–
淮　安	1 537	–	1 025	–	512	–
扬州内河	546	–	470	–	76	–
镇江内河	428	–	–	–	428	–
杭　州	368	–	153	–	215	–
嘉兴内河	1 200	–	275	–	924	–
湖　州	260	–	67	–	193	–
合　肥	2 187	…	1 016	…	1 171	…
亳　州	198	–	63	–	135	–
阜　阳	87	–	69	–	18	–
淮　南	19	–	–	–	19	–
滁　州	447	–	261	–	185	–
马鞍山	1 775	–	65	–	1 710	–
芜　湖	543	–	42	–	501	–
铜　陵	–	–	–	–	–	–
池　州	103	–	7	–	96	–
安　庆	168	36	41	–	127	36
南　昌	4 053	37	370	16	3 683	20
九　江	134	–	1	–	133	–

5-20 （续表三）

单位：千吨

港口	总计	外贸	出港	外贸	进港	外贸
武 汉	2 236	–	116	–	2 120	–
黄 石	165	–	50	–	116	–
荆 州	2 828	–	1 048	–	1 780	–
宜 昌	432	3	187	–	244	3
长 沙	940	8	5	…	935	8
湘 潭	–	–	–	–	–	–
株 洲	179	–	–	–	179	–
岳 阳	1 370	–	64	–	1 307	–
番 禺	951	–	4	–	947	–
新 塘	–	–	–	–	–	–
五 和	145	–	–	–	145	–
中 山	102	2	12	1	91	1
佛 山	1 645	205	138	35	1 507	170
江 门	1 501	19	159	11	1 342	8
虎 门	918	2	51	–	868	2
肇 庆	1 327	41	62	18	1 265	23
惠 州	43	–	–	–	43	–
南 宁	736	–	31	–	705	–
柳 州	9	–	–	–	9	–
贵 港	3 287	…	394	…	2 893	…
梧 州	1 744	37	35	2	1 708	35
来 宾	148	–	36	–	112	–
重 庆	3 520	–	111	–	3 409	–
泸 州	108	12	35	–	73	12
宜 宾	68	–	11	–	57	–
乐 山	–	–	–	–	–	–
南 充	116	–	1	–	114	–
广 安	3	–	1	–	2	–
达 州	–	–	–	–	–	–

5-21 规模以上港口机械、设备、电器吞吐量

单位：千吨

港口	总计	外贸	出港	外贸	进港	外贸
总计	**234 917**	**145 230**	**131 761**	**86 311**	**103 156**	**58 918**
沿海合计	**218 162**	**137 006**	**117 700**	**78 988**	**100 462**	**58 018**
丹 东	–	–	–	–	–	–
大 连	2 290	1 758	2 046	1 693	244	65
营 口	8 723	236	5 101	211	3 622	25
锦 州	7	–	…	–	7	–
秦皇岛	36	35	35	35	1	–
黄 骅	1	–	–	–	1	–
唐 山	128	40	92	39	36	1
天 津	52 539	35 561	29 711	21 416	22 829	14 146
烟 台	261	222	241	221	20	1
威 海	15	7	9	5	6	2
青 岛	7 204	1 341	1 315	1 298	5 889	43
日 照	22	10	9	9	13	1
上 海	85 175	71 910	45 088	38 358	40 087	33 553
连云港	1 622	1 618	1 594	1 590	28	28
盐 城	5 534	4 039	5 530	4 039	5	–
嘉 兴	13	–	13	–	…	–
宁波舟山	86	44	43	21	43	23
#宁 波	59	26	36	14	24	11
舟 山	27	18	7	7	20	11
台 州	1 086	1 086	–	–	1 086	1 086
温 州	–	–	–	–	–	–
福 州	65	4	39	4	26	…
#福州市港口	65	4	39	4	26	…
宁德市港口	–	–	–	–	–	–
莆 田	10	6	…	–	10	6
泉 州	6	…	…	…	5	–

5-21 （续表一）

单位：千吨

港口	总计		出港		进港	
		外贸		外贸		外贸
厦门	66	64	57	56	10	8
#厦门市港口	37	37	30	30	8	8
漳州市港口	29	27	27	27	2	…
汕头	2 018	748	1 023	422	995	326
汕尾	–	–	–	–	–	–
惠州	9	7	–	–	9	7
深圳	14	9	2	1	11	9
虎门	1 278	314	516	36	762	278
广州	37 039	15 644	18 317	7 747	18 722	7 897
中山	1 280	1 183	1 117	1 044	163	140
珠海	178	162	107	97	71	65
江门	145	43	87	29	58	14
阳江	2	…	–	–	2	…
茂名	5	…	4	…	1	–
湛江	…	…	…	…	…	…
广西北部湾港	1 060	717	626	527	434	190
#北海	35	–	15	–	20	–
钦州	954	665	547	475	407	190
防城	71	52	65	52	7	…
海口	10 204	191	4 968	88	5 236	103
洋浦	39	3	9	3	30	…
八所	1	–	1	–	…	–
内河合计	**16 755**	**8 224**	**14 061**	**7 324**	**2 693**	**900**
哈尔滨	–	–	–	–	–	–
佳木斯	–	–	–	–	–	–
上海	1	–	1	–	–	–
南京	1 319	412	1 315	410	5	2

5-21 （续表二）

单位：千吨

港口	总计	外贸	出港	外贸	进港	外贸
镇江	…	–	…	–	–	–
苏州	3 571	2 547	3 092	2 501	479	46
南通	2 034	163	1 898	116	137	47
常州	16	2	15	2	1	1
江阴	551	135	478	123	72	11
扬州	13	3	10	…	3	3
泰州	171	10	89	5	82	5
徐州	4	–	4	–	–	–
连云港	19	–	15	–	4	–
无锡	–	–	–	–	–	–
宿迁	–	–	–	–	–	–
淮安	48	–	45	–	3	–
扬州内河	–	–	–	–	–	–
镇江内河	–	–	–	–	–	–
杭州	127	–	109	–	18	–
嘉兴内河	–	–	–	–	–	–
湖州	1	–	1	–	–	–
合肥	824	234	779	213	45	21
亳州	–	–	–	–	–	–
阜阳	–	–	–	–	–	–
淮南	–	–	–	–	–	–
滁州	–	–	–	–	–	–
马鞍山	1	–	–	–	1	–
芜湖	–	–	–	–	–	–
铜陵	–	–	–	–	–	–
池州	–	–	–	–	–	–
安庆	9	1	…	–	9	1
南昌	116	113	64	62	52	51
九江	119	–	10	–	108	–

5-21 （续表三）

单位：千吨

港口	总计	外贸	出港	外贸	进港	外贸
武汉	291	–	223	–	69	–
黄石	30	29	22	21	8	8
荆州	2	–	…	–	2	–
宜昌	346	40	161	12	185	27
长沙	158	132	94	94	64	38
湘潭	–	–	–	–	–	–
株洲	12	–	12	–	–	–
岳阳	–	–	–	–	–	–
番禺	245	–	245	–	…	–
新塘	13	13	–	–	13	13
五和	218	73	36	–	182	73
中山	1 388	520	1 337	503	52	17
佛山	3 264	3 030	2 896	2 717	368	313
江门	716	619	533	458	183	160
虎门	10	2	5	…	5	2
肇庆	63	52	56	51	8	2
惠州	–	–	–	–	–	–
南宁	–	–	–	–	–	–
柳州	–	–	–	–	–	–
贵港	13	…	4	…	9	…
梧州	16	15	2	1	14	14
来宾	–	–	–	–	–	–
重庆	15	–	12	–	3	–
泸州	854	77	400	34	455	43
宜宾	116	–	66	–	51	–
乐山	40	–	36	–	4	–
南充	–	–	–	–	–	–
广安	–	–	–	–	–	–
达州	–	–	–	–	–	–

5-22 规模以上港口化工原料及制品吞吐量

单位：千吨

港口	总计	外贸	出港	外贸	进港	外贸
总计	**277 543**	**99 404**	**114 461**	**19 283**	**163 081**	**80 121**
沿海合计	**155 814**	**63 120**	**66 511**	**12 727**	**89 303**	**50 393**
丹 东	38	–	–	–	38	–
大 连	19 069	5 028	12 224	101	6 845	4 927
营 口	606	19	428	1	178	18
锦 州	1 859	531	1 647	531	211	–
秦皇岛	161	119	21	21	140	98
黄 骅	–	–	–	–	–	–
唐 山	757	76	724	56	33	20
天 津	20 672	11 074	13 814	6 265	6 858	4 809
烟 台	2 899	558	1 847	203	1 052	355
威 海	6	6	3	3	3	3
青 岛	3 646	1 592	2 658	807	988	784
日 照	370	304	130	87	240	217
上 海	7 321	2 302	2 887	127	4 434	2 175
连云港	4 567	3 839	989	390	3 578	3 449
盐 城	711	273	237	22	474	251
嘉 兴	6 883	3 270	266	71	6 617	3 199
宁波舟山	19 924	10 863	5 330	255	14 594	10 608
#宁 波	17 069	9 714	3 726	239	13 343	9 475
舟 山	2 855	1 149	1 604	16	1 252	1 133
台 州	137	–	16	–	121	–
温 州	494	50	–	–	494	50
福 州	2 363	793	262	13	2 101	781
#福州市港口	2 363	793	262	13	2 101	781
宁德市港口	–	–	–	–	–	–
莆 田	217	102	109	102	107	–
泉 州	4 647	578	2 460	23	2 187	555

5-22 （续表一）

单位：千吨

港口	总计	外贸	出港	外贸	进港	外贸
厦　门	3 390	1 091	994	4	2 395	1 088
# 厦门市港口	513	321	13	4	499	317
漳州市港口	2 877	770	981	–	1 896	770
汕　头	2 563	91	199	35	2 363	55
汕　尾	–	–	–	–	–	–
惠　州	4 508	456	3 357	62	1 150	395
深　圳	286	13	–	–	286	13
虎　门	11 644	4 171	1 832	106	9 812	4 064
广　州	5 658	3 335	1 201	689	4 457	2 645
中　山	1 069	559	225	194	844	365
珠　海	3 794	1 782	749	50	3 046	1 731
江　门	654	83	295	33	359	49
阳　江	887	19	365	14	523	5
茂　名	451	40	451	40	–	–
湛　江	1 956	1 518	316	–	1 640	1 518
广西北部湾港	10 925	6 047	5 522	2 405	5 403	3 642
# 北　海	875	727	184	143	691	584
钦　州	6 130	2 112	4 044	1 492	2 085	620
防　城	3 920	3 208	1 294	770	2 626	2 438
海　口	2 715	44	1 100	15	1 615	28
洋　浦	6 538	2 495	2 529	1	4 010	2 494
八　所	1 428	–	1 322	–	106	–
内河合计	**121 729**	**36 284**	**47 951**	**6 556**	**73 779**	**29 728**
哈尔滨	–	–	–	–	–	–
佳木斯	–	–	–	–	–	–
上　海	10	–	–	–	10	–
南　京	14 558	4 187	6 419	1 344	8 139	2 843

5-22 （续表二）

单位：千吨

港口	总计	外贸	出港	外贸	进港	外贸
镇江	6 976	1 928	2 061	223	4 915	1 705
苏州	25 107	14 849	6 908	1 966	18 198	12 883
南通	5 844	1 876	2 138	234	3 706	1 641
常州	1 351	519	286	5	1 065	513
江阴	15 164	8 164	3 429	559	11 735	7 605
扬州	685	197	202	–	483	197
泰州	6 260	2 423	3 039	1 067	3 221	1 355
徐州	5	–	–	–	5	–
连云港	171	–	39	–	132	–
无锡	1 924	–	158	–	1 767	–
宿迁	211	–	50	–	161	–
淮安	5 947	–	5 413	–	534	–
扬州内河	169	1	160	–	9	1
镇江内河	51	–	43	–	7	–
杭州	392	–	1	–	391	–
嘉兴内河	4 276	–	790	–	3 486	–
湖州	1 512	–	109	–	1 403	–
合肥	715	26	601	3	114	23
亳州	–	–	–	–	–	–
阜阳	–	–	–	–	–	–
淮南	–	–	–	–	–	–
滁州	84	–	–	–	84	–
马鞍山	294	–	22	–	272	–
芜湖	1 403	–	1 292	–	111	–
铜陵	2 386	–	2 352	–	34	–
池州	887	–	711	–	176	–
安庆	968	6	554	4	415	2
南昌	28	2	–	–	28	2
九江	755	–	417	–	339	–

5-22 （续表三）

单位：千吨

港口	总计	外贸	出港	外贸	进港	外贸
武汉	697	–	374	–	323	–
黄石	492	275	253	122	239	154
荆州	598	–	203	–	395	–
宜昌	3 037	189	1 117	175	1 920	14
长沙	622	353	332	310	289	43
湘潭	–	–	–	–	–	–
株洲	8	–	–	–	8	–
岳阳	675	–	249	–	426	–
番禺	–	–	–	–	–	–
新塘	2 688	–	33	–	2 655	–
五和	–	–	–	–	–	–
中山	358	83	36	25	322	58
佛山	945	577	277	216	668	362
江门	1 382	366	315	154	1 067	213
虎门	327	6	31	…	296	6
肇庆	327	74	190	32	137	42
惠州	–	–	–	–	–	–
南宁	13	–	5	–	9	–
柳州	2	–	2	–	–	–
贵港	572	…	497	…	75	…
梧州	1 420	72	1 093	72	328	…
来宾	32	–	32	–	–	–
重庆	6 897	–	4 213	–	2 683	–
泸州	1 078	111	634	44	445	66
宜宾	1 198	–	644	–	555	–
乐山	229	–	228	–	2	–
南充	–	–	–	–	–	–
广安	–	–	–	–	–	–
达州	–	–	–	–	–	–

5-23 规模以上港口有色金属吞吐量

单位：千吨

港口	总计	外贸	出港	外贸	进港	外贸
总计	**10 445**	**5 941**	**3 784**	**2 429**	**6 662**	**3 511**
沿海合计	**7 783**	**4 771**	**3 124**	**2 168**	**4 659**	**2 603**
丹东	–	–	–	–	–	–
大连	13	6	10	3	3	3
营口	–	–	–	–	–	–
锦州	493	–	9	–	484	–
秦皇岛	–	–	–	–	–	–
黄骅	380	–	–	–	380	–
唐山	–	–	–	–	–	–
天津	3 882	3 529	1 796	1 518	2 085	2 011
烟台	37	36	37	36	–	–
威海	–	–	–	–	–	–
青岛	7	3	7	3	…	…
日照	–	–	–	–	–	–
上海	258	98	1	–	257	98
连云港	669	523	340	307	329	216
盐城	–	–	–	–	–	–
嘉兴	–	–	–	–	–	–
宁波舟山	17	–	–	–	17	–
#宁波	17	–	–	–	17	–
舟山	–	–	–	–	–	–
台州	–	–	–	–	–	–
温州	–	–	–	–	–	–
福州	215	–	–	–	215	–
#福州市港口	205	–	–	–	205	–
宁德市港口	10	–	–	–	10	–
莆田	–	–	–	–	–	–
泉州	–	–	–	–	–	–

5-23 （续表一）

单位：千吨

港口	总计	外贸	出港	外贸	进港	外贸
厦门	–	–	–	–	–	–
#厦门市港口	–	–	–	–	–	–
漳州市港口	–	–	–	–	–	–
汕头	…	…	–	–	…	…
汕尾	–	–	–	–	–	–
惠州	–	–	–	–	–	–
深圳	13	13	–	–	13	13
虎门	330	21	120	1	210	20
广州	553	266	170	99	384	168
中山	22	21	9	9	13	12
珠海	–	–	–	–	–	–
江门	11	11	5	5	6	6
阳江	–	–	–	–	–	–
茂名	–	–	–	–	–	–
湛江	–	–	–	–	–	–
广西北部湾港	805	243	582	186	223	57
#北海	103	–	19	–	84	–
钦州	583	243	459	186	124	57
防城	119	…	103	…	16	–
海口	22	–	8	–	15	–
洋浦	54	–	29	–	25	–
八所	–	–	–	–	–	–
内河合计	**2 663**	**1 170**	**660**	**261**	**2 003**	**908**
哈尔滨	–	–	–	–	–	–
佳木斯	–	–	–	–	–	–
上海	–	–	–	–	–	–
南京	–	–	–	–	–	–

5-23 （续表二）

单位：千吨

港口	总计	外贸	出港	外贸	进港	外贸
镇江	–	–	–	–	–	–
苏州	176	100	72	–	105	100
南通	–	–	–	–	–	–
常州	–	–	–	–	–	–
江阴	72	7	47	6	25	1
扬州	–	–	–	–	–	–
泰州	19	7	8	2	11	6
徐州	–	–	–	–	–	–
连云港	2	–	2	–	–	–
无锡	–	–	–	–	–	–
宿迁	–	–	–	–	–	–
淮安	…	–	–	–	…	–
扬州内河	–	–	–	–	–	–
镇江内河	–	–	–	–	–	–
杭州	–	–	–	–	–	–
嘉兴内河	–	–	–	–	–	–
湖州	152	–	–	–	152	–
合肥	…	–	–	–	…	–
亳州	–	–	–	–	–	–
阜阳	–	–	–	–	–	–
淮南	–	–	–	–	–	–
滁州	–	–	–	–	–	–
马鞍山	32	–	6	–	26	–
芜湖	1	–	1	–	–	–
铜陵	68	–	–	–	68	–
池州	485	–	183	–	302	–
安庆	…	…	–	–	…	…
南昌	–	–	–	–	–	–
九江	42	–	1	–	41	–

5-23 （续表三）

单位：千吨

港 口	总计	外贸	出港	外贸	进港	外贸
武 汉	–	–	–	–	–	–
黄 石	114	70	11	5	103	65
荆 州	–	–	–	–	–	–
宜 昌	17	16	16	15	…	…
长 沙	16	13	11	11	5	2
湘 潭	–	–	–	–	–	–
株 洲	19	–	19	–	–	–
岳 阳	–	–	–	–	–	–
番 禺	–	–	–	–	–	–
新 塘	–	–	–	–	–	–
五 和	–	–	–	–	–	–
中 山	5	…	1	…	4	…
佛 山	536	530	137	131	398	398
江 门	6	2	2	2	4	…
虎 门	7	1	2	1	5	…
肇 庆	354	323	116	86	237	237
惠 州	–	–	–	–	–	–
南 宁	–	–	–	–	–	–
柳 州	–	–	–	–	–	–
贵 港	6	…	1	–	5	…
梧 州	125	100	15	2	110	98
来 宾	–	–	–	–	–	–
重 庆	408	–	8	–	401	–
泸 州	–	–	–	–	–	–
宜 宾	–	–	–	–	–	–
乐 山	–	–	–	–	–	–
南 充	–	–	–	–	–	–
广 安	–	–	–	–	–	–
达 州	–	–	–	–	–	–

5-24 规模以上港口轻工、医药产品吞吐量

单位：千吨

港口	总计		出港		进港	
		外贸		外贸		外贸
总计	**131 814**	**55 755**	**68 419**	**29 564**	**63 395**	**26 191**
沿海合计	**109 379**	**46 484**	**58 639**	**26 597**	**50 741**	**19 887**
丹东	533	533	247	247	286	286
大连	76	34	15	15	61	19
营口	574	534	–	–	574	534
锦州	56	56	…	…	56	56
秦皇岛	–	–	–	–	–	–
黄骅	1	–	–	–	1	–
唐山	175	175	–	–	175	175
天津	64 593	31 958	39 087	23 225	25 506	8 734
烟台	74	74	–	–	74	74
威海	–	–	–	–	–	–
青岛	3 230	3 103	95	1	3 135	3 102
日照	280	261	21	2	258	258
上海	1 328	711	495	…	834	711
连云港	735	725	10	–	725	725
盐城	125	125	1	–	125	125
嘉兴	8	–	4	–	4	–
宁波舟山	1 005	351	10	–	996	351
#宁波	1 000	351	10	–	991	351
舟山	5	–	–	–	5	–
台州	4	–	2	–	2	–
温州	4	–	–	–	4	–
福州	…	…	…	…	…	–
#福州市港口	…	–	–	–	…	–
宁德市港口	…	…	…	…	–	–
莆田	–	–	–	–	–	–
泉州	15	15	–	–	15	15

5-24 （续表一）

单位：千吨

港口	总计		出港		进港	
		外贸		外贸		外贸
厦门	394	388	14	12	380	376
#厦门市港口	304	300	2	2	302	298
漳州市港口	90	88	12	10	78	78
汕头	2 727	744	2 043	725	684	19
汕尾	–	–	–	–	–	–
惠州	–	–	–	–	–	–
深圳	–	–	–	–	–	–
虎门	7 847	387	3 364	160	4 483	227
广州	8 635	2 443	3 158	367	5 477	2 076
中山	1 454	1 314	1 028	925	426	389
珠海	1 198	793	426	21	772	772
江门	1 125	538	565	309	561	230
阳江	24	5	–	–	24	5
茂名	–	–	–	–	–	–
湛江	232	186	2	–	230	186
广西北部湾港	7 954	892	5 733	559	2 221	333
#北海	769	–	551	–	218	–
钦州	6 924	821	5 044	559	1 881	261
防城	261	71	138	…	123	71
海口	2 640	35	813	30	1 827	5
洋浦	2 333	106	1 506	–	826	106
八所	–	–	–	–	–	–
内河合计	**22 435**	**9 271**	**9 781**	**2 967**	**12 654**	**6 304**
哈尔滨	–	–	–	–	–	–
佳木斯	–	–	–	–	–	–
上海	39	–	39	–	–	–
南京	19	–	…	–	18	–

5-24 （续表二）

单位：千吨

港口	总计	外贸	出港	外贸	进港	外贸
镇 江	1 004	697	12	–	992	697
苏 州	7 120	4 272	2 520	…	4 600	4 272
南 通	70	9	57	–	13	9
常 州	122	–	11	–	111	–
江 阴	884	35	334	20	550	15
扬 州	26	–	–	–	26	–
泰 州	555	310	527	304	28	6
徐 州	14	–	6	–	8	–
连云港	71	–	68	–	3	–
无 锡	–	–	–	–	–	–
宿 迁	–	–	–	–	–	–
淮 安	554	–	97	–	457	–
扬州内河	–	–	–	–	–	–
镇江内河	–	–	–	–	–	–
杭 州	230	–	18	–	212	–
嘉兴内河	170	–	6	–	164	–
湖 州	–	–	–	–	–	–
合 肥	559	4	52	1	508	3
亳 州	–	–	–	–	–	–
阜 阳	–	–	–	–	–	–
淮 南	–	–	–	–	–	–
滁 州	–	–	–	–	–	–
马鞍山	78	–	78	–	1	–
芜 湖	31	–	19	–	11	–
铜 陵	–	–	–	–	–	–
池 州	–	–	–	–	–	–
安 庆	360	128	118	109	243	19
南 昌	347	121	152	104	195	17
九 江	227	–	60	–	167	–

5-24 （续表三）

单位：千吨

港　口	总计	外贸	出港	外贸	进港	外贸
武　汉	231	–	55	–	176	–
黄　石	9	2	5	1	5	1
荆　州	177	–	151	–	26	–
宜　昌	551	155	302	141	248	14
长　沙	245	163	97	97	148	66
湘　潭	–	–	–	–	–	–
株　洲	16	–	8	–	8	–
岳　阳	160	–	31	–	129	–
番　禺	449	–	–	–	449	–
新　塘	101	50	24	24	77	26
五　和	659	192	659	192	–	–
中　山	839	576	725	547	114	29
佛　山	1 063	767	449	257	614	510
江　门	2 164	1 704	1 442	1 130	722	574
虎　门	674	11	426	…	248	11
肇　庆	228	38	59	16	169	22
惠　州	–	–	–	–	–	–
南　宁	150	–	150	–	–	–
柳　州	1	–	1	–	–	–
贵　港	194	…	160	…	34	…
梧　州	195	28	135	21	60	8
来　宾	109	–	109	–	–	–
重　庆	1 003	–	415	–	588	–
泸　州	355	6	202	3	153	3
宜　宾	380	–	2	–	378	–
乐　山	–	–	–	–	–	–
南　充	–	–	–	–	–	–
广　安	–	–	–	–	–	–
达　州	–	–	–	–	–	–

5-25 规模以上港口农、林、牧、渔业产品吞吐量

单位：千吨

港口	总计	外贸	出港	外贸	进港	外贸
总 计	**57 492**	**22 777**	**22 454**	**3 160**	**35 038**	**19 617**
沿海合计	**43 930**	**19 474**	**16 746**	**2 918**	**27 184**	**16 556**
丹 东	565	2	2	2	563	–
大 连	869	819	2	2	867	817
营 口	385	290	54	2	330	288
锦 州	14	4	14	4	–	–
秦皇岛	121	100	15	–	107	100
黄 骅	20	20	–	–	20	20
唐 山	8	8	–	–	8	8
天 津	10 716	5 948	4 923	1 774	5 793	4 175
烟 台	193	171	21	…	172	171
威 海	154	106	5	5	150	101
青 岛	341	321	26	6	315	315
日 照	255	249	4	–	251	249
上 海	1 537	689	367	–	1 170	689
连云港	526	497	13	13	514	484
盐 城	158	3	156	–	3	3
嘉 兴	388	388	–	–	388	388
宁波舟山	829	713	185	93	644	620
#宁 波	98	94	6	6	92	89
舟 山	732	618	179	87	553	532
台 州	20	20	–	–	20	20
温 州	41	33	–	–	41	33
福 州	1 093	114	8	8	1 085	106
#福州市港口	114	114	8	8	106	106
宁德市港口	979	–	–	–	979	–
莆 田	97	–	52	–	45	–
泉 州	211	171	78	67	133	104

5-25 （续表一）

单位：千吨

港口	总计	外贸	出港	外贸	进港	外贸
厦门	1 008	948	68	9	939	939
# 厦门市港口	662	612	59	9	603	603
漳州市港口	345	336	9	–	336	336
汕头	6	2	1	1	4	…
汕尾	–	–	–	–	–	–
惠州	–	–	–	–	–	–
深圳	1 148	624	499	–	649	624
虎门	1 676	725	612	1	1 064	724
广州	2 520	2 122	348	111	2 173	2 011
中山	21	10	3	2	18	7
珠海	3	3	3	3	–	–
江门	160	–	90	–	70	–
阳江	60	58	1	–	60	58
茂名	3	–	–	–	3	–
湛江	405	386	18	–	386	386
广西北部湾港	10 081	3 355	5 897	603	4 185	2 752
# 北海	247	7	152	6	95	1
钦州	2 390	816	902	260	1 488	555
防城	7 444	2 532	4 843	336	2 601	2 196
海口	8 144	577	3 248	213	4 896	363
洋浦	151	–	33	–	118	–
八所	2	–	2	–	–	–
内河合计	**13 562**	**3 303**	**5 708**	**242**	**7 854**	**3 061**
哈尔滨	–	–	–	–	–	–
佳木斯	–	–	–	–	–	–
上海	23	–	5	–	18	–
南京	135	31	53	–	82	31

5-25 （续表二）

单位：千吨

港口	总计	外贸	出港	外贸	进港	外贸
镇江	–	–	–	–	–	–
苏州	4 351	1 099	2 690	–	1 661	1 099
南通	2 925	1 443	1 153	131	1 772	1 312
常州	–	–	–	–	–	–
江阴	359	22	249	11	110	11
扬州	–	–	–	–	–	–
泰州	537	317	202	–	334	317
徐州	–	–	–	–	–	–
连云港	–	–	–	–	–	–
无锡	–	–	–	–	–	–
宿迁	136	–	72	–	64	–
淮安	137	–	9	–	128	–
扬州内河	72	–	16	–	56	–
镇江内河	–	–	–	–	–	–
杭州	–	–	–	–	–	–
嘉兴内河	66	–	17	–	49	–
湖州	–	–	–	–	–	–
合肥	122	14	20	5	101	8
亳州	–	–	–	–	–	–
阜阳	19	–	–	–	19	–
淮南	–	–	–	–	–	–
滁州	–	–	–	–	–	–
马鞍山	–	–	–	–	–	–
芜湖	94	–	2	–	92	–
铜陵	–	–	–	–	–	–
池州	–	–	–	–	–	–
安庆	18	18	3	3	15	15
南昌	290	11	23	7	267	4
九江	11	–	1	–	10	–

5-25 （续表三）

单位：千吨

港口	总计	外贸	出港	外贸	进港	外贸
武汉	195	–	4	–	191	–
黄石	…	–	…	–	–	–
荆州	456	–	193	–	263	–
宜昌	232	1	40	…	192	1
长沙	295	63	31	31	264	32
湘潭	–	–	–	–	–	–
株洲	–	–	–	–	–	–
岳阳	152	–	47	–	105	–
番禺	59	–	59	–	–	–
新塘	–	–	–	–	–	–
五和	471	48	–	–	471	48
中山	14	6	6	…	8	6
佛山	81	45	7	6	74	39
江门	290	21	8	4	282	16
虎门	54	…	42	–	12	…
肇庆	214	46	79	41	135	5
惠州	–	–	–	–	–	–
南宁	50	–	50	–	–	–
柳州	–	–	–	–	–	–
贵港	106	2	1	…	105	2
梧州	21	4	8	…	13	4
来宾	10	–	10	–	–	–
重庆	712	–	252	–	460	–
泸州	856	113	354	2	502	112
宜宾	1	–	1	–	–	–
乐山	1	–	1	–	–	–
南充	–	–	–	–	–	–
广安	–	–	–	–	–	–
达州	–	–	–	–	–	–

5-26 规模以上港口其他吞吐量

单位：千吨

港口	总计	外贸	出港	外贸	进港	外贸
总计	**3 415 771**	**1 246 343**	**1 856 635**	**735 901**	**1 559 136**	**510 443**
沿海合计	**2 991 118**	**1 140 468**	**1 632 593**	**676 182**	**1 358 525**	**464 286**
丹东	24 573	817	14 708	638	9 864	179
大连	279 094	64 391	151 088	34 584	128 006	29 808
营口	163 985	1 518	92 829	1 062	71 156	456
锦州	60 425	204	55 436	14	4 989	190
秦皇岛	7 887	1 459	5 267	970	2 620	489
黄骅	12 360	14	9 282	14	3 079	–
唐山	39 763	1 714	24 635	1 414	15 128	300
天津	42 925	16 582	19 933	5 713	22 992	10 869
烟台	194 611	11 451	95 342	9 440	99 268	2 011
威海	36 597	22 335	20 648	12 486	15 949	9 849
青岛	219 410	157 593	130 763	101 900	88 648	55 693
日照	76 335	5 519	41 307	3 543	35 027	1 976
上海	347 029	263 537	189 279	149 536	157 750	114 001
连云港	48 895	18 492	26 716	12 006	22 178	6 486
盐城	1 597	1 146	752	491	846	654
嘉兴	18 650	6 202	7 974	3 432	10 676	2 770
宁波舟山	296 010	219 939	169 100	138 644	126 910	81 295
#宁波	271 217	211 359	156 706	134 240	114 510	77 119
舟山	24 794	8 580	12 394	4 404	12 400	4 176
台州	13 638	719	6 511	297	7 127	423
温州	22 181	1 177	9 162	724	13 019	453
福州	46 532	17 755	22 424	12 082	24 108	5 673
#福州市港口	44 773	17 664	21 922	12 077	22 851	5 586
宁德市港口	1 759	91	502	4	1 257	87
莆田	249	249	55	55	193	193
泉州	44 387	848	20 402	534	23 986	314

5-26 （续表一）

单位：千吨

港口	总计	外贸	出港	外贸	进港	外贸
厦　门	131 838	62 604	67 416	34 304	64 423	28 300
# 厦门市港口	121 524	62 582	62 564	34 299	58 961	28 283
漳州市港口	10 314	22	4 852	5	5 462	17
汕　头	2 424	2 339	1 569	1 510	855	829
汕　尾	–	–	–	–	–	–
惠　州	4 387	97	3 005	20	1 382	77
深　圳	216 328	174 654	136 557	104 319	79 770	70 336
虎　门	9 852	1 264	4 716	556	5 136	709
广　州	325 642	71 656	157 189	36 975	168 453	34 681
中　山	3 522	1 983	1 387	1 129	2 134	854
珠　海	41 854	5 825	22 127	4 032	19 727	1 792
江　门	7 266	1 462	2 898	927	4 368	535
阳　江	979	5	334	1	645	4
茂　名	1 718	248	688	95	1 030	153
湛　江	167 837	2 264	83 551	1 348	84 287	917
广西北部湾港	9 365	1 380	5 261	661	4 105	720
# 北　海	861	26	624	18	237	8
钦　州	6 084	1 165	3 106	614	2 978	551
防　城	2 421	190	1 531	29	890	161
海　口	67 391	282	29 811	130	37 580	152
洋　浦	3 511	743	2 402	598	1 108	145
八　所	71	…	67	…	3	–
内河合计	**424 653**	**105 875**	**224 042**	**59 718**	**200 611**	**46 157**
哈尔滨	–	–	–	–	–	–
佳木斯	94	90	47	45	46	45
上　海	10 055	–	5 882	–	4 173	–
南　京	30 357	9 784	16 385	6 693	13 972	3 092

5-26 （续表二）

单位：千吨

港 口	总计		出港		进港	
		外贸		外贸		外贸
镇 江	10 882	3 016	4 145	1 921	6 737	1 095
苏 州	95 533	30 712	46 536	15 689	48 997	15 023
南 通	14 040	4 224	6 604	2 223	7 435	2 001
常 州	5 652	2 274	2 898	1 645	2 754	629
江 阴	2 661	242	1 308	168	1 353	74
扬 州	7 543	1 621	3 354	1 251	4 189	370
泰 州	7 104	558	2 487	264	4 617	295
徐 州	647	–	429	–	217	–
连云港	2 314	–	2 115	–	199	–
无 锡	1 848	344	406	234	1 442	110
宿 迁	1 446	–	755	–	691	–
淮 安	777	–	424	–	353	–
扬州内河	242	–	110	–	132	–
镇江内河	925	–	788	–	137	–
杭 州	27 134	106	26 371	6	763	100
嘉兴内河	3 731	200	1 452	139	2 279	61
湖 州	5 755	1 698	1 866	707	3 889	991
合 肥	642	142	319	65	323	77
亳 州	–	–	–	–	–	–
阜 阳	2	–	…	–	1	–
淮 南	–	–	–	–	–	–
滁 州	166	–	26	–	139	–
马鞍山	2 267	1 175	608	–	1 659	1 175
芜 湖	6 690	2 817	3 787	1 625	2 903	1 192
铜 陵	2 347	199	1 112	77	1 235	122
池 州	846	–	556	–	290	–
安 庆	1 156	220	608	148	548	71
南 昌	3 126	321	1 587	272	1 538	49
九 江	8 564	3 100	3 634	1 721	4 930	1 379

5-26 （续表三）

单位：千吨

港　口	总计		出港		进港	
		外贸		外贸		外贸
武　汉	32 047	11 977	16 196	6 697	15 852	5 280
黄　石	121	64	62	32	60	33
荆　州	6 540	462	2 966	279	3 574	183
宜　昌	15 202	132	6 346	76	8 856	56
长　沙	567	293	174	170	393	123
湘　潭	–	–	–	–	–	–
株　洲	199	–	–	–	199	–
岳　阳	7 085	3 877	3 421	1 997	3 664	1 879
番　禺	102	–	50	–	52	–
新　塘	496	2	495	2	1	…
五　和	3 088	1 080	1 106	203	1 982	877
中　山	1 735	764	691	401	1 044	363
佛　山	31 832	14 668	18 485	9 786	13 347	4 882
江　门	2 351	1 692	1 234	929	1 118	763
虎　门	1 863	10	538	4	1 325	6
肇　庆	6 707	1 452	2 354	754	4 353	698
惠　州	2 823	–	1 061	–	1 762	–
南　宁	170	–	86	–	85	–
柳　州	–	–	–	–	–	–
贵　港	2 048	14	860	8	1 188	6
梧　州	7 093	488	5 604	347	1 489	141
来　宾	2 161	–	1 976	–	185	–
重　庆	37 739	5 675	19 503	3 074	18 236	2 600
泸　州	1 108	78	564	33	545	45
宜　宾	6 981	306	3 621	33	3 360	274
乐　山	52	–	52	–	–	–
南　充	–	–	–	–	–	–
广　安	–	–	–	–	–	–
达　州	–	–	–	–	–	–

5-27 规模以上港口集装箱吞吐量

港口	总计（TEU）	出港（TEU）			进港（TEU）			重量（万吨）	
			40英尺	20英尺		40英尺	20英尺		货重
总计	**249 824 264**	**126 398 130**	**37 802 564**	**49 508 845**	**123 426 134**	**36 812 023**	**48 561 452**	**294 706**	**243 087**
沿海合计	**221 182 139**	**112 164 161**	**34 126 929**	**42 677 442**	**109 017 978**	**33 033 538**	**41 763 820**	**257 353**	**211 479**
丹东	908 108	452 546	67 677	317 192	455 562	67 632	320 298	2 000	1 792
大连	9 767 384	4 944 230	1 330 869	2 279 403	4 823 155	1 314 261	2 191 782	11 950	9 698
营口	6 487 356	3 262 158	455 881	2 350 396	3 225 198	447 435	2 330 328	14 083	12 516
锦州	1 621 383	901 356	73 501	754 354	720 027	31 475	657 077	2 538	2 018
秦皇岛	584 701	292 006	44 505	202 996	292 695	54 454	183 787	776	601
黄骅	716 741	357 849	17 441	322 967	358 892	17 296	324 300	1 137	974
唐山	2 958 332	1 474 899	56 961	1 360 977	1 483 433	59 916	1 363 601	3 872	3 199
天津	16 006 915	7 979 243	2 101 717	3 758 439	8 027 672	2 125 439	3 758 262	17 337	13 955
烟台	3 001 608	1 558 748	270 782	1 017 184	1 442 860	270 778	901 304	2 632	1 975
威海	945 831	478 315	162 403	143 728	467 516	156 244	144 849	880	679
青岛	19 315 407	9 861 095	3 332 340	3 131 460	9 454 312	3 199 347	2 984 270	20 793	16 747
日照	4 017 158	1 999 467	310 622	1 378 086	2 017 690	315 365	1 386 769	6 918	6 044
上海	42 010 169	21 364 338	7 558 297	6 023 972	20 645 831	7 318 941	5 787 723	41 126	33 084
连云港	4 731 405	2 437 340	847 238	740 873	2 294 065	803 543	684 758	4 757	3 790
盐城	209 251	105 329	20 658	64 013	103 922	20 706	62 510	159	117
嘉兴	1 722 745	891 015	262 725	365 565	831 730	245 649	340 432	1 855	1 478
宁波舟山	26 350 772	13 410 427	4 968 121	3 211 497	12 940 345	4 762 661	3 148 756	26 201	20 782
#宁波	25 095 101	12 794 287	4 733 512	3 069 730	12 300 815	4 519 754	3 001 382	25 341	20 174
舟山	1 255 671	616 140	234 609	141 767	639 531	242 907	147 374	860	608
台州	244 132	113 094	21 535	70 024	131 038	21 636	87 766	267	214
温州	667 087	332 857	70 071	192 715	334 230	70 526	193 178	1 015	882
福州	3 339 432	1 652 184	369 887	892 937	1 687 248	368 785	931 150	4 601	3 880
#福州市港口	3 243 285	1 603 857	368 972	846 440	1 639 428	367 749	885 402	4 437	3 737
宁德市港口	96 147	48 327	915	46 497	47 820	1 036	45 748	164	143
莆田	24 657	11 532	5 118	1 296	13 125	5 968	1 153	25	20
泉州	2 403 944	1 199 765	201 636	795 843	1 204 179	203 077	797 307	4 439	3 924

5-27 （续表一）

港口	总计（TEU）	出港（TEU）	40 英尺	20 英尺	进港（TEU）	40 英尺	20 英尺	重量（万吨）	货重
厦门	10 702 285	5 400 105	1 655 425	1 996 449	5 302 180	1 624 351	1 958 791	12 915	10 746
#厦门市港口	10 233 289	5 165 047	1 628 198	1 815 852	5 068 242	1 597 118	1 779 319	12 001	9 935
漳州市港口	468 996	235 058	27 227	180 597	233 938	27 233	179 472	914	811
汕头	1 307 351	655 435	232 174	187 638	651 916	230 949	186 420	1 331	1 070
汕尾	–	–	–	–	–	–	–	–	–
惠州	252 742	125 658	53 268	18 550	127 084	53 660	19 276	294	249
深圳	25 735 885	13 130 690	5 277 203	2 156 353	12 605 195	5 036 316	2 124 054	18 823	13 617
虎门	3 193 344	1 583 904	312 004	957 414	1 609 440	324 809	945 235	4 766	4 132
广州	21 622 725	10 943 805	2 953 463	4 979 178	10 678 920	2 851 062	4 928 211	32 346	27 996
中山	862 279	431 962	162 189	102 537	430 317	161 723	102 931	652	479
珠海	2 307 683	1 153 480	241 963	668 742	1 154 203	240 947	671 627	4 182	3 709
江门	708 413	437 102	111 570	168 060	271 311	52 908	164 928	868	726
阳江	49 044	24 480	660	23 160	24 564	645	23 274	98	87
茂名	90 307	44 984	7 795	29 394	45 323	7 992	29 339	151	133
湛江	1 010 760	499 484	111 857	275 702	511 276	111 707	287 824	1 495	1 277
广西北部湾港	2 901 376	1 440 065	196 105	1 047 722	1 461 311	194 480	1 072 108	5 835	5 164
#北海	264 873	133 060	27 691	77 678	131 813	27 396	77 021	442	385
钦州	2 324 487	1 157 656	162 946	831 631	1 166 832	159 946	846 755	4 800	4 257
防城	312 016	149 349	5 468	138 413	162 667	7 138	148 332	593	522
海口	1 846 699	934 932	190 595	553 688	911 767	190 384	530 936	3 548	3 153
洋浦	556 732	278 284	70 673	136 938	278 448	70 471	137 506	686	572
八所	–	–	–	–	–	–	–	–	–
内河合计	**28 642 125**	**14 233 969**	**3 675 635**	**6 831 403**	**14 408 157**	**3 778 485**	**6 797 632**	**37 353**	**31 608**
哈尔滨	–	–	–	–	–	–	–	–	–
佳木斯	–	–	–	–	–	–	–	–	–
上海	–	–	–	–	–	–	–	–	–
南京	3 205 242	1 458 539	490 481	476 877	1 746 703	629 636	486 864	2 891	2 247

5-27（续表二）

港口	总计（TEU）	出港（TEU）			进港（TEU）			重量（万吨）	
			40英尺	20英尺		40英尺	20英尺		货重
镇江	431 766	196 577	24 852	146 873	235 189	24 888	185 413	667	580
苏州	6 355 073	3 278 352	858 866	1 548 983	3 076 721	794 176	1 486 566	8 886	7 615
南通	967 890	486 536	90 211	305 158	481 354	91 493	298 309	1 285	1 081
常州	312 394	163 277	36 177	90 923	149 117	31 141	86 835	451	389
江阴	573 887	301 073	49 958	201 157	272 814	41 227	190 360	1 088	973
扬州	500 334	274 280	73 603	127 074	226 054	62 453	101 148	536	429
泰州	356 045	177 907	48 012	81 883	178 138	48 270	81 598	428	356
徐州	31 466	15 373	248	14 877	16 093	262	15 569	64	57
连云港	14 179	7 030	35	6 960	7 149	19	7 111	38	36
无锡	41 648	20 699	5 203	10 293	20 949	5 143	10 663	51	43
宿迁	52 913	26 360	1 385	23 590	26 553	1 339	23 875	108	97
淮安	202 059	100 486	4 681	87 861	101 573	4 331	90 121	417	377
扬州内河	7 399	3 714	544	2 626	3 685	509	2 667	10	9
镇江内河	–	–	–	–	–	–	–	–	–
杭州	60 661	29 523	5 460	18 603	31 138	5 944	19 250	80	68
嘉兴内河	203 933	95 682	19 144	47 298	108 251	20 974	50 632	274	231
湖州	478 543	239 319	81 172	76 975	239 224	79 631	79 962	512	408
合肥	316 847	153 621	53 407	46 807	163 226	58 193	46 840	369	307
亳州	–	–	–	–	–	–	–	–	–
阜阳	66	21	–	21	45	–	45	…	…
淮南	–	–	–	–	–	–	–	–	–
滁州	–	–	–	–	–	–	–	–	–
马鞍山	180 009	85 772	40 654	4 464	94 237	44 760	4 597	140	121
芜湖	803 150	372 050	141 267	89 280	431 099	168 338	94 187	527	366
铜陵	26 856	12 858	1 043	10 772	13 998	1 049	11 900	38	32
池州	17 150	8 600	341	7 918	8 550	290	7 970	26	23
安庆	120 918	60 254	14 126	32 000	60 663	14 528	31 605	179	166
南昌	193 079	92 746	10 623	71 500	100 333	14 407	71 519	330	292
九江	429 341	208 865	47 624	113 617	220 476	48 321	123 834	527	442

5-27 （续表三）

港　口	总计（TEU）	出港（TEU）	40 英尺	20 英尺	进港（TEU）	40 英尺	20 英尺	重量（万吨）	货重
武　汉	1 573 953	776 056	193 541	387 246	797 897	193 341	409 548	2 346	2 048
黄　石	51 095	26 609	2 490	21 629	24 486	2 559	19 368	93	82
荆　州	130 017	63 995	5 421	53 153	66 022	6 092	53 838	185	159
宜　昌	151 800	75 271	20 313	34 645	76 529	21 180	34 169	222	190
长　沙	163 924	81 615	26 957	27 685	82 309	26 574	29 143	172	139
湘　潭	–	–	–	–	–	–	–	–	–
株　洲	–	–	–	–	–	–	–	–	–
岳　阳	504 556	252 579	76 228	100 087	251 977	75 983	99 975	705	604
番　禺	49 696	24 848	12 424	–	24 848	12 424	–	49	39
新　塘	6 310	3 378	1 400	578	2 932	1 173	586	5	4
五　和	243 414	120 868	29 022	62 468	122 547	29 815	62 181	429	373
中　山	588 665	294 201	115 811	61 983	294 464	115 634	62 595	452	335
佛　山	3 994 876	2 024 598	489 898	1 029 323	1 970 278	473 357	1 009 297	5 071	4 274
江　门	805 309	403 617	145 339	107 924	401 692	147 395	105 724	767	605
虎　门	366 196	171 490	54 281	62 928	194 706	60 164	61 908	485	412
肇　庆	750 535	366 623	39 018	288 429	383 912	40 945	301 804	1 212	1 060
惠　州	181 480	90 462	6 799	76 864	91 018	6 689	77 640	282	249
南　宁	9 570	4 961	–	4 961	4 609	–	4 609	20	18
柳　州	–	–	–	–	–	–	–	–	–
贵　港	300 134	151 441	14 525	122 391	148 693	14 892	118 909	589	524
梧　州	700 588	344 844	20 150	304 544	355 744	19 711	316 322	1 424	1 281
来　宾	44 884	23 199	185	22 829	21 685	123	21 439	85	76
重　庆	1 169 064	575 586	143 040	288 482	593 478	150 617	291 128	1 540	1 296
泸　州	570 662	288 802	130 842	27 118	281 860	130 544	20 772	603	493
宜　宾	402 553	199 414	48 834	101 746	203 139	57 951	87 237	692	604
乐　山	–	–	–	–	–	–	–	–	–
南　充	–	–	–	–	–	–	–	–	–
广　安	–	–	–	–	–	–	–	–	–
达　州	–	–	–	–	–	–	–	–	–

5-28 规模以上港口集装箱吞吐量（重箱）

港口	总计（TEU）	出港（TEU）			进港（TEU）		
			40英尺	20英尺		40英尺	20英尺
总计	**164 430 022**	**99 112 461**	**30 678 856**	**36 721 995**	**65 317 561**	**17 642 191**	**29 897 008**
沿海合计	**145 266 080**	**88 612 161**	**27 993 368**	**31 613 671**	**56 653 920**	**15 670 303**	**25 198 690**
丹东	716 618	364 111	52 754	258 603	352 507	49 725	253 057
大连	6 122 737	3 253 778	846 001	1 559 339	2 868 960	815 545	1 237 388
营口	5 038 989	3 097 297	440 849	2 215 599	1 941 692	315 555	1 310 582
锦州	725 348	628 110	35 241	557 628	97 238	8 944	79 350
秦皇岛	234 768	174 888	42 286	90 316	59 880	10 744	38 392
黄骅	376 080	297 304	17 081	263 142	78 776	5 379	68 018
唐山	1 248 198	777 673	30 794	716 085	470 525	35 460	399 605
天津	8 469 834	5 380 166	1 426 328	2 513 459	3 089 668	925 731	1 236 167
烟台	1 087 908	689 389	145 607	398 175	398 519	91 726	215 067
威海	519 702	359 652	125 792	99 165	160 050	48 930	60 777
青岛	11 755 353	7 887 949	2 685 758	2 470 299	3 867 404	1 270 154	1 322 897
日照	3 070 607	1 654 577	265 275	1 123 890	1 416 030	219 851	976 256
上海	30 948 583	18 980 296	6 843 142	5 101 472	11 968 287	4 065 950	3 816 513
连云港	1 925 494	1 135 196	257 453	619 529	790 299	106 399	577 370
盐城	85 398	46 812	17 676	11 460	38 586	10 336	17 914
嘉兴	1 056 768	544 018	200 318	143 382	512 750	152 445	207 860
宁波舟山	16 352 844	11 300 423	4 458 117	2 162 976	5 052 421	1 672 211	1 696 393
#宁波	15 815 219	11 014 559	4 343 091	2 109 760	4 800 660	1 573 502	1 644 215
舟山	537 625	285 865	115 026	53 216	251 761	98 709	52 178
台州	113 295	50 141	13 378	23 385	63 154	7 062	49 030
温州	451 214	173 150	53 926	65 298	278 064	49 693	178 678
福州	2 044 613	1 119 015	300 413	502 796	925 598	135 058	654 329
#福州市港口	1 986 858	1 107 195	299 539	492 724	879 663	134 763	608 984
宁德市港口	57 755	11 820	874	10 072	45 935	295	45 345
莆田	14 350	1 787	365	1 057	12 563	5 856	815
泉州	1 904 080	875 842	156 802	561 669	1 028 238	158 526	711 154

5-28 （续表一）

港 口	总计（TEU）	出港（TEU）			进港（TEU）		
			40 英尺	20 英尺		40 英尺	20 英尺
厦 门	7 532 674	4 471 567	1 393 468	1 611 186	3 061 108	778 455	1 491 944
# 厦门市港口	7 184 997	4 313 984	1 379 479	1 481 586	2 871 013	753 867	1 351 025
漳州市港口	347 678	157 583	13 989	129 600	190 095	24 588	140 919
汕 头	864 502	509 442	215 884	74 231	355 060	95 536	163 979
汕 尾	–	–	–	–	–	–	–
惠 州	144 913	117 600	51 720	13 588	27 313	5 439	16 435
深 圳	17 035 532	12 233 425	4 978 435	1 892 123	4 802 107	1 784 532	1 200 746
虎 门	2 123 569	855 672	133 144	587 451	1 267 898	270 991	715 210
广 州	15 680 050	7 551 673	1 945 546	3 619 829	8 128 377	2 004 199	4 102 080
中 山	546 572	415 777	159 465	92 943	130 795	39 359	52 025
珠 海	1 851 368	1 021 128	217 696	585 286	830 240	142 012	545 995
江 门	387 032	193 287	43 193	106 262	193 745	32 885	127 973
阳 江	34 542	10 108	78	9 952	24 434	645	23 144
茂 名	66 414	23 151	3 786	15 579	43 263	7 645	27 973
湛 江	716 634	387 942	95 969	195 979	328 692	45 572	237 523
广西北部湾港	2 186 371	1 166 276	160 707	844 839	1 020 095	109 412	801 208
# 北 海	175 291	83 309	19 292	44 725	91 982	12 615	66 752
钦 州	1 790 627	964 234	137 560	689 091	826 393	93 769	638 792
防 城	220 453	118 733	3 855	111 023	101 720	3 028	95 664
海 口	1 470 189	606 008	111 142	383 724	864 181	174 908	514 302
洋 浦	362 940	257 533	67 779	121 975	105 407	17 433	70 541
八 所	–	–	–	–	–	–	–
内河合计	**19 163 941**	**10 500 300**	**2 685 488**	**5 108 324**	**8 663 642**	**1 971 888**	**4 698 318**
哈尔滨	–	–	–	–	–	–	–
佳木斯	–	–	–	–	–	–	–
上 海	–	–	–	–	–	–	–
南 京	1 548 100	990 441	297 135	395 566	557 659	125 733	306 060

5-28 （续表二）

港　口	总计（TEU）	出港（TEU）			进港（TEU）		
			40英尺	20英尺		40英尺	20英尺
镇　江	272 154	163 801	17 716	128 369	108 353	15 881	76 591
苏　州	4 978 322	2 541 345	653 003	1 234 953	2 436 977	630 918	1 173 615
南　通	621 260	327 483	79 085	169 261	293 777	51 510	190 746
常　州	198 428	105 944	25 073	55 798	92 484	14 717	63 050
江　阴	440 727	213 782	35 996	141 790	226 945	30 469	166 007
扬　州	300 432	201 460	56 043	89 374	98 972	18 732	61 508
泰　州	228 084	153 028	46 922	59 184	75 056	6 325	62 406
徐　州	21 172	14 485	213	14 059	6 687	92	6 503
连云港	13 715	6 588	25	6 538	7 127	12	7 103
无　锡	27 016	20 133	5 076	9 981	6 883	1 804	3 275
宿　迁	37 272	25 338	1 159	23 020	11 934	481	10 972
淮　安	134 643	91 345	4 220	80 446	43 298	1 403	38 111
扬州内河	3 510	3 212	378	2 456	298	133	32
镇江内河	–	–	–	–	–	–	–
杭　州	36 653	11 212	4 466	2 280	25 441	3 433	18 575
嘉兴内河	127 649	53 702	13 669	23 878	73 947	15 683	41 314
湖　州	334 541	174 101	72 877	28 347	160 440	43 583	73 274
合　肥	194 136	131 610	52 462	26 686	62 526	8 859	44 808
亳　州	–	–	–	–	–	–	–
阜　阳	60	15	–	15	45	–	45
淮　南	–	–	–	–	–	–	–
滁　州	–	–	–	–	–	–	–
马鞍山	99 200	7 731	2 002	3 727	91 469	44 678	2 113
芜　湖	382 217	256 906	98 796	59 087	125 311	32 222	60 867
铜　陵	18 271	6 670	253	6 164	11 601	993	9 615
池　州	9 027	6 382	310	5 762	2 645	15	2 615
安　庆	85 700	51 747	11 888	27 971	33 953	5 401	23 149
南　昌	135 317	74 252	10 165	53 922	61 065	3 647	53 771
九　江	255 900	127 862	26 481	74 900	128 038	24 804	78 430

5-28 （续表三）

港 口	总计（TEU）	出港（TEU）			进港（TEU）		
			40 英尺	20 英尺		40 英尺	20 英尺
武 汉	1 252 289	670 377	157 384	353 901	581 912	140 195	301 405
黄 石	33 703	18 294	2 367	13 560	15 409	349	14 711
荆 州	92 542	46 926	4 865	37 196	45 616	2 773	40 070
宜 昌	110 936	65 621	16 225	33 171	45 315	13 918	17 479
长 沙	106 315	65 815	25 114	15 580	40 500	7 526	25 439
湘 潭	–	–	–	–	–	–	–
株 洲	–	–	–	–	–	–	–
岳 阳	369 407	176 829	51 139	74 531	192 578	56 300	79 960
番 禺	24 848	–	–	–	24 848	12 424	–
新 塘	5 034	2 515	1 091	333	2 519	1 106	307
五 和	157 256	56 552	14 147	28 125	100 704	22 510	54 957
中 山	336 112	285 906	114 511	56 292	50 207	9 078	32 046
佛 山	2 535 583	1 524 803	354 641	804 705	1 010 780	229 263	550 975
江 门	500 225	354 426	135 479	82 694	145 798	41 220	63 071
虎 门	247 347	62 160	7 951	46 258	185 187	59 238	54 241
肇 庆	494 630	173 158	16 410	140 338	321 472	32 760	255 734
惠 州	138 346	49 714	5 406	38 902	88 632	6 319	75 994
南 宁	6 765	3 944	–	3 944	2 821	–	2 821
柳 州	–	–	–	–	–	–	–
贵 港	220 989	88 649	12 478	63 693	132 340	8 817	114 706
梧 州	452 039	315 943	17 384	281 175	136 096	6 301	123 494
来 宾	27 231	22 523	72	22 379	4 708	114	4 480
重 庆	854 285	403 425	107 356	187 978	450 860	116 012	217 737
泸 州	413 010	203 186	91 016	21 154	209 824	95 248	19 328
宜 宾	281 545	148 959	35 039	78 881	132 586	28 889	74 808
乐 山	–	–	–	–	–	–	–
南 充	–	–	–	–	–	–	–
广 安	–	–	–	–	–	–	–
达 州	–	–	–	–	–	–	–

主要统计指标解释

码头泊位长度 指报告期末用于停系靠船舶，进行货物装卸和上下旅客地段的实际长度，包括固定的、浮动的各种型式码头的泊位长度。计算单位：米。

泊位个数 指报告期末泊位的实际数量。计算单位：个。

旅客吞吐量 指报告期内经由水路乘船进、出港区范围的旅客数量，不包括免票儿童、船员人数、轮渡和港内短途客运的旅客人数。计算单位：人。

货物吞吐量 指报告期内经由水路进、出港区范围并经过装卸的货物数量，包括邮件、办理托运手续的行李、包裹以及补给的船舶的燃料、物料和淡水。计算单位：吨。

集装箱吞吐量 指报告期内由水路进、出港区范围并经装卸的集装箱数量。计算单位：箱、TEU、吨。

六、交通固定资产投资

简 要 说 明

一、本篇资料反映我国交通固定资产投资完成的基本情况。

二、公路和水运建设投资的统计范围为全社会固定资产投资，由各省（区、市）交通运输厅（局、委）提供，其他投资的统计范围为交通部门投资，交通运输部所属单位、主要港口和有关运输企业的数据由各单位直接报送。

6-1 交通固定资产投资额（按地区和使用方向分）

单位：万元

地 区	总 计	公路建设	沿海建设	内河建设	其他建设
全国总计	**233 501 517**	**213 351 809**	**5 634 033**	**6 279 001**	**8 236 674**
东部地区	**83 480 483**	**68 887 369**	**5 512 432**	**2 463 056**	**6 617 626**
中部地区	**47 029 841**	**43 935 240**	**–**	**2 499 740**	**594 862**
西部地区	**102 991 193**	**100 529 200**	**121 601**	**1 316 205**	**1 024 186**
北 京	2 312 444	2 259 290	–	–	53 154
天 津	871 172	594 743	215 967	–	60 462
河 北	7 428 873	6 942 130	433 975	–	52 769
山 西	4 635 207	4 634 167	–	1 040	–
内蒙古	5 541 488	5 145 426	–	–	396 063
辽 宁	1 455 793	1 232 651	211 801	–	11 341
吉 林	2 613 683	2 613 048	–	635	–
黑龙江	1 698 039	1 690 161	–	6 200	1 678
上 海	7 901 317	1 541 702	188 118	243 935	5 927 562
江 苏	7 563 859	6 221 213	572 499	755 317	14 830
浙 江	17 678 842	15 320 407	1 083 195	900 881	374 359
安 徽	9 314 338	8 277 140	–	1 034 322	2 876
福 建	8 770 498	7 696 507	1 013 658	44 968	15 365
江 西	6 299 557	5 963 002	–	336 555	–
山 东	11 592 640	10 546 099	835 205	199 330	12 006
河 南	4 862 004	4 611 138	–	181 435	69 430
湖 北	10 862 043	9 625 258	–	732 723	504 063
湖 南	6 744 972	6 521 327	–	206 830	16 815
广 东	15 938 299	14 699 271	838 504	318 624	81 900
广 西	8 134 377	7 775 999	121 601	206 527	30 251
海 南	1 966 745	1 833 357	119 510	–	13 878
重 庆	5 956 464	5 595 758	–	348 410	12 296
四 川	16 364 425	15 538 174	–	535 173	291 077
贵 州	17 001 901	16 874 073	–	112 423	15 405
云 南	18 821 735	18 714 240	–	104 286	3 209
西 藏	6 518 636	6 509 211	–	–	9 425
陕 西	6 477 177	6 463 635	–	4 271	9 271
甘 肃	7 229 631	7 081 800	–	–	147 831
青 海	4 136 625	4 131 825	–	4 800	–
宁 夏	1 790 074	1 704 154	–	315	85 605
新 疆	5 018 659	4 994 905	–	–	23 754
#兵团	739 744	739 744	–	–	–

6-2　公路建设投资完成额

单位：万元

地　区	总　计	高速公路	其他公路	农村公路
全国总计	**213 351 809**	**99 725 122**	**63 767 564**	**49 859 124**
东部地区	**68 887 369**	**36 504 475**	**17 279 377**	**15 103 518**
中部地区	**43 935 240**	**13 252 470**	**17 025 893**	**13 656 877**
西部地区	**100 529 200**	**49 968 177**	**29 462 294**	**21 098 729**
北　京	2 259 290	1 953 419	165 130	140 741
天　津	594 743	82 743	427 269	84 731
河　北	6 942 130	4 767 590	1 326 124	848 416
山　西	4 634 167	1 262 598	771 447	2 600 122
内蒙古	5 145 426	1 168 407	2 785 121	1 191 898
辽　宁	1 232 651	175 899	462 076	594 676
吉　林	2 613 048	1 998 826	341 730	272 492
黑龙江	1 690 161	50 276	1 149 268	490 618
上　海	1 541 702	538 896	269 710	733 096
江　苏	6 221 213	1 548 053	2 375 747	2 297 413
浙　江	15 320 407	6 633 685	4 837 892	3 848 830
安　徽	8 277 140	2 357 262	3 674 653	2 245 224
福　建	7 696 507	3 111 398	2 731 762	1 853 348
江　西	5 963 002	1 017 420	3 025 522	1 920 060

6-2 （续表一）

单位：万元

地 区	总 计	高速公路	其他公路	农村公路
山 东	10 546 099	5 772 247	2 353 676	2 420 176
河 南	4 611 138	1 748 938	1 738 193	1 124 007
湖 北	9 625 258	3 480 375	3 183 379	2 961 504
湖 南	6 521 327	1 336 775	3 141 701	2 042 851
广 东	14 699 271	11 184 109	2 046 950	1 468 212
广 西	7 775 999	5 399 456	1 677 782	698 761
海 南	1 833 357	736 436	283 041	813 880
重 庆	5 595 758	2 755 502	1 177 336	1 662 921
四 川	15 538 174	7 400 331	4 819 458	3 318 385
贵 州	16 874 073	8 327 735	3 998 993	4 547 345
云 南	18 714 240	15 118 918	1 598 912	1 996 410
西 藏	6 509 211	–	3 856 011	2 653 200
陕 西	6 463 635	2 399 860	1 958 599	2 105 176
甘 肃	7 081 800	3 922 355	1 911 246	1 248 200
青 海	4 131 825	871 310	2 902 285	358 230
宁 夏	1 704 154	946 609	436 263	321 282
新 疆	4 994 905	1 657 695	2 340 288	996 922
#兵团	739 744	–	636 491	103 253

注：其他公路指普通国道、普通省道、专用公路项目和场站项目。

6–3 公路建设投资

地 区	总 计	国 道	国家高速公路	省 道	县 道	乡 道
全国总计	**213 351 809**	**76 747 014**	**35 674 930**	**75 327 696**	**12 606 389**	**11 967 419**
东部地区	**68 887 369**	**22 453 282**	**12 264 211**	**26 504 213**	**5 633 205**	**4 616 026**
中部地区	**43 935 240**	**12 369 538**	**4 490 016**	**15 305 498**	**2 630 471**	**3 850 229**
西部地区	**100 529 200**	**41 924 195**	**18 920 704**	**33 517 985**	**4 342 712**	**3 501 164**
北 京	2 259 290	824 487	413 592	1 209 459	–	–
天 津	594 743	197 282	78 373	188 303	55 535	29 196
河 北	6 942 130	2 720 299	1 241 072	3 058 301	110 671	282 225
山 西	4 634 167	726 478	229 156	1 182 580	809 898	394 230
内蒙古	5 145 426	2 424 547	981 820	1 072 266	326 838	229 790
辽 宁	1 232 651	367 333	159 437	188 668	64 175	22 000
吉 林	2 613 048	2 179 402	1 350 700	123 566	31 391	149 653
黑龙江	1 690 161	810 570	49 915	196 934	85 825	117 890
上 海	1 541 702	164 000	–	508 005	–	733 096
江 苏	6 221 213	946 875	139 263	2 428 394	117 718	2 111 041
浙 江	15 320 407	7 351 497	3 613 460	3 160 970	2 983 945	637 227
安 徽	8 277 140	2 741 620	1 171 825	2 990 284	62 018	28 717
福 建	7 696 507	3 140 358	1 733 877	2 130 914	1 304 890	361 930
江 西	5 963 002	2 079 511	648 965	1 782 474	1 286 298	346 487
山 东	10 546 099	3 467 197	2 503 006	4 189 428	649 533	322 621
河 南	4 611 138	874 843	35 940	2 332 900	174 028	289 487
湖 北	9 625 258	1 806 487	572 333	3 980 718	–	2 204 104
湖 南	6 521 327	1 150 628	431 182	2 716 043	181 012	319 661
广 东	14 699 271	2 704 819	1 878 517	9 011 640	252 106	–
广 西	7 775 999	3 135 180	2 603 969	3 542 134	358 313	153 657
海 南	1 833 357	569 136	503 614	430 131	94 633	116 689
重 庆	5 595 758	1 037 580	620 317	2 785 361	386 354	90 230
四 川	15 538 174	4 940 143	2 986 621	6 851 205	817 947	961 834
贵 州	16 874 073	4 539 609	1 842 015	7 122 231	404 145	64 344
云 南	18 714 240	7 964 225	3 192 113	8 626 506	344 377	389 998
西 藏	6 509 211	2 636 917	–	312 889	543 580	714 581
陕 西	6 463 635	3 782 778	1 589 275	432 419	425 681	134 009
甘 肃	7 081 800	4 186 854	2 605 901	1 347 554	384 233	191 276
青 海	4 131 825	3 010 384	347 450	744 367	–	340 758
宁 夏	1 704 154	929 234	496 055	209 682	89 912	40 697
新 疆	4 994 905	3 336 744	1 655 168	471 371	261 333	189 990
# 兵团	739 744	260 883	–	298 021	103 253	–

注：国道（国家高速公路）投资完成额中不包括属于国家高速公路网中的独立桥梁、隧道部分。

完成额（按设施分）

单位：万元

村　道	专用公路	农村公路渡口改造、渡改桥	独立桥梁	独立隧道	客运站	货运站	普通国省道服务区
23 347 136	**2 284 378**	**15 213**	**4 031 224**	**225 939**	**2 665 950**	**3 912 070**	**221 381**
4 297 967	**241 826**	**7 407**	**1 984 671**	**176 384**	**1 017 652**	**1 929 549**	**25 189**
6 204 541	**113 199**	**4 758**	**1 408 935**	**12 710**	**649 553**	**1 231 928**	**153 879**
12 844 628	**1 929 353**	**3 048**	**637 619**	**36 845**	**998 745**	**750 594**	**42 313**
138 904	9 004	–	20 799	–	1 837	54 800	–
–	–	–	–	–	–	121 665	2 762
413 804	3 660	–	38 246	–	54 197	260 727	–
1 375 755	20 497	–	29 071	6 578	33 681	55 400	–
588 825	80 328	–	59 538	–	113 897	245 085	4 312
505 501	–	–	38 576	5 086	9 555	29 550	2 207
54 544	–	–	57 408	–	16 279	805	–
228 110	43 836	–	74 923	–	58 462	73 612	–
–	–	–	–	136 601	–	–	–
–	–	–	197 102	–	137 886	282 197	–
150 205	22 832	7 407	124 831	770	202 119	673 005	5 598
2 109 089	–	–	206 590	–	77 461	37 070	24 290
56 459	206 330	–	130 680	8 174	139 731	215 333	1 709
110 798	–	–	216 375	–	46 261	20 000	74 798
1 323 036	–	–	177 140	–	135 420	269 343	12 381
584 743	47 648	–	108 191	–	94 851	62 613	41 834
317 378	–	–	532 314	6 132	128 030	643 238	6 857
1 424 125	1 219	4 758	184 064	–	194 528	339 190	6 100
1 194 524	–	–	1 165 214	25 753	322 287	22 929	–
184 776	254 947	–	16 927	18 800	55 955	53 314	1 996
515 534	–	–	92 082	–	14 620	–	532
1 115 706	–	3 048	64 186	17 321	80 725	15 247	–
1 469 125	83 450	–	64 457	–	158 993	191 022	–
4 044 606	437 236	–	41 727	724	197 178	21 300	973
1 206 279	1 587	–	86 818	–	52 364	36 389	5 697
1 322 673	851 297	–	107 826	–	14 062	–	5 386
1 537 356	620	–	31 436	–	48 323	71 013	–
646 656	164 360	–	29 736	–	41 538	71 098	18 495
17 472	–	–	–	–	18 844	–	–
187 880	10 944	–	85 395	–	146 010	4 400	–
523 274	44 584	–	49 573	–	70 856	41 726	5 454
–	21 597	–	18 400	–	13 720	21 600	2 270

主要统计指标解释

交通固定资产投资额 是以货币形式表现的在一定时期内建造和购置固定资产活动的工作量以及与此有关的费用的总称。它是反映交通固定资产投资规模、结构和发展速度的综合性指标，又是观察工程进展和考核投资效果的重要依据。交通固定资产投资按照行业分类，分为公路建设、沿海建设、内河建设和其他建设。

七、交通运输科技

简 要 说 明

一、本篇资料反映交通运输行业科技机构、人员、基础条件建设、科技项目、科技成果基本情况。

二、交通运输科技活动人员、科研建设投资、实验室及工程技术中心统计范围是纳入统计的交通运输科技机构所拥有的科技活动人员、为科研投入的资金、所拥有的实验室及工程技术中心。

三、交通运输科技项目包括列入科技管理部门、行业管理部门、重点交通运输企事业单位计划的交通运输领域科技项目。

四、本篇资料由交通运输部科技司提供。

7-1 交通运输科技机构数量（按地区分）

计量单位：个

省 区	合计	交通运输部直属科技机构	省、自治区、直辖市属科技机构	市属科技机构	直属及联系紧密高等院校	事业、企业单位属科技机构
全国总计	**166**	**8**	**41**	**9**	**16**	**92**
东部地区	**83**	**8**	**15**	**6**	**9**	**45**
北 京	27	7	3	–	1	16
天 津	7	1	1	–	–	5
河 北	1	–	1	–	–	–
辽 宁	3	–	–	–	1	2
上 海	10	–	1	–	2	7
江 苏	14	–	3	2	2	7
浙 江	4	–	2	2	–	–
福 建	2	–	1	–	1	–
山 东	4	–	2	–	2	–
广 东	11	–	1	2	–	8
海 南	–	–	–	–	–	–
中部地区	**35**	**–**	**11**	**1**	**4**	**19**
山 西	2	–	2	–	–	–
吉 林	2	–	2	–	–	–
黑龙江	2	–	1	–	1	–
安 徽	4	–	1	–	–	3
江 西	4	–	1	–	–	3
河 南	3	–	1	–	–	2
湖 北	14	–	1	1	1	11
湖 南	4	–	2	–	2	–
西部地区	**48**	**–**	**15**	**2**	**3**	**28**
内蒙古	4	–	–	1	–	3
广 西	10	–	–	–	1	9
重 庆	5	–	2	–	1	2
四 川	4	–	4	–	–	–
贵 州	4	–	1	–	–	3
云 南	7	–	2	–	–	5
西 藏	1	–	1	–	–	–
陕 西	6	–	–	1	1	4
甘 肃	1	–	–	–	–	1
青 海	1	–	1	–	–	–
宁 夏	1	–	1	–	–	–
新 疆	4	–	3	–	–	1

7-2　交通运输科技活动人员数量（按机构性质分）

计量单位：人

		总计	交通运输部直属科技机构	省、自治区、直辖市属科技机构	市属科技机构	直属及联系紧密高等院校	事业、企业单位属科技机构
全国总计		**53 603**	**4 643**	**8 253**	**1 156**	**7 530**	**32 021**
按编制分类	事业编制	12 757	1 784	1 914	534	7 374	1 151
	企业编制	40 846	2 859	6 339	622	156	30 870
按性别分类	女性	12 431	1 509	2 195	424	2 507	5 796
	男性	41 172	3 134	6 058	732	5 023	26 225
按学位分类	博士	5 257	499	268	18	3 735	737
	硕士	15 633	1 867	2 864	494	2 423	7 985
	其他	32 713	2 277	5 121	644	1 372	23 299
按学历分类	研究生	19 734	2 196	2 923	503	5 725	8 387
	大学本科	26 712	1 764	4 175	540	1 572	18 661
	大专及其他	7 157	683	1 155	113	233	4 973
按职称分类	高级	17 574	1 763	2 724	379	3 546	9 162
	中级	18 340	1 193	2 628	429	3 189	10 901
	初级及其他	17 689	1 687	2 901	348	795	11 958

7-3 交通运输科研实验室及研究中心数量（按地区分）

计量单位：个

省区	实验室和研究中心数量总计	机构内设科研实验室数量					机构内设工程技术（研究）中心数量				
		合计	其中：省部级以上				合计	其中：省部级以上			
			小计	国家级	行业级	省级		小计	国家级	行业级	省级
合计	**486**	**235**	**192**	**24**	**64**	**104**	**251**	**230**	**29**	**63**	**138**
交通运输部直属科技机构	**43**	**28**	**15**	**2**	**13**	**–**	**15**	**14**	**7**	**7**	**–**
省、自治区、直辖市属科技机构	**109**	**61**	**48**	**6**	**11**	**31**	**48**	**40**	**1**	**11**	**28**
市属科技机构	**9**	**3**	**1**	**–**	**–**	**1**	**6**	**2**	**–**	**–**	**2**
直属及联系紧密高等院校	**142**	**98**	**88**	**5**	**28**	**55**	**44**	**43**	**6**	**5**	**32**
事业、企业单位属科技机构	**183**	**45**	**40**	**11**	**12**	**17**	**138**	**131**	**15**	**40**	**76**
东部地区	**269**	**116**	**95**	**12**	**36**	**47**	**153**	**140**	**23**	**35**	**82**
北京	66	33	19	3	13	3	33	28	6	14	8
天津	18	11	11	3	4	4	7	7	4	–	3
河北	2	1	1	–	–	1	1	1	–	1	–
辽宁	39	25	25	–	4	21	14	14	2	1	11
上海	52	13	13	2	6	5	39	39	10	3	26
江苏	55	18	18	4	6	8	37	33	1	10	22
浙江	11	6	1	–	–	1	5	1	–	1	–
福建	5	2	2	–	–	2	3	3	–	–	3
山东	8	4	4	–	2	2	4	4	–	1	3
广东	13	3	1	–	1	–	10	10	–	4	6
海南	–	–	–	–	–	–	–	–	–	–	–
中部地区	**95**	**52**	**46**	**3**	**12**	**31**	**43**	**41**	**2**	**15**	**24**
山西	9	5	5	1	1	3	4	4	–	–	4
吉林	4	2	2	–	1	1	2	–	–	–	–
黑龙江	6	4	4	–	2	2	2	2	–	–	2
安徽	2	–	–	–	–	–	2	2	–	2	–
江西	8	1	1	–	–	1	7	7	–	1	6
河南	18	8	8	–	–	8	10	10	–	3	7
湖北	17	6	6	–	4	2	11	11	2	6	3
湖南	31	26	20	2	4	14	5	5	–	3	2
西部地区	**122**	**67**	**51**	**9**	**16**	**26**	**55**	**49**	**4**	**13**	**32**
内蒙古	2	1	1	–	–	1	1	1	–	–	1
广西	12	1	1	–	–	1	11	11	–	1	10
重庆	37	28	24	4	6	14	9	8	2	–	6
四川	5	3	2	1	–	1	2	2	–	2	–
贵州	12	6	–	–	–	–	6	2	–	1	1
云南	10	2	2	1	–	1	8	8	–	4	4
西藏	2	1	–	–	–	–	1	1	–	–	1
陕西	31	17	13	2	8	3	14	13	1	4	8
甘肃	3	2	2	–	–	2	1	1	–	1	–
青海	3	3	3	–	1	2	–	–	–	–	–
宁夏	1	1	1	–	–	1	–	–	–	–	–
新疆	4	2	2	1	1	–	2	2	1	–	1

7-4 交通运输科技成果、效益及影响情况

指　标	计量单位	数量	指　标	计量单位	数量
形成研究报告数	篇	3 331	形成新产品、新材料、新工艺、新装置数	项	732
发表科技论文数	篇	12 807	其中：国家级重点新产品	项	37
其中：核心期刊	篇	4 134	省级重点新产品	项	80
向国外发表	篇	2 270	政府科技奖获奖数	项	166
SCI、EI、ISTP 收录	篇	2 697	其中：国家级	项	4
出版著作数	篇	262	省部级	项	136
	万字	6 902	社会科技奖获奖数	项	474
专利申请受理数	项	5 535	其中：公路学会奖	项	173
其中：发明专利	项	2 728	航海学会奖	项	73
实用新型	项	2 680	港口协会奖	项	54
外观设计	项	127	水运建设协会奖	项	43
其中：国外申请受理数	项	271	制定标准数	个	697
专利授权数	项	3 950	其中：国家标准	个	58
其中：发明专利	项	1 272	行业标准	个	246
实用新型	项	2 634	地方标准	个	210
外观设计	项	44	企业标准	个	126
其中：国外授权数	项	8	出台规章制度数	项	152
科技成果鉴定数	项	622	出台政策建议数	项	190
软件产品登记数	项	145	培养人才数	人	6 168
成果转让合同数	项	262			
成果转让合同金额	万元	36 347	其中：博士	人	662
研究成果推广数	项	563	硕士	人	3 472

主要统计指标解释

交通运输科技机构 指纳入《交通运输科技统计报表制度》，从事交通运输行业科学研究与技术开发活动的单位。

交通运输科技活动人员 指在交通运输领域从事科技活动、科技服务及科技管理的人员。对于交通运输企业而言，科技活动人员是指直接从事（或参与）交通运输科技活动、专门从事交通运输科技活动管理和为交通运输科技活动提供直接服务且累计从事科技活动时间占制度工作时间10%（含）以上的人员。

国家（重点）实验室、工程技术（研究）中心 通过科技部、国家发展改革委员会验收或评估，正式授予"国家重点实验室""国家工程技术研究中心""国家工程技术中心"称号，颁发证书和牌匾的实验室或工程技术（研究）中心。

行业（重点）实验室、工程技术（研究）中心 通过交通运输部验收或评估，正式授予"交通运输行业重点实验室"称号或"交通运输行业工程技术（研究）中心"称号，并颁发证书和牌匾的实验室或工程技术（研究）中心；或通过教育部等其他部委验收或评估，但研究领域属于交通运输行业，授予称号并颁发证书和牌匾的实验室和工程技术（研究）中心。

培养人才数 参与科研项目，并通过科研项目顺利获得博士、硕士学位的人员数量。

八、救助打捞

简 要 说 明

一、本篇资料反映交通运输救助打捞系统执行救助和抢险打捞任务以及救助打捞系统装备的基本情况。

二、填报范围：交通运输部各救助局、打捞局；航空器救助飞行情况由各救助局代报。

三、本篇资料由交通运输部救助打捞局提供。

8-1 救助任务执行情况

项　目	计算单位	总　计
一、船舶值班待命艘天	艘天	26 546
二、应急抢救救助任务	次	1 410
三、救捞力量出动	次	2 198
救捞船舶	艘次	437
救助艇	艘次	235
救助飞机	架次	726
应急救助队	队次	800
四、飞机救助飞行时间	小时：分钟	1 753:31:00
五、海上救助志愿力量出动	次	403
其中：志愿者	人次	403
志愿船	艘次	-
六、获救遇险人员	人	2 261
中国籍	人	2 097
外国籍	人	164
七、获救遇险船舶	艘	117
中国籍	艘	110
外国籍	艘	7
八、获救财产价值	万元	75
九、抢险打捞任务	次	20
其中：打捞沉船	艘	19
中国籍	艘	18
外国籍	艘	1
打捞沉物	件 / 批	8
打捞航空器	架	-
打捞遇难人员	人	163
其他抢险任务	次	24
十、应急清污任务	次	7
清除沉船存油	吨	335

8-2 救捞系统船舶情况

项 目		计算单位	总 计
救捞船舶合计	艘数	艘	206
	总吨位	吨	811 106
	功率	千瓦	889 727
	起重能力	吨	24 350
	载重能力	吨	178 528
一、海洋救助船	艘数	艘	31
	总吨位	吨	108 791
	功率	千瓦	281 580
二、近海快速救助船	艘数	艘	10
	总吨位	吨	5 325
	功率	千瓦	49 280
三、沿海救生艇	艘数	艘	40
	总吨位	吨	1 193
	功率	千瓦	26 414
四、救捞拖轮	艘数	艘	78
	总吨位	吨	195 045
	功率	千瓦	450 517
五、救捞工程船	艘数	艘	16
	总吨位	吨	112 267
	功率	千瓦	40 176
六、起重船	艘数	艘	15
	总吨位	吨	232 178
	起重量	吨	24 350
七、货船	艘数	艘	16
	总吨位	吨	156 184
	载重量	吨	178 528

8-3 救助航空器飞行情况

项　目	计算单位	总　计
一、航空器飞行次数	架次	8 485
救助飞行次数	架次	1 316
训练飞行次数	架次	7 169
二、航空器飞行时间	小时：分钟	5 845:10:00
其中：海上飞行时间	小时：分钟	2 645:23:00
夜间飞行时间	小时：分钟	359:12:00
救助飞行时间	小时：分钟	1 753:31:00
训练飞行时间	小时：分钟	4 091:39:00

8-4 捞、拖、工生产完成情况

项　目	计算单位	总　计
一、打捞业务	次	28
其中：抢险打捞	次	15
内:（一）打捞沉船	艘	19
（二）救助遇险船舶	艘	11
（三）打捞货物	吨	3 258
二、拖航运输	次	125
三、海洋工程船舶服务	艘天	22 728
拖轮	艘天	16 230
工程船	艘天	5 758
其他	艘天	560
四、大件吊装	次	281
五、其他综合业务	次	128

主要统计指标解释

救捞力量 指交通运输部各救助局、打捞局、救助飞行队的救捞船舶、救助艇、救助飞机、应急救助队等。

防污 指执行清除海洋污染任务。

海洋救助船 指交通运输部各救助局拥有航速在30节以下的专业海洋救助船。

近海快速救助船 指各救助局拥有航速在30节以上的专业近海救助船。

沿海救生艇 指各救助局拥有的船长小于16米的专业小型沿海救生艇。

救捞拖轮 指各打捞局拥有的拖轮，包括救助拖轮、三用拖轮、平台供应船、港作拖轮等。

救捞工程船 指各打捞局拥有起重能力在300吨以下的各类用于海洋工程、抢险打捞等工作的船舶（含起重驳船）。

起重船 指各打捞局拥有起重能力在300吨以上的起重船舶。

货船 指各打捞局拥有用于货物运输的船舶，包括货船、集装箱船、滚装船、甲板驳、半潜（驳）船、油船等。

小型直升机 指各救助飞行队自有、租用的最大起飞重量在4吨及以下的直升机。

中型直升机 指各救助飞行队自有、租用的最大起飞重量在4吨（不含）至9吨（含）的直升机。

大型直升机 指各救助飞行队自有、租用的最大起飞重量在9吨（不含）以上的直升机。

固定翼飞机 指各救助飞行队自有、租用的CESSNA208机型或相当于该机型的飞机。

附录　交通运输历年主要指标

简 要 说 明

本篇资料列示了 1978 年以来的交通运输主要指标的历史数据。

主要包括：公路总里程、公路密度及通达情况、内河航道里程、公路水路客货运输量、沿海内河规模以上港口及吞吐量、交通固定资产投资。

附录 1-1　全国公路总里程（按行政等级分）

单位：公里

年　份	总　计	国　道	省　道	县　道	乡　道	专用公路	村　道
1978	890 236	237 646		586 130		66 460	–
1979	875 794	249 167		311 150	276 183	39 294	–
1980	888 250	249 863		315 097	281 000	42 290	–
1981	897 462	250 966		319 140	285 333	42 023	–
1982	906 963	252 048		321 913	290 622	42 380	–
1983	915 079	254 227		322 556	295 485	42 811	–
1984	926 746	255 173		325 987	302 485	43 101	–
1985	942 395	254 386		331 199	313 620	43 190	–
1986	962 769	255 287		341 347	322 552	43 583	–
1987	982 243	106 078	161 537	329 442	343 348	41 838	–
1988	999 553	106 290	162 662	334 238	353 216	43 147	–
1989	1 014 342	106 799	163 562	338 368	362 444	43 169	–
1990	1 028 348	107 511	166 082	340 801	370 153	43 801	–
1991	1 041 136	107 238	169 352	340 915	379 549	44 082	–
1992	1 056 707	107 542	173 353	344 227	386 858	44 727	–
1993	1 083 476	108 235	174 979	352 308	402 199	45 755	–
1994	1 117 821	108 664	173 601	364 654	425 380	45 522	–
1995	1 157 009	110 539	175 126	366 358	454 379	50 607	–
1996	1 185 789	110 375	178 129	378 212	469 693	49 380	–
1997	1 226 405	112 002	182 559	379 816	500 266	51 762	–
1998	1 278 474	114 786	189 961	383 747	536 813	53 167	–
1999	1 351 691	117 135	192 517	398 045	589 886	54 108	–
2000	1 679 848	118 983	212 450	461 872	800 681	85 861	–
2001	1 698 012	121 587	213 044	463 665	813 699	86 017	–
2002	1 765 222	125 003	216 249	471 239	865 635	87 096	–
2003	1 809 828	127 899	223 425	472 935	898 300	87 269	–
2004	1 870 661	129 815	227 871	479 372	945 180	88 424	–
2005	1 930 543	132 674	233 783	494 276	981 430	88 380	–
2006	3 456 999	133 355	239 580	506 483	987 608	57 986	1 531 987
2007	3 583 715	137 067	255 210	514 432	998 422	57 068	1 621 516
2008	3 730 164	155 294	263 227	512 314	1 011 133	67 213	1 720 981
2009	3 860 823	158 520	266 049	519 492	1 019 550	67 174	1 830 037
2010	4 008 229	164 048	269 834	554 047	1 054 826	67 736	1 897 738
2011	4 106 387	169 389	304 049	533 576	1 065 996	68 965	1 964 411
2012	4 237 508	173 353	312 077	539 519	1 076 651	73 692	2 062 217
2013	4 356 218	176 814	317 850	546 818	1 090 522	76 793	2 147 421
2014	4 463 913	179 178	322 799	552 009	1 105 056	80 338	2 224 533
2015	4 577 296	185 319	329 662	554 331	1 113 173	81 744	2 313 066
2016	4 695 250	353 980	313 180	562 103	1 147 192	68 325	2 250 469
2017	4 773 469	358 389	333 782	550 702	1 157 727	72 038	2 300 831
2018	4 846 532	362 979	372 214	549 678	1 173 813	71 669	2 316 179

附录 1-2　全国公路总里程（按技术等级分）

单位：公里

年份	总计	等级公路						等外公路
		合计	高速	一级	二级	三级	四级	
1978	890 236	–	–	–	–	–	–	–
1979	875 794	506 444	–	188	11 579	106 167	388 510	369 350
1980	888 250	521 134	–	196	12 587	108 291	400 060	367 116
1981	897 462	536 670	–	203	14 434	111 602	410 431	360 792
1982	906 963	550 294	–	231	15 665	115 249	419 149	356 669
1983	915 079	562 815	–	255	17 167	119 203	426 190	352 264
1984	926 746	580 381	–	328	18 693	124 031	437 329	346 365
1985	942 395	606 443	–	422	21 194	128 541	456 286	335 952
1986	962 769	637 710	–	748	23 762	136 790	476 410	325 059
1987	982 243	668 390	–	1 341	27 999	147 838	491 212	313 853
1988	999 553	697 271	147	1 673	32 949	159 376	503 126	302 282
1989	1 014 342	715 923	271	2 101	38 101	164 345	511 105	298 419
1990	1 028 348	741 104	522	2 617	43 376	169 756	524 833	287 244
1991	1 041 136	764 668	574	2 897	47 729	178 024	535 444	276 468
1992	1 056 707	786 935	652	3 575	54 776	184 990	542 942	269 772
1993	1 083 476	822 133	1 145	4 633	63 316	193 567	559 472	261 343
1994	1 117 821	861 400	1 603	6 334	72 389	200 738	580 336	256 421
1995	1 157 009	910 754	2 141	9 580	84 910	207 282	606 841	246 255
1996	1 185 789	946 418	3 422	11 779	96 990	216 619	617 608	239 371
1997	1 226 405	997 496	4 771	14 637	111 564	230 787	635 737	228 909
1998	1 278 474	1 069 243	8 733	15 277	125 245	257 947	662 041	209 231
1999	1 351 691	1 156 736	11 605	17 716	139 957	269 078	718 380	194 955
2000	1 679 848	1 315 931	16 285	25 219	177 787	305 435	791 206	363 916
2001	1 698 012	1 336 044	19 437	25 214	182 102	308 626	800 665	361 968
2002	1 765 222	1 382 926	25 130	27 468	197 143	315 141	818 044	382 296
2003	1 809 828	1 438 738	29 745	29 903	211 929	324 788	842 373	371 090
2004	1 870 661	1 515 826	34 288	33 522	231 715	335 347	880 954	354 835
2005	1 930 543	1 591 791	41 005	38 381	246 442	344 671	921 293	338 752
2006	3 456 999	2 282 872	45 339	45 289	262 678	354 734	1 574 833	1 174 128
2007	3 583 715	2 535 383	53 913	50 093	276 413	363 922	1 791 042	1 048 332
2008	3 730 164	2 778 521	60 302	54 216	285 226	374 215	2 004 563	951 642
2009	3 860 823	3 056 265	65 055	59 462	300 686	379 023	2 252 038	804 558
2010	4 008 229	3 304 709	74 113	64 430	308 743	387 967	2 469 456	703 520
2011	4 106 387	3 453 590	84 946	68 119	320 536	393 613	2 586 377	652 796
2012	4 237 508	3 609 600	96 200	74 271	331 455	401 865	2 705 809	627 908
2013	4 356 218	3 755 567	104 438	79 491	340 466	407 033	2 824 138	600 652
2014	4 463 913	3 900 834	111 936	85 362	348 351	414 199	2 940 986	563 079
2015	4 577 296	4 046 290	123 523	90 964	360 410	418 237	3 053 157	531 005
2016	4 695 250	4 225 484	129 990	99 165	370 197	424 658	3 201 474	469 766
2017	4 773 469	4 338 560	136 449	105 224	380 481	429 035	3 287 372	434 909
2018	4 846 532	4 465 864	142 593	111 703	393 471	437 060	3 381 036	380 667

附录 1-3　全国公路密度及通达情况

年　份	公路密度		不通公路乡（镇）		不通公路村（队）	
	以国土面积计算（公里 / 百平方公里）	以人口总数计算（公里 / 万人）	数量（个）	比重（%）	数量（个）	比重（%）
1978	9.27	9.25	5 018	9.50	213 138	34.17
1979	9.12	8.98	5 730	10.74	227 721	32.60
1980	9.25	9.00	5 138	9.37	–	–
1981	9.35	8.97	5 474	9.96	–	–
1982	9.45	8.92	5 155	9.35	–	–
1983	9.53	8.88	4 710	8.54	–	–
1984	9.65	8.88	5 485	9.16	265 078	36.72
1985	9.82	8.90	4 945	8.27	228 286	31.72
1986	10.03	8.96	4 039	6.79	218 410	30.17
1987	10.23	8.99	3 214	5.64	234 206	32.43
1988	10.41	9.00	6 500	9.70	197 518	28.92
1989	10.57	9.00	3 180	5.56	181 825	25.01
1990	10.71	8.99	2 299	4.02	190 462	25.96
1991	10.85	8.99	2 116	3.72	181 489	24.57
1992	11.01	9.02	1 632	3.27	169 175	22.93
1993	11.29	9.14	1 548	3.10	159 111	21.70
1994	11.64	9.33	1 455	3.00	150 253	20.50
1995	12.05	9.55	1 395	2.90	130 196	20.00
1996	12.35	9.69	1 335	2.70	120 048	19.00
1997	12.78	9.92	709	1.50	105 802	14.20
1998	13.32	10.24	591	1.30	92 017	12.30
1999	14.08	10.83	808	1.80	80 750	11.00
2000	17.50	13.00	341	0.80	67 786	9.20
2001	17.70	13.10	287	0.70	59 954	8.20
2002	18.40	13.60	184	0.50	54 425	7.70
2003	18.85	13.97	173	0.40	56 693	8.10
2004	19.49	14.44	167	0.40	49 339	7.10
2005	20.11	14.90	75	0.19	38 426	5.69
2006	36.01	26.44	672	1.70	89 975	13.60
2007	37.33	27.41	404	1.04	77 334	11.76
2008	38.86	28.53	292	0.80	46 178	7.10
2009	40.22	29.22	155	0.40	27 186	4.20
2010	41.75	30.03	13	0.03	5 075	0.79
2011	42.77	30.62	11	0.03	3 986	0.62
2012	44.14	31.45	12	0.03	2 869	0.45
2013	45.38	32.17	10	0.03	1 892	0.30
2014	46.50	32.81	7	0.02	1 155	0.18
2015	47.68	33.46	4	0.01	826	0.13
2016	48.91	33.96	2	0.01	397	0.06
2017	49.72	34.34	2	0.01	145	0.02
2018	50.48	34.73	3	0.01	64	0.01

附录 1-4　全国内河航道里程及构筑物数量

年　份	内河航道里程（公里）		通航河流上永久性构筑物（座）		
		等级航道	碍航闸坝	船闸	升船机
1978	135 952	57 408	4 163	706	35
1979	107 801	57 472	2 796	756	40
1980	108 508	53 899	2 674	760	41
1981	108 665	54 922	2 672	758	41
1982	108 634	55 595	2 699	768	40
1983	108 904	56 177	2 690	769	41
1984	109 273	56 732	3 310	770	44
1985	109 075	57 456	3 323	758	44
1986	109 404	57 491	2 590	744	44
1987	109 829	58 165	3 134	784	44
1988	109 364	57 971	3 136	782	55
1989	109 040	58 131	3 187	825	46
1990	109 192	59 575	3 208	824	45
1991	109 703	60 336	3 193	830	45
1992	109 743	61 430	3 184	798	43
1993	110 174	63 395	3 063	790	44
1994	110 238	63 894	3 177	817	51
1995	110 562	64 323	3 157	816	48
1996	110 844	64 915	3 154	823	50
1997	109 827	64 328	3 045	823	48
1998	110 263	66 682	3 278	872	56
1999	116 504	60 156	1 193	918	59
2000	119 325	61 367	1 192	921	59
2001	121 535	63 692	1 713	906	60
2002	121 557	63 597	1 711	907	60
2003	123 964	60 865	1 813	821	43
2004	123 337	60 842	1 810	821	43
2005	123 263	61 013	1 801	826	42
2006	123 388	61 035	1 803	833	42
2007	123 495	61 197	1 804	835	42
2008	122 763	61 093	1 799	836	42
2009	123 683	61 546	1 809	847	42
2010	124 242	62 290	1 825	860	43
2011	124 612	62 648	1 827	865	44
2012	124 995	63 719	1 826	864	44
2013	125 853	64 900	1 835	864	45
2014	126 280	65 362	1 836	864	45
2015	127 001	66 257	1 839	856	45
2016	127 099	66 409	1 838	859	46
2017	127 019	66 160	1 839	858	46
2018	127 126	66 442	1 841	863	46

注：等级航道里程数，1973—1998 年为水深一米以上航道里程数；自 2004 年始，内河航道里程为内河航道通航里程数。

附录 1-5　公路客、货运输量

年　份	客运量（万人）	旅客周转量（亿人公里）	货运量（万吨）	货物周转量（亿吨公里）
1978	149 229	521.30	151 602	350.27
1979	178 618	603.29	147 935	350.99
1980	222 799	729.50	142 195	342.87
1981	261 559	839.00	134 499	357.76
1982	300 610	963.86	138 634	411.54
1983	336 965	1 105.61	144 051	462.68
1984	390 336	1 336.94	151 835	527.38
1985	476 486	1 724.88	538 062	1 903.00
1986	544 259	1 981.74	620 113	2 117.99
1987	593 682	2 190.43	711 424	2 660.39
1988	650 473	2 528.24	732 315	3 220.39
1989	644 508	2 662.11	733 781	3 374.80
1990	648 085	2 620.32	724 040	3 358.10
1991	682 681	2 871.74	733 907	3 428.00
1992	731 774	3 192.64	780 941	3 755.39
1993	860 719	3 700.70	840 256	4 070.50
1994	953 940	4 220.30	894 914	4 486.30
1995	1 040 810	4 603.10	939 787	4 694.90
1996	1 122 110	4 908.79	983 860	5 011.20
1997	1 204 583	5 541.40	976 536	5 271.50
1998	1 257 332	5 942.81	976 004	5 483.38
1999	1 269 004	6 199.24	990 444	5 724.31
2000	1 347 392	6 657.42	1 038 813	6 129.39
2001	1 402 798	7 207.08	1 056 312	6 330.44
2002	1 475 257	7 805.77	1 116 324	6 782.46
2003	1 464 335	7 695.60	1 159 957	7 099.48
2004	1 624 526	8 748.38	1 244 990	7 840.86
2005	1 697 381	9 292.08	1 341 778	8 693.19
2006	1 860 487	10 130.85	1 466 347	9 754.25
2007	2 050 680	11 506.77	1 639 432	11 354.69
2008	2 682 114	12 476.11	1 916 759	32 868.19
2009	2 779 081	13 511.44	2 127 834	37 188.82
2010	3 052 738	15 020.81	2 448 052	43 389.67
2011	3 286 220	16 760.25	2 820 100	51 374.74
2012	3 557 010	18 467.55	3 188 475	59 534.86
2013	1 853 463	11 250.94	3 076 648	55 738.08
2014	1 736 270	10 977.00	3 113 334	56 847.00
2015	1 619 097	10 742.66	3 150 019	57 955.72
2016	1 542 759	10 228.71	3 341 259	61 080.10
2017	1 456 784	9 765.18	3 686 858	66 771.52
2018	1 367 170	9 279.68	3 956 871	71 249.21

附录 1-6　水路客、货运输量

年　份	客运量 （万人）	旅客周转量 （亿人公里）	货运量 （万吨）	货物周转量 （亿吨公里）
1949	1 562	15.17	2 543	63.12
1950	2 377	14.72	2 684	51.31
1951	2 945	21.66	3 860	103.51
1952	3 605	24.50	5 141	145.75
1953	5 324	34.12	7 237	185.64
1954	5 523	34.38	10 163	241.73
1955	5 646	35.20	11 715	303.98
1956	7 177	42.29	13 892	343.63
1957	8 780	46.38	15 806	417.39
1958	9 492	45.75	22 540	522.26
1959	10 626	53.35	34 337	704.10
1960	12 333	61.90	38 630	784.90
1961	15 152	79.49	25 903	554.47
1962	16 397	83.92	18 013	455.97
1963	12 678	58.80	17 659	471.19
1964	11 878	51.32	21 044	555.03
1965	11 369	47.37	24 155	676.44
1966	12 780	64.23	25 067	771.81
1967	13 548	65.96	21 868	686.42
1968	14 038	67.76	19 976	791.69
1969	15 531	74.71	22 804	867.30
1970	15 767	71.01	26 848	939.85
1971	15 638	73.35	30 230	1 285.24
1972	17 297	77.10	32 916	1 523.62
1973	19 270	83.60	35 423	1 965.90
1974	19 647	86.87	35 198	2 180.55
1975	21 015	90.59	38 968	2 827.83
1976	21 298	94.28	39 875	2 490.41
1977	22 452	97.48	43 731	2 787.90
1978	23 042	100.63	47 357	3 801.76
1979	24 360	114.01	47 080	4 586.72
1980	26 439	129.12	46 833	5 076.49
1981	27 584	137.81	45 532	5 176.33
1982	27 987	144.54	48 632	5 505.25
1983	27 214	153.93	49 489	5 820.03
1984	25 974	153.53	51 527	6 569.44
1985	30 863	178.65	63 322	7 729.30

附录 1-6 （续表一）

年　份	客运量（万人）	旅客周转量（亿人公里）	货运量（万吨）	货物周转量（亿吨公里）
1986	34 377	182.06	82 962	8 647.87
1987	38 951	195.92	80 979	9 465.06
1988	35 032	203.92	89 281	10 070.38
1989	31 778	188.27	87 493	11 186.80
1990	27 225	164.91	80 094	11 591.90
1991	26 109	177.20	83 370	12 955.40
1992	26 502	198.35	92 490	13 256.20
1993	27 074	196.45	97 938	13 860.80
1994	26 165	183.50	107 091	15 686.60
1995	23 924	171.80	113 194	17 552.20
1996	22 895	160.57	127 430	17 862.50
1997	22 573	155.70	113 406	19 235.00
1998	20 545	120.27	109 555	19 405.80
1999	19 151	107.28	114 608	21 262.82
2000	19 386	100.54	122 391	23 734.18
2001	18 645	89.88	132 675	25 988.89
2002	18 693	81.78	141 832	27 510.64
2003	17 142	63.10	158 070	28 715.76
2004	19 040	66.25	187 394	41 428.69
2005	20 227	67.77	219 648	49 672.28
2006	22 047	73.58	248 703	55 485.75
2007	22 835	77.78	281 199	64 284.85
2008	20 334	59.18	294 510	50 262.74
2009	22 314	69.38	318 996	57 556.67
2010	22 392	72.27	378 949	68 427.53
2011	24 556	74.53	425 968	75 423.84
2012	25 752	77.48	458 705	81 707.58
2013	23 535	68.33	559 785	79 435.65
2014	26 293	74.34	598 283	92 774.56
2015	27 072	73.08	613 567	91 772.45
2016	27 234	72.33	638 238	97 338.80
2017	28 300	77.66	667 846	98 611.25
2018	27 981	79.57	702 684	99 052.82

附录 2-1　沿海规模以上港口泊位及吞吐量

年　份	生产用泊位数（个）		旅客吞吐量（千人）		货物吞吐量（千吨）		集装箱吞吐量（TEU）
		万吨级		离港		外贸	
1978	311	133	5 035	5 035	198 340	59 110	–
1979	313	133	6 850	6 850	212 570	70 730	2 521
1980	330	139	7 480	7 480	217 310	75 220	62 809
1981	325	141	15 970	8 010	219 310	74 970	103 196
1982	328	143	16 290	8 140	237 640	81 490	142 614
1983	336	148	17 560	8 790	249 520	88 530	191 868
1984	330	148	17 990	8 950	275 490	104 190	275 768
1985	373	173	22 220	11 060	311 540	131 450	474 169
1986	686	197	38 660	19 170	379 367	140 487	591 046
1987	759	212	40 409	20 038	406 039	146 970	588 046
1988	893	226	57 498	28 494	455 874	161 288	900 961
1989	905	253	52 890	26 195	490 246	161 688	1 090 249
1990	967	284	46 776	23 288	483 209	166 515	1 312 182
1991	968	296	51 231	24 726	532 203	195 714	1 896 000
1992	1 007	342	62 596	31 134	605 433	221 228	2 401 692
1993	1 057	342	69 047	34 204	678 348	242 869	3 353 252
1994	1 056	359	60 427	27 957	743 700	270 565	4 008 173
1995	1 263	394	65 016	31 324	801 656	309 858	5 515 145
1996	1 282	406	58 706	29 909	851 524	321 425	7 157 709
1997	1 330	449	57 548	29 026	908 217	366 793	9 135 402
1998	1 321	468	60 885	30 746	922 373	341 366	11 413 127
1999	1 392	490	64 014	31 798	1 051 617	388 365	15 595 479
2000	1 455	526	57 929	29 312	1 256 028	523 434	20 610 766
2001	1 443	527	60 532	30 423	1 426 340	599 783	24 700 071
2002	1 473	547	61 363	30 807	1 666 276	710 874	33 821 175
2003	2 238	650	58 593	29 231	2 011 256	877 139	44 548 747
2004	2 438	687	71 398	35 742	2 460 741	1 047 061	56 566 653
2005	3 110	769	72 897	36 524	2 927 774	1 241 655	69 888 051
2006	3 291	883	74 789	37 630	3 421 912	1 458 269	85 633 771
2007	3 453	967	69 415	34 942	3 881 999	1 656 307	104 496 339
2008	4 001	1 076	68 337	34 190	4 295 986	1 782 712	116 094 731
2009	4 516	1 214	76 000	38 186	4 754 806	1 979 215	109 908 156
2010	4 661	1 293	66 886	33 814	5 483 579	2 269 381	131 122 248
2011	4 733	1 366	73 255	37 128	6 162 924	2 523 176	145 955 734
2012	4 811	1 453	71 195	36 179	6 652 454	2 762 213	157 520 053
2013	4 841	1 524	70 160	35 557	7 280 981	3 024 311	169 015 371
2014	4 970	1 614	72 513	36 695	7 695 570	3 208 391	180 835 358
2015	5 132	1 723	73 072	36 940	7 845 778	3 253 260	188 079 698
2016	5 152	1 793	73 377	37 078	8 109 327	3 390 264	194 807 332
2017	5 324	1 892	77 285	39 414	8 654 635	3 588 172	209 925 494
2018	5 302	1 942	88 033	44 705	9 223 918	3 721 286	221 182 139

注：1. 旅客吞吐量一栏 1980 年及以前年份为离港旅客人数。
　　2. 2008 年规模以上港口口径调整。

附录 2-2　内河规模以上港口泊位及吞吐量

年　份	生产用泊位数（个）		旅客吞吐量（千人）		货物吞吐量（千吨）		集装箱吞吐量（TEU）
		万吨级		离港		外贸	
1978	424	–	–	–	81 720	–	–
1979	432	–	–	–	85 730	–	–
1980	462	–	–	–	89 550	–	–
1981	449	4	–	–	87 860	834	–
1982	456	4	–	–	96 000	1 286	–
1983	482	6	–	–	106 580	1 802	6 336
1984	464	7	–	–	109 550	2 781	14 319
1985	471	16	–	–	114 410	5 913	28 954
1986	1 436	20	44 380	22 130	165 920	6 483	39 534
1987	2 209	20	41 943	21 518	236 203	8 616	42 534
1988	1 880	25	73 642	36 210	238 466	8 498	63 943
1989	2 984	23	59 659	29 773	249 041	8 792	86 605
1990	3 690	28	48 308	23 631	232 888	9 363	115 044
1991	3 439	28	49 899	24 552	246 196	10 893	153 000
1992	3 311	30	58 367	28 291	273 064	13 695	193 754
1993	3 411	39	51 723	26 439	277 437	18 104	280 373
1994	4 551	42	43 415	23 447	295 172	15 596	359 726
1995	4 924	44	38 874	20 124	313 986	19 336	574 828
1996	5 142	44	63 210	33 649	422 711	22 484	555 807
1997	7 403	47	40 235	20 373	401 406	28 702	701 700
1998	8 493	47	45 765	22 804	388 165	28 993	1 023 558
1999	7 826	52	34 280	16 346	398 570	37 547	1 884 731
2000	6 184	55	27 600	13 538	444 516	43 968	2 021 689
2001	6 982	57	26 470	12 669	490 019	50 861	1 986 468
2002	6 593	62	23 364	11 800	567 008	59 530	2 361 163
2003	5 759	121	17 926	9 191	662 243	72 650	2 810 798
2004	6 792	150	16 369	8 557	864 139	84 577	3 625 749
2005	6 833	186	13 224	6 602	1 014 183	100 630	4 542 438
2006	6 880	225	11 056	5 568	1 175 102	120 597	6 356 928
2007	7 951	250	10 169	5 470	1 382 084	140 086	8 086 212
2008	8 772	259	8 794	4 625	1 594 806	142 882	9 641 322
2009	13 935	293	25 479	12 979	2 216 785	182 965	12 170 563
2010	14 065	318	21 539	11 014	2 618 223	210 246	14 586 422
2011	14 170	340	18 804	9 537	2 955 216	239 667	17 251 325
2012	14 014	369	17 140	8 712	3 122 277	268 314	19 373 065
2013	13 904	394	15 180	7 707	3 367 926	299 606	20 404 144
2014	13 894	406	13 097	6 648	3 492 457	320 909	20 479 620
2015	13 532	414	11 571	5 775	3 618 038	360 464	22 221 879
2016	12 923	423	10 568	5 115	3 779 388	395 580	23 842 862
2017	11 456	418	10 262	4 968	4 017 096	434 818	27 015 957
2018	10 521	437	10 701	5 250	4 121 073	441 654	28 642 125

注：1. 旅客吞吐量一栏 1980 年及以前年份为离港旅客人数。
2. 2008 年规模以上港口口径调整。

附录 3-1　交通固定资产投资（按使用方向分）

单位：亿元

年　份	合　计	公路建设	内河建设	沿海建设	其他建设
1978	24.85	5.76	0.69	4.31	14.09
1979	25.50	6.04	0.72	4.39	14.34
1980	24.39	5.19	0.70	6.11	12.38
1981	19.82	2.94	0.84	5.80	10.25
1982	25.74	3.67	0.76	9.41	11.91
1983	29.98	4.05	1.37	12.37	12.19
1984	52.42	16.36	1.95	16.17	17.94
1985	69.64	22.77	1.58	18.26	27.03
1986	106.46	42.45	3.68	22.81	37.51
1987	122.71	55.26	3.38	27.42	36.66
1988	138.57	74.05	5.07	23.12	36.33
1989	156.05	83.81	5.32	27.32	39.60
1990	180.53	89.19	7.13	32.05	52.17
1991	215.64	121.41	6.68	33.77	53.77
1992	360.24	236.34	9.39	43.83	70.68
1993	604.64	439.69	14.47	57.55	92.92
1994	791.43	584.66	22.51	63.06	121.20
1995	1 124.78	871.20	23.85	69.41	160.32
1996	1 287.25	1 044.41	29.35	80.33	133.16
1997	1 530.43	1 256.09	40.54	90.59	143.21
1998	2 460.41	2 168.23	53.93	89.80	148.45
1999	2 460.52	2 189.49	53.34	89.44	128.26
2000	2 571.73	2 315.82	54.46	81.62	119.83
2001	2 967.94	2 670.37	50.50	125.19	121.88
2002	3 491.47	3 211.73	39.95	138.43	101.36
2003	4 136.16	3 714.91	53.79	240.56	126.90
2004	5 314.07	4 702.28	71.39	336.42	203.98
2005	6 445.04	5 484.97	112.53	576.24	271.30
2006	7 383.82	6 231.05	161.22	707.97	283.58
2007	7 776.82	6 489.91	166.37	720.11	400.44
2008	8 335.42	6 880.64	193.85	793.49	467.44
2009	11 142.80	9 668.75	301.57	758.32	414.16
2010	13 212.78	11 482.28	334.53	836.87	559.10
2011	14 464.21	12 596.36	397.89	1 006.99	462.97
2012	14 512.49	12 713.95	489.68	1 004.14	304.71
2013	15 533.22	13 692.20	545.97	982.49	312.56
2014	17 171.51	15 460.94	508.12	951.86	250.59
2015	18 421.00	16 513.30	546.54	910.63	450.52
2016	19 887.63	17 975.81	552.15	865.23	494.45
2017	23 141.16	21 253.33	669.49	569.39	648.96
2018	23 350.15	21 335.18	627.90	563.40	823.67